U0510817

理解中国社区治理

国家、社会与家庭的关联

吴晓林 著

Understanding Community Governance in China

The Linkage of the State, Society and the Family

中国社会科学出版社

图书在版编目（CIP）数据

理解中国社区治理：国家、社会与家庭的关联 / 吴晓林著．—北京：中国社会科学出版社，2020.12（2025.7 重印）
ISBN 978－7－5203－7432－3

Ⅰ.①理… Ⅱ.①吴… Ⅲ.①社区管理—研究—中国
Ⅳ.①D669.3

中国版本图书馆 CIP 数据核字（2020）第 205021 号

出 版 人 季为民
责任编辑 王 琪
责任校对 季 静
责任印制 张雪娇

出 版 中国社会科学出版社
社 址 北京鼓楼西大街甲 158 号
邮 编 100720
网 址 http://www.csspw.cn
发 行 部 010－84083685
门 市 部 010－84029450
经 销 新华书店及其他书店

印刷装订 北京君升印刷有限公司
版 次 2020 年 12 月第 1 版
印 次 2025 年 7 月第 5 次印刷

开 本 710×1000 1/16
印 张 22.25
插 页 2
字 数 305 千字
定 价 119.00 元

序

晓林是我非常欣赏的青年学者。他对中国社会的把握不仅视野宽阔，而且精准细腻。每每与他交谈，总是能被他的一些真知灼见所打动。前段时间，他说有一本新书即将出版，嘱我作序。我深感荣幸。一看到《理解中国社区治理：国家、社会与家庭的关联》这一书名，我就倍感亲切。对我来说，这一书名不仅具有一种理论上的诱惑，而且也与我对中国社区治理的理解不谋而合。

我在研究中国社区治理的过程中，发现以家庭为支点的撬动策略、动员策略不仅显示出了无与伦比的治理能量，而且还释放出了东方社会基层社会治理难以名状的理论美感。于是，我经常扪心自问：从逻辑上来说，充当社会原初单元、第一单元的要素到底是个人还是家庭？现代化理论的“通则”似乎就是唤醒个人意识、彰显个人权利的过程。但我们如果将这一“通则”贯彻到社区治理之中，结果是社群的荣幸还是个体的无奈呢？正是在走进基层、阅读人心的过程中，我对这一“通则”产生了深深的怀疑。

从中国治理、中国国家建构的第一原理来说，国家不是与社会的完全脱离，也不是与家庭的彻底断绝。恰恰相反，国家与社会、家庭的关联则才是最重要的。我曾经把这个原理称为“关联主义”。《大学》开篇就提出“格物、致知、诚意、正心、修身、齐家、治国、平天下”。这就是大多数中国人耳熟能详的“人生八条目”。“人生八条目”不是简单的生命中的八个环节，它包含着中国独特的“家国”

原理。如果说近代西方是在市场与社会的冲突过程以及市场向世界范围内的扩张过程中牵引出国家，使得国家不得不成为暴力的垄断者，那么，中国则是在人格完善、道德升华、能量扩展的过程中孕育了独特的"家国"理论。这是两种不同的国家形成原理。布罗代尔曾经提出"国家是16世纪最大的企业家"[①]，这一命题暗含着西方国家的宿命。国家与社会、家庭的分离是西方社会的基本要理。甚至"家庭"（familia）这个词本身，在古拉丁文中，常指依附于一个主人、一户人家的全体仆役，只含有仆人的意义，不指任何亲属关系。[②]

但是，这样的家庭观在中国社会中是根本不存在的。从个体修身到齐家置业再到国家建构，贯通其中的链条自始至终都没有被斩断过。修身是一个人的志业，齐家是一个人的家业，治国平天下是一个人所要成就的大业。受制于能力不同，一个人可以将其"业"推至不同的边界和范围。但无论是"大业"还是"小业"，它们都是服从于生命价值的积极展开与道德提升这一总体目标的。更为重要的是，从家到国的扩展不是私利的扩大，而是转化为支撑天下的使命。中国人将其称为"家国情怀"。所以，"人生八条目"说明中国社会生成的机理是以个体修养为原点逐渐向外扩展的。这种机理孕育出了一种关联主义的身心结构、知行结构、群己结构与家国结构。这四重结构背后的灵魂与精神就是家国情怀。人不仅要处理行为与心智、个体与自然的关系，还要处理自我与小家、个体与社群的关系，更要处理个人与国家的关系。

Country、State 和 Nation 被翻译成"国家"，直接反映了中国人对国家的本土理解。《孟子·离娄章句上》曰：天下之本在国，国之本在家，家之本在身。这一论断是中国对政治共同体的最佳诠释。从国

---

① ［法］费尔南·布罗代尔：《地中海与菲利普二世时代的地中海世界》（第一卷），唐家龙等译，商务印书馆2013年版，第643页。

② ［法］安德烈·比尔基埃等主编：《家庭史》（第一卷），袁树仁等译，生活·读书·新知三联书店1998年版，第420页。

到家和从家到国这两条线路，在中国是同时并存的。这显然不是私人领域与公共领域的二元划分。中国社会最为基本的单元不是个人，而是家庭。中国古人所颂扬的家国一体观念就成为新时代中国社会治理的起点与基础。在当代中国，家与国的关系虽然不是古代的机械同构，但也不是绝对的互相隔离。著名学者梁鹤年先生认为，个人自由与权利、个人与个人之间的社会性契约关系，并开启盎格鲁—萨克逊式的个人主义——一种在道德、政治与社会层面上强调个人价值的意识形态。个人价值与个人自由将支配西方文明的轨迹。[①] 成也萧何，败也萧何。正是基于个人主义的文化信条，西方文明在近代大放异彩，但同样，西方文明终将走向困境的根源也恰恰是个人主义。在个人意识无限膨胀的轨道上衍生出来的追求私利和自由竞争不仅创造出具有异化性的物质文明和资本主义世界，也使西方世界走上资本化和私利化的不归之路。西方社会治理中出现的许多问题是因为个人主义泛滥，导致了社区共同体和生活共同体的终结。而帕特南描写的“独自打保龄球”，十分应景地反映出西方社会基层共同体衰亡的现象。以至于有学者发出了“太多的权利、太少的责任”（too many rights, too few responsibilities）这样的呼声。[②] 社区精神的衰落标志着西方个人主义社会的危机和困境。从西方国家对一系列社会问题、社会危机的应对策略来看，它们短期内还无法走出个人主义所缔造的碎片化陷阱。就像加拿大学者查尔斯·泰勒对美国政治体系所进行的批评那样：危险的东西并不是现实的专制控制，而是碎片化——人们越来越不能形成一个共同目标并落实它。碎片化发生在人们越来越原子主义地看待自己之时，换句话讲，人们越来越少地认为自己与其同胞结合在共同的事业和忠诚里。他们实际上可能感到在与别人结合的共同事

① ［加拿大］梁鹤年：《西方文明的文化基因》，生活·读书·新知三联书店2014年版，第73页。

② Amitai Etzioni, *The Spirit of Community*, New York: Simon & Schuster, 1993, pp. 163 - 164.

业中，但这些事业更多的是小群体而不是整个社会。例如，一个局部共同体、一个少数族裔、某个宗教或意识形态的信徒们、某个特殊利益的促进者们。近几十年，美国政治过程越来越多地与司法复议（judicial review）掺杂在一起，美国人的精力被引进利益政治或鼓吹政治之中。人们将自己投入单议题的运动之中，狂热地为他们喜爱的事业而忙碌。[①] 西方政治尤其是美国政治已经陷入这样一种泥潭：任何人、任何群体都在试图将"自身合理性"（如同性恋、吸毒等）的东西转化为"集体合法性"的东西。个人主义的无限泛滥、权利主义的狂飙突进，正在将西方政治政治拖入支离破碎的轨道之中。西方政治体系已经无法容纳恣意妄为的社会了。这是西方政治困境的社会根源。

英国学者艾伦·麦克法兰在《英国个人主义的起源》一书中，独辟蹊径地展现了英国变革的历史根源。从英国滋生并逐渐蔓延到美国的个人主义，不是从天上掉下来的，而是从历史中延续下来的。英格兰的乡村共同体社会，很久之前就已经被个人主义颠覆，且远远早于马克思的工业社会生产力，或者韦伯的新教伦理。英国的个人主义起源于交换市场支撑起来的庄园社会。农民作为一个阶层和农业共同体，在英国历史上并不存在。这种基于市场导向的社会结构是孕育个人主义的最佳温床。英格兰的契约传统由家庭成员之间发起，渗透到社会各个阶层，成为社会惯例。[②] 显然，以拆解家庭为特征的个人主义在中国历史上从来没有出现过。市场化改革塑造出来的是商品市场和要素市场，而不是家庭成员之间的市场交易。这种传统在"乡土社会"中就曾存在过。所以费孝通先生说：在亲密的血缘社会中商业是不能存在的。这并不是说这种社会不发生交易，而是说人们之间的交

---

① ［加拿大］查尔斯·泰勒：《现代性的隐忧：需要被挽救的本真理想》，程炼译，南京大学出版社 2020 年版，第 162—164 页。

② ［英］艾伦·麦克法兰：《英国个人主义的起源》，管可秾译，商务印书馆 2008 年版，第 24 页。

易是以人情来维系的，是相互馈赠的方式。商业是在血缘之外发展的。[①] 所以，我们看到即便是在高度私人化的城市社区中，绝对的个人主义也没有完全扎根。相反，新型的关系资源和关联纽带却不断地生长出来。

以个人主义为第一逻辑命题的意识形态追求的是个人超越集体的机会主义的制度安排，家国关联追求的则是将小我与大我合成一体的整体主义的制度安排。个人主义的治理传统强调个人领域和外部领域的并立，而家国理论则强调个人、群体、国家这一链条形成的多种要素和多重领域的关联与整合。与之相适应，以个人主义为依归的社区必然要按照财产权的逻辑表达对排他性治理结构的过度迷恋，以关联主义为依归的社区则在情感主义、责任取向以及互动主义的逻辑中致力于共建共治共享之格局的构建。不理解家国关系就无法理解中国政治，就像不理解政教关系就无从理解西方政治一样。家国同构与政教同构在中西文明演进史上都占有极为重要的位置。尽管现在严格意义上的家国同构和政教同构已不复存在，但家国同理、政教同理的传统还是延续下来了。在中国，有国才有家、家为国之本在中国社会结构中依然稳固。所以，在这个意义上，我们说家国理论是理解当代中国政治的元理论，家国情怀是支撑当代中国超大型社会的精神纽带。

当然，从原理上来说，中国的家国政治完全不同于西方近代以来的国家政治。但是，原理上的美感并不能自动释放出治理的功效。这就需要通过体系的优化、机制的创新、合理的政策设定以及各种治理主体和参与主体的积极行动，将原理转化为治理。这恰恰是当代中国国家治理超越古代中国的标志所在。可以说，晓林的《理解中国社区治理：国家、社会与家庭的关联》，借助中国很多城市社区治理的创新实践，从制度、体制、机制和政策上为我们破解原理与治理的脱节提供了独具一格的思路。其中，最为关键的就是要把国家与家庭之间

① 费孝通：《乡土中国　生育制度》，北京大学出版社 1998 年版，第 74 页。

的社区公共状态营造和开发出来。一方面，人走出家庭，通过社区公共生活与社会、国家发生关联；另一方面，国家通过社区与家庭发生关联，将政治情感、国家责任和政策保护沉淀到支撑中国社会和国家的最基本单元——家庭之中。自下而上与自上而下的互动、由内向外和由外向内的贯通，正是中国基层社会治理的最大“秘密”。这是体现中国治理逻辑和治理使命的“复合关联”“交叉关联”“立体关联”和“双向关联”。从这个角度来说，关联的强化就是中国社区治理成功的音符，关联的弱化就是中国社区治理失败的晚钟。

以上就是我阅读晓林的专著，并结合自己研究中国社会治理的体会，提出的一些浅见。晓林的《理解中国社区治理：国家、社会与家庭的关联》一书，有两个关键词至关重要：一是理解，二是关联。“理解”取决于晓林在身、心两个层面上对中国社区治理过程的“直接进入”和“深度体验”。“关联”则包含着晓林理解中国社区治理的理论创新与范式变革。从这个角度来说，晓林的这本书不是单纯的书房产品，而是将文章写在中国大地、将文章融入中国人心的直接见证。我期待着本书的出版，也为自己提前阅读如此精彩的著作而暗自庆幸。

是为序。

刘建军

2020年11月1日于复旦大学

目　　录

第一章　何为社区？社区何为？

在中国，人们对社区有着明确的认知。别的不讲，要问“你住在哪儿”，人们普遍回答：我住某某社区，我住某某村。在中国人心中，社区首先是一个住址、一个居住地。

同样的问题要是问“老外”，他们一般不会告知一个社区的名字，而是一个区域、一条街道。要是接着再问：你住哪个社区？他们有可能就懵了。因为，大多外国人没有明确的社区概念。

也即，中国语境的社区，在外国人那儿不一定有对等的所指。那么，何为社区，社区何为？

第一节　何为社区：社区认知与实践简明史

在西方语境中，社区的概念多种多样，其现代社区实践也已经有很长一段历史。相比来看，中国现代社区的认知和实践史还不长，中西方在社区认知和实践方面存在较大差异。

一　社区认知的简明史

在西方[①]语境中，社区是一个非常含糊、多元的概念，在 20 世纪

① 本书中的西方特指以英美为代表的西方发达国家。

30 年代就有人建议放弃这个词。[①] 1955 年，美国社会学家希特里总结道，社区定义数量多达 94 个。[②] 还有人总结道，到 20 世纪上半叶，已经有 100 个社区的定义。[③] 社区一词已经是一个模糊和随意的术语，[④] 给人们带来困扰。

（一）最初的社区认知：从社会到小型“共同体”（1829—1899）

社区在英文里的对应词汇为“community”，但是，community 在中文里的对应词是“共同体”，为了让读者不至迷糊，本书暂且统称为“社区”。

有人考证，“社区”一词源于古法语 comuneté，它来自拉丁语的社群（共同拥有的事物）。[⑤] 实际上，社区这个词在英文世界里存在已久，在滕尼斯界定 community 的概念之前，就已经出现在英美学术界。

查询保存数据最早的 JSTOR 数据库（Journal Storage，西文过刊全文库，查询时仅保留期刊类文章）可以看到，从 1829 年到 1869 年，有 7 篇题为“community”的文章，当时的 community 与社会之意无异（见表 1 - 1）。1829 年，马萨诸塞州医学会向社会（community）说明“解剖学研究合法化的必要性”[⑥]，1842 年，伦敦统计学会刊物发表了不列颠济贫法委员会关于劳工群体（community）的死亡年龄分布。[⑦]

---

① Pitirim Sorokin, *Society, Culture, and Personality: Their Structure and Dynamics. A System of General Sociology*, New York: Harper and Brothers, 1947, p. 243.

② G. Hillary, "Definitions of Community: Areas of Agreement", *Rural Sociology*, Vol. 20, 1955, pp. 111 - 123.

③ J. E. Puddifoot, "Dimensions of Community Identity", *Journal of Community & Applied Social Psychology*, Vol. 5, 1995, pp. 357 - 370.

④ G. Hillery, "A Critique of Selected Community Concepts", *Social Forces*, Vol. 3, 1959, pp. 237 - 242.

⑤ S. Lushakuzi, K. Killagane, E. Lwayu, "Village Community Banks and Members'Business Sustainability: Case Study of Kunduchi Ward at Kinondoni District in Dares Salaam", *International Journal of Business Marketin and Maanagment*, Vol. 3, 2017, pp. 60 - 70.

⑥ None, "Review of Address to the Community on the Necessity of Legalizing the Study of Anatomy", *The North American Review*, Vol. 70, 1831, pp. 64 - 73.

⑦ None, "Comparative Chances of Life in Different Classes of the Community", *Journal of the Statistical Society of London*, Vol. 2, 1842, p. 230.

表 1－1　　JSTOR 收录的题目包含"community"的文章

年份	篇数
1829—1839	1
1840—1849	3
1850—1859	1
1860—1869	2
1870—1879	4
1880—1889	13
1890—1899	30
1900—1909	46
1910—1919	217
1920—1929	493
1930—1939	663
1940—1949	1166
1950—1959	2196
1960—1969	3224
1970—1979	5825
1980—1989	7138
1990—1999	10077
2000—2009	11743
2010—2019	8287

注：搜索时间为 2020 年 12 月 29 日。

英美学界对社区的认识始于 19 世纪末，兴于 20 世纪初。从 1870 年到 1889 年，相关文章增加为 8 篇。第一批在书名中使用社区术语的英文书是亨利·缅因爵士在 1871 年出版的《村庄社区》① 和西博姆（F. Seebohm）于 1890 年出版的《英国村庄社区》②。最初，社区

① S. H. Maine, *Village Communities in East and West*, London: John Murray, 1871.

② F. Seebohm, *The English Village Community Examined in Its Relations to the Manorial and Tribal Systems and to the Common or Open Field System of Husbandry: An Essay in Economic History*, Longmans, Green, and Company, 1890.

一直是描述小地方自然群体的一个概念，是从最早的历史时代传下来的一种有特色的联想类型。[①] 彼时，社区前面增加了村庄、大小、宗教之类的限定词，特指有共同性的群体或区域，还没有明确的共同体意指。

在德国，滕尼斯（Ferdinand Tönnies，1855—1936）于 1887 年提出社区与社会（Gemeinschaft and Gesellschaft）的区别，在他看来，社区就是体现人类本质意志的共同体，社会则是人类的选择意志。前者基于情感、习惯、地缘、血缘等组成群落、家庭、邻里、乡镇和村落；后者则基于理性算计，形成各种利益团体。[②] 滕尼斯的贡献在于，挖掘了传统社会的构成单位，奠定了“共同体”概念的原型，成为不少研究的分析单元与工具。但是，这种定义并未及时传播到英文学界。

在法国，与滕尼斯同一时期的涂尔干（Émile Durkheim，1858—1917）则不赞同对“共同体”的狭隘界定。而是力图化解社区与社会的二元张力，他用机械团结描述传统的社会合作方式，用有机团结描述现代的社会合作方式。[③] 现在看来，对于“社区等于共同体”的看法，至少在滕尼斯和涂尔干那儿，就没有取得过一致。与滕尼斯对传统社会怀旧、对现代社会担忧的态度相比，涂尔干似乎已经做好了迎接新世界的准备，至少他是积极的。

在英文学界，较早界定社区特性的文章出现在 1901 年。汤姆森认同其他学者提出的“理想的学校就是理想的社区”，他将社区生活总结为包括“促进每个成员的最高福利（目的），社区的工作必须是

---

① Steiner Jesse Frederick, “An Appraisal of the Community Movement”, *Social Forces*, Vol. 3, 1929, pp. 333 – 342.

② Ferdinand Tönnies, *Community and Society* (*Gemeinschaft Und Gesellschaft*), 1887, Translated by Loomis, C. P. Michigan State University Press: Lansing, MI, 1957.

③ Émile Durkheim, *De la Division du Travail Social*, Paris, Alcan, 1893; ［法］埃米尔·涂尔干：《社会分工论》，梁渠东译，生活·读书·新知三联书店 2000 年版。

社会性的、适当的组织、民主精神”等特点。[①] 但是，因为其社区所指限定在教育领域，并无普适性概念，因而没有获得后来学者的重视。

（二）旧社区已死，新社区来否？（1900—1930）

20 世纪前 30 年，英美世界的社区认知，从原来的蒙昧阶段逐渐走向具象化、地方化。滕尼斯式的概念并没有获得足够的呼应，而是被作为“旧社区”的符号打入另册，理论界与实务界热切而谨慎地注视着工业社会的“新社区”。

1. 旧社区已死

不少学者对社区做出区分，认为共同体意义上的社区，在工业化之前的农村出现过；与城市相比，农村社区相对闭塞，社会交往以初级群体为主。此外，西方世界并没有为社区划分明确的地理边界，人们对农村社区的认知模糊又相互重叠，例如，学校、家庭、职业和社会生活等都可以被称为社区。无论如何，在工业化的滚滚车轮碾压之下，旧式社区伤痕累累，农村社区逐渐被抛弃在进步时代的身后。

到 20 世纪初，美国超过 50% 的人口生活在城市地区，农村类型的邻里社区土壤越来越少。在农村，人们眼中所呈现的是“城镇和乡村日益相互依存、开放的乡村正在形成”，“对农民来说，这意味着对这些较大的社区单位承担更强烈的责任，而不是坚持一个家庭或一个邻里集团的经济”[②]。有人以教区范围界定社区，发现“随着农民被推到离村子更远的空间，社会、知识分子和宗教生活也同样退化”，当农村人口向城市流动，留下的弱者就失去了对生活的兴趣，从而导致停滞和堕落。[③]

---

① G. Thorne-Thomsen, “Community Life as a Basis for a Course of Study”, *The Course of Study*, Vol. 8, 1901, pp. 685 – 689.

② H. P. Becker, “Distribution of Space in the American Journal of Sociology, 1895 – 1927”, *American Journal of Sociology*, Vol. 36, 1930, pp. 461 – 466.

③ G. T. Nesmith, “The Problem of the Rural Community, with Special Reference to the Rural Church”, *American Journal of Sociology*, Vol. 8, 1903, pp. 812 – 837.

总之，在工业化、城市化的冲击下，社区不能满足人的本能和愿望，旧式的“社区生活已经消失”了。[①]

2. 新社区来否？

残存在城市的旧式社区同样遭遇到了挑战。每年都有一大群不同语言、习俗和习惯的人口挤进拥挤的城市，生活变成了一场疯狂的、令人作呕的、不人道的和无限悲惨的斗争。[②]

城市就是资本主义的吸血鬼，工业将人当成了生产工具，社会合作并非资本的目的，以致有人惊呼“它无情地摧毁了社会群体——家庭、社区和邻里——并使人完全脱离了以前所有的社会关系——他们变成了简单的工业原子，通过社会生活的解体而去人性化”[③]。

人们发现，“在日常生活中，没有一根线不是在无名氏的磨坊里纺成的”，人际关系冲破原有的小范围熟人关系，变成面对陌生人，“把这样的人称为邻居是没有用的”[④]。

也有态度积极的人们将更大的希望投注外部世界，因为“在这些问题面前，个别的家庭是束手无策的”，因而强调社会可以提供有益健康的社会生活，[⑤] 这样的判断倒是呼应了涂尔干的看法。

3. 走向具象化的社区认知

第一次世界大战后，人们对社区的认识突破了“与社会无异”的认知局限，越来越贴近区域社会、基层社会之意。在此之前，1911年，威尔逊提到了社区的三个要素：地域性（locality）、个人价值观

① Warren H. Wilson, "The Church and the Rural Community", *American Journal of Sociology*, Vol. 16, 1911, pp. 668 – 702.

② C. J. Bushnell, "Some Social Aspects of the Chicago Stock Yards, Chapter II, The Stock Yard Community at Chicago", *American Journal of Sociology*, Vol. 7, 1901, pp. 289 – 330.

③ W. G. Beach, "Levels of Immigrant Assimilation and the Community", *Social Forces*, Vol. 4, 1925, pp. 373 – 375.

④ B. Kirkman Gray, "The Ethical Problem in an Industrial Community", *International Journal of Ethics*, Vol. 17, 1907, pp. 217 – 231.

⑤ Luther Halsey Gulick, "Constructive Community and Personal Hygiene", *Science*, Vol. 31, 1910, pp. 801 – 810.

（personal values）和重要过程（vital process），[①] 但并没有得到相应的重视。

在英美学界，关于社区概念的探讨，往往以麦基弗尔（MacIver）为起点。1917 年，麦基弗尔出版了以“community”为题名的专著。他区别了社会、共同体与协会，认为社会是人与人之间的整体系统，community 可被视为“共同生活的任何领域”[②]，其形式可小过市镇、村落，可大过国家，规模不一。1918 年，盖尔平教授（Galpin）调查了威斯康星州沃尔沃思（Walworth）县农村社区（community）的情况，[③] 此后，这个术语的含义就越来越受到重视。

到 20 世纪 30 年代，对社区生活的实证研究成为社会学家的主要兴趣。[④] 芝加哥学派的帕克等开始了对城市生活的实证研究。[⑤] 芝加哥学派主要是从生态学的角度看待社会群体，认为社区的生活来自对自然环境和竞争的适应。[⑥] 城市就好像树的年轮，社区依据城市中心的距离分列铺陈。麦肯齐更加明确，认为人类社区可以被看作一种生态产品，也就是说社区是竞争和调节过程的结果。[⑦] 他从生态学角度将社区分为四类：第一，初级服务社区，如农业城镇、渔业、矿业或伐木群落；第二，在商品分配过程中发挥次要作用的社区，它从周围的初级社区收集基本材料；第三，工业城镇；第四，缺乏特定经济基础的社区，如休闲度假胜地、政治和教育中心、国防交流

---

① Warren H. Wilson, “The Church and the Rural Community”, *American Journal of Sociology*, Vol. 5, 1911, pp. 668 – 702.

② R. M. MacIver, *Community: A Sociological Study*, London: Macmillan, 1917, p. 151.

③ Galpin, Charles Josiah, *Rural Life*, New York: Century Company, 1918.

④ Hollingshead August B., “Community Research: Development and Present Condition”, *American Sociological Review*, Vol. 2, 1948, pp. 136 – 156.

⑤ R. E. Park, “The City: Suggestions for the Investigation of Human Behavior in the City Environment”, *American Journal of Sociology*, Vol. 20, 1915, pp. 577 – 612.

⑥ R. E. Park, E. W. Burgess, *Introduction to the Science of Sociology Chicago*, I. L.: University of Chicago, 1921.

⑦ R. D. McKenzie, “The Ecological Approach to the Study of the Human Community”, *American Journal of Sociology*, Vol. 30, 1924, pp. 287 – 301.

中心；等等。

1929 年《米德尔敦镇》[①] 的出版，清楚地标志着一个社区研究时代的结束和另一个时代的开始。米德尔敦镇研究关注的是一种被生态学家以及城乡社会学家普遍忽视的领域，即人们的日常生活、他们的机构组织和功能以及社区的社会结构之间的相互关系。[②] 关系被带入社区研究中来。

（三）走向多样化的社区认知（“二战”以来）

“二战”后，社区发展、社区组织与社区治理，先后成为全球范围内社区实践的时代重音。为了解国外对社区的认知，笔者分析了英文学界最有影响力的 823 篇论文。可以发现，人们对社区的认知是多元化的，“社群”是西方社区认知的公约数。

1. 形形色色的社区概念

要知道，滕尼斯关于社区的定义，在英文世界里可没有像在中文世界里一样被热捧，在检索的英文文献中，只有 14 篇提到滕尼斯，仅占文献的 1.7%。而且，并非所有文献的作者都同意滕尼斯的提法——在西方，可没有中国这样的“滕尼斯迷思”。

总体来看，西方世界对社区概念的定义十分多样，令人眼花缭乱，这里按照时间顺序进行列举：

> 第 1 种概念，早期的社区就是无差别地指代社会；
>
> 第 2 种概念，社区指代小型社会、初级群体，滕尼斯提出的共同体概念实际上特指“农业时代、传统时期的小型共同体”；
>
> 第 3 种概念，英文世界还将夫妻视为 community，特定词汇是“夫妻共同财产”，与中国“夫妻本是同林鸟”的概念类似；

---

① R. S. Lynd, H. M. Lynd, *Middletown: A Study in Modern American Culture*, New York: Harcourt, Brace and Company, 1929.

② August B. Hollingshead, “Community Research: Development and Present Condition”, *American Sociological Review*, Vol. 13, 1948, pp. 136 – 156.

第4种概念，是很早就开始使用的“学校即社区”；

第5种概念，社区是指在地理区域分布的社会团体，[①] 在广义上意味着，生活在地理区域内，无论大小，由某些利益联系在一起的任何群体；[②]

第6种概念，社区意味着空间，乡村社区是“人类主要活动组织的最小地理单位”，还有人将整个城市[③]、国家视为一个社区，或者将其分为乡村、城乡社区和城市社区三类[④]；

第7种概念，是同类社会群体的组织、社会团体[⑤]，例如商会[⑥]、工业界、宗教组织等；

第8种概念，将社区视为一种分配机制，例如芝加哥学派代表人物帕克在早期讲过，城市社区，不仅仅是一种“物理机制和人为构造”，而是在其扩展过程中“按照居住和职业对个人和群体进行筛选和分配的过程”[⑦]；

第9种概念，将社区视为一种组织机构，通常决定人们在一个社区地位的中心；[⑧]

第10种概念，社区生态学派将社区视为一种生态产品；

第11种概念，社区是一个以教堂为中心的教区；

---

① R. E. Park, E. Burgess, *Introduction to the Science of Sociology*, Chicago: University of Chicago Press, 1921, p. 1.

② J. F. Steiner, "Community Organization: A Study of Its Rise and Recent Tendencies", *The Journal of Social Forces*, Vol. 1, 1922, pp. 11 - 18.

③ Vieg John Albert, "The Manager Plan and the Metropolitan Community", *American Political Science Review*, Vol. 33, 1939, pp. 69 - 80.

④ J. M. Gillette, "Community Concepts", *Social Forces*, Vol. 4, 1926, pp. 677 - 689.

⑤ T. R. Batten, "Community Development in the Colonies", *African Affairs*, Vol. 50, 1951, pp. 321 - 326.

⑥ Alexander C. Brown, "What the Chamber of Commerce Can Do in Promoting Better Industrial Relations in a Community", *Proceedings of the Academy of Political Science in the City of New York*, Vol. 9, 1922, pp. 210 - 217.

⑦ Robert E. Park, and Ernest W. Burgess, *The City*, University of Chicago Press, 1925, p. 54.

⑧ J. H. Montgomery, "Principles of Organization in Community Councils", *Social Forces*, Vol. 5, 1926, pp. 95 - 97.

第12种概念，社区是一个以学校为中心的学区，或者文化区；①

第13种概念，监狱也是一个社区；②

第14种概念，比较玄一点，认为社区是宇宙的一部分，是一个在力场中运行的能量系统；③

第15种概念，是一种最低要素论，认为社区的最低基本要素是“一个由人居住的地方，他们设计某种社区组织来促进他们的利益”④；

第16种概念，社区是一种地方团体；⑤

第17种概念，将社区等同于社会团结，其中社会团结的根源在于共同价值观和共同利益；⑥

第18种概念，社区是一种参与、一种合作；⑦

第19种概念，社区是建立在人与人之间定期面对面交往基础上的社会关系领域；⑧

---

① Wessel Bessie Bloom, "Ethnic Factors in the Population of New London, Connecticut: The Community Area as a Unit for the Study of Ethnic Adjustment", *American Journal of Sociology*, Vol. 2, 1929, pp. 263 - 270.

② Clemmer Donald, "The Prison Community", *American Sociological Review*, Vol. 4, 1940, pp. 577 - 583.

③ George A. Lundberg, Margaret Lawsing, "The Sociography of Some Community Relations", *American Sociological Review*, Vol. 2, 1937, pp. 318 - 335.

④ F. S. Jesse, "Community Organization: Myth or Reality?", *Social Forces*, Vol. 8, 1930, pp. 334 - 339.

⑤ G. P. Murdock, "Feasibility and Implementation of Comparative Community Research: With Special Reference to the Human Relations Area Files", *American Sociological Review*, Vol. 15, 1950, pp. 713 - 720.

⑥ T. R. Batten, "Community Development in the Colonies", *African Affairs*, Vol. 50, 1951, pp. 321 - 326.

⑦ Perlis Leo, "A Community Is People", *The Journal of Educational Sociology*, Vol. 27, 1953, pp. 182 - 186.

⑧ Murray G. Ross, "Conceptual Problems in Community Organization", *Social Service Review*, Vol. 30, 1956, pp. 174 - 181.

第20种概念，社区是社会研究的样本或观察单位；①

第21种概念，社区是一种统计单元，是在统计时划定的地理单元；

第22种概念，社区是一个职业群体，例如医师；②

第23种概念，社区是一个有共同兴趣的群体，例如爵士乐爱好者；③

第24种概念，社区是一个政府单位；

第25种概念，社区是一个与其环境有确定关系的有组织的系统；④

第26种概念，社区是一种群体规范；⑤

第27种概念，社区是一种服务的抽象，指一群人、他们的组织和他们的工作方式共同提供或管理一个网络的基本服务；⑥

第28种概念，社区是一种聚居地；⑦

第29种概念，企业组织也被视为社区；⑧

第30种概念，社区是一种劳资融合的工业共同体；⑨

第31种概念，社区是一种防御性的邻里组织，反映了对来

---

① E. Cahn, J. Cohen, "Private Interviews and Community Views", *Journal of Legal Education*, Vol. 4, 1959, pp. 513 – 516.

② W. J. Goode, "Community within a Community: The professions", *American Sociological Review*, Vol. 22, 1957, pp. 194 – 200.

③ Alan P. Merriam, Raymond W. Mack, "The Jazz Community", *Social Forces*, Vol. 38, 1960, pp. 211 – 222.

④ Maurice R. Stein, *The Eclipse of Community: An Interpretation of American Studies*, Princeton, N. J.: Princeton University Press, 1960, p. 107.

⑤ Phillips Ruopp, *Approaches to Community Development*, in Ruopp, éd., *Approaches to Community Development*, The Hague: Theltague W. Van Hoeve Ltd., 1953, p. 4.

⑥ Greenberg Martin, "A Concept of Community", *Social Work*, Vol. 1, 1974, pp. 64 – 72.

⑦ Claude S. Fischer, "The Study of Urban Community and Personality", *Annual Review of Sociology*, Vol. 1, 1975, pp. 67 – 89.

⑧ McAdams Tony, "Speaking Out in the Corporate Community", *Academy of Management Review*, Vol. 2, 1977, pp. 196 – 205.

⑨ Whyte William Foote, Giorgio Alberti, "The Industrial Community in Peru", *The ANNALS of the American Academy of Political and Social Science*, Vol. 431, 1977, pp. 103 – 112.

自社区以外入侵的恐惧，如义务市民团体、街角帮派、保护委员会和当地的消费者团体；①

第32种概念，社区是一个选举区域，即选区；②

第33种概念，共产主义代表了一个更充分的社区共同体；

第34种概念，社区是一个分析单位，是比个人、个体高一个级别的分析单位，是个体的同质性、多样性的集合；③

第35种概念，社区就是一个地方；④

第36种概念，社区是一种社会关系，这种关系既是实现社会福利的手段，也是实现社会福利的定义或目的；⑤

第37种概念，社区是邻里住区；⑥

第38种概念，社区是一个综合实体，⑦通过长期的关系支撑和维持，加强团结，促进合作；

第39种概念，社区是一个人被视为完整（个体）的背景；⑧

第40种概念，社区是指拥有许多正式或非正式机构的地方，⑨任何社区都有一个社会组织或一套社会制度，这些社会组织或社

---

① Reitzes, C. Donald, Dietrich C. Reitzes, "Alinsky Reconsidered: A Reluctant Community Theorist", *Social Science Quarterly*, Vol. 63, 1982, p. 265.

② Hebdige Dick, *Subculture: The Meaning of Style*, London, England, and New York: Elective Communities, Menthuen & Co, London, 1979.

③ W. G. Astley, "The Two Ecologies: Population and Community Perspectives on Organizational Evolution", *Administrative Science Quarterly*, Vol. 30, 1985, pp. 224 - 241.

④ Eleanor L. Brilliant, "Community Planning and Community Problem Solving: Past, Present, and Future", *Social Service Review*, Vol. 60, 1986, pp. 568 - 589.

⑤ K. P. Wilkinson, "Social Well - being and Community", *Journal of the Community Development Society*, Vol. 10, 1979, pp. 5 - 16.

⑥ S. Keller, "A Community in the Making", *Ekistics*, Vol. 1, 1987, pp. 271 - 278.

⑦ Opoku, Kofi Asare, "Communalism and Community in the African Heritage", *International Review of Mission*, Vol. 79, 1990, pp. 487 - 492.

⑧ Carl M. Moore, "Community is Where Community Happens", *National Civic Review*, Vol. 80, 1991, pp. 352 - 357.

⑨ Hughey Joseph, Paul W. Speer, N. Andrew Peterson, "Sense of Community in Community Organizations: Structure and Evidence of Validity", *Journal of Community Psychology*, Vol. 27, 1999, pp. 97 - 113.

会制度基本上在一定的时间范围内自发形成，[①] 通过它们的运作，大多数居民发现有可能满足他们的需要，并发展出某种团结感，从而具有作为一个整体共同行动的潜在能力；

第41种概念，社区是生活社交区域；[②]

第42种概念，社区可以被看作各子系统（卫生、教育、经济、宗教、家庭和通信）之间互动的总和；[③]

第43种概念，合同关系也被视为一种社区关系；[④]

第44种概念，社区是提供公共服务的一个单元，有地理界线、居住范围；[⑤]

第45种概念，社区是一个封闭的领域，拥有难以理解的（专业）知识，这是“充满情感的关系网”和“相对较高的反应水平”的基础[⑥]，例如律师协会、医师协会，等等；

第46种概念，对于罗尔斯来说，“共同体”这一概念意味着一种特殊的协会，协会的成员都有共同的目的；[⑦]

第47种概念，社区是一个种族、民族、阶层；

第48种概念，20世纪90年代末，开始出现虚拟社区、网络

---

① Gordon W. Blackwell, “A Theoretical Framework for Sociological Research in Community Organization”, *Social Forces*, Vol. 33, 1954, pp. 57 - 64.

② L. A. Baxter, E. P. Simon, “Relationship Maintenance Strategies and Dialectical Contradictions in Personal Relationships”, *Journal of Social and Personal Relationships*, Vol. 10, 1993, pp. 225 - 242.

③ Isabel García, F. Giuliani, E. Wiesenfeld, “Community and Sense of Community: The Case of an Urban Barrio in Caracas”, *Journal of Community Psychology*, Vol. 27, 1999, pp. 727 - 740.

④ Cotterrell Roger, “Rethinking ‘Embeddedness’: Law, Economy, Community”, *Journal of Law and Society*, Vol. 40, 2013, pp. 49 - 67.

⑤ L. Roux, M. Pratt, T. O. Tengs, et al., “Cost Effectiveness of Community-Based Physical Activity Interventions”, *American Journal of Preventive Medicine*, Vol. 35, 2008, pp. 578 - 588.

⑥ Etzioni Amitai, “The Responsive Community: A Communitarian Perspective 1995 Presidential Address”, *American Sociological Review*, Vol. 61, 1996, pp. 1 - 12.

⑦ Kenan Malik, “The Failure of Multiculturalism: Community Versus Society in Europe”, *Foreign Affairs*, Vol. 94, 2015.

社区；[①]

第 49 种概念，社区就是工作单位；

第 50 种概念，社区就是一种政治建构；

……

其中，第 5 种到第 7 种概念，以及第 47 种概念，可以从大到小无限对应，因而可以扩充社区的概念数量。

2. 社区的 7 类“共同体”范畴

英文世界关于社区的认知过于复杂、含糊，其具体指代难以穷尽，根据所指“共同体”的范畴，可以将其分为 7 类（见图 1－1）。

第一，一半的文献（占 50.91%）将社区视为“地缘共同体”，其中，39% 的文献将社区视为邻里共同体；第二，社区还被用作“精神共同体（信仰、习惯、爱好）”（占 15.43%），例如教会、有共同信仰的人、有共同爱好的一批人；第三，社区还被用作“业缘共同体（职业、教育）”（占 6.20%），例如工商业界、学术界、医药界等。

还有的将社区视为“血缘（民族、种族）共同体”（占 4.13%）、“国际共同体”（占 3.89%）和“国家共同体”（占 1.94%）。17.50% 的文献并不明确特指共同体的概念，例如，公共卫生界常用社区这个词指代一个样本群体。

3. 关系结合度不一的“社群”

在英文世界里，社区的核心概念要素和最大公约数是“社群”。

从居民的角度来看，人们对社区的认知集中在地理社群和同质群体两个层面。有研究者在美国和加拿大 24 个城市做了调查，对 288 名居民和 68 名雇员进行了访谈，设置了 9 个选项：社区是“①地理；②其他人；③家庭成员或亲密朋友；④相似的兴趣或活动；⑤相似的职业或共同的工作场所；⑥相似的经历；⑦老年中心或老年住房中心

① Rheingold Howard, *The Virtual Community: Finding Commection in a Computerized World*, Addison-Wesley Longman Publishing Co., Inc., 1993.

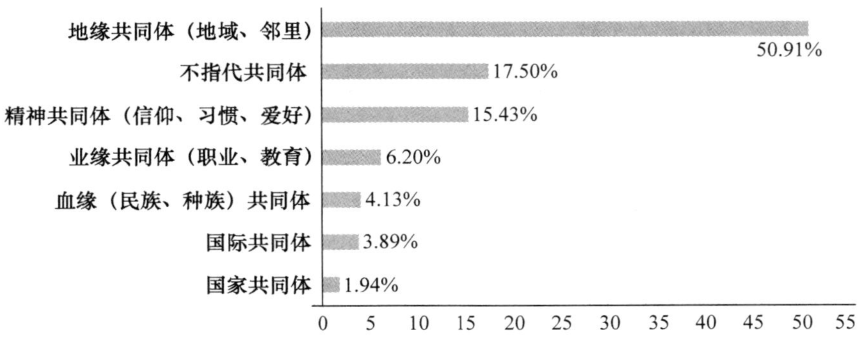

图 1－1　英文学界关于社区的内涵认知

的共同成员；⑧相似的宗教信仰；⑨其他”，受访者可以选出一个以上的社区选项。结果显示[①]：

> 第一，当把社区描述为一个抽象概念时，参与者最常用人口统计群体（占样本的 80.30%）来定义，即“其他人或类似年龄的人”；
>
> 第二，在定义自己的社区时，被调查者最常用地理群体（占样本的 57.10%）来描述他们，或者说居住在邻近地区的人，同类群体、相似经历群体、亲密关系、业缘群体等也成为较多的选项，比例分别为约 42%、37%、35% 和 20%。

在学界，社区被理解为关系紧密度不一的群体。首先，44.71% 的文献将社区视为“居住在同一地区有一定生活交往的群体”（见图 1－2），这种区域可大可小，大至全球、国家，中至城市、乡镇，小到村落、邻里；其次，还有差不多三成文献将社区视为“有共同的

① D. F. Ragin，E. Ricci，R. Rhodes，et al.，“Defining the ‘Community’ in Community Consultation for Emergency Research：Findings from the Community VOICES Study”，*Social Science & Medicine*，Vol. 66，2008，pp. 1379－1392.

信仰，形成合作和规范组织的群体”，这突出表现为宗教、协会等组织；再次，两成的文献并无什么群体关系的指代；最后，还有小部分文献（占5.47%）将其指代为“仅指同一类人，没有紧密的联系”，例如同性恋社群、残疾人社群等。

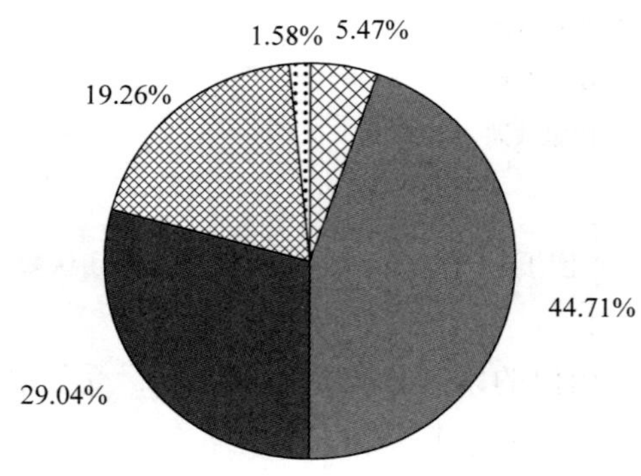

仅指同一类人，没有紧密的联系　居住在同一地区有一定生活交往的群体　有共同的信仰，形成合作和规范组织的群体　无指代　（空）

图1－2　社群结合度的认知

二　社区实践的简明史

西方世界的社区可以追溯到古希腊城邦时代，亚里士多德的《政治学》描述的村落、城邦，就是为追求公共的善而存在的“共同体”，在他看来，社区不能太大，应该在演讲者所能被听到的范围以内。近代以来的社区实践，可以追溯到19世纪末。

（一）早期的社区实践与政策起源（19世纪末到1910年）

在公共政策中，关注社区并不是什么新鲜事，最早可以追溯到18世纪殖民时期。彼时，英、法、比利时、荷兰等殖民者，“跳出殖民地社区之外，居于殖民地社区之上，作为所谓文明的代表，管理、调和不同的社区"[①]，使用"社区发展"技术来维持社会控制。

在英美世界，近代的社区实践起源于19世纪末。当时，英国和美国发起社区睦邻组织运动（Social Settlement Movement），旨在通过社会组织的参与，整合社区内外资源，激发居民自主自立精神，帮助社区内的弱势群体。[②]

1884年，英国伦敦东部圣犹太教区的牧师巴奈特（Barnet）创立了汤恩比馆（Toynbee Hall），这是全世界社区睦邻运动的开始。汤恩比馆设在贫民区，由知识分子和社会公益人士深入当地社区，传播人道主义理念，调动社区资源，组织和教育居民改善环境，培养社区的自助、互助精神。

汤恩比馆成为美国社区睦邻运动的"样板"，美国早期社区睦邻中心的创始人，就参观、学习过汤恩比馆。1889年，亚当斯（Jane Addams）在纽约创办了赫尔会所（Hull House），就是通过救济、慈善改善当地居民生活的社区改良中心。1891年，塔克博士（Dr. William J. Tucker）聘请伍兹（Robert Archey Woods）运营波士顿南街会所（South End House of Boston），服务于移民，使其融入美国生活，1893年，美国金融家、慈善家雅各布·希夫（Jacob Schiff）捐赠，瓦尔德（Lillian D. Wald）负责运营的亨利街睦邻中心（Henry Street Settlement）成立，同样是服务于移民。

社区睦邻运动在数十年间遍及美国各地，其发展程度远远超过了英国。到1900年，美国建立起了100多个睦邻组织定居点。1911年，社会睦邻运动的领导者成立了全美睦邻基金会（National Federation of Settlements）。[③]

---

① J. Clarke, *Community*, *Social Change and Social Rrder*, in G. Mooney, S. Neal (eds.), *Community*: *Welfare*, *Crime and Society*, Open University Press, 2009, pp. 82－83.

② 徐震：《台湾社区发展与社区营造的异同》，《社区发展季刊》2004年第107期。

③ 徐富海：《从汤恩比馆到赫尔大厦——社区睦邻运动发展过程及启示》，《中国民政》2016年第14期。

（二）“一战”催化的“社区组织运动”（20 世纪 10—30 年代）

进入 20 世纪，工业比之前有着更广泛的影响力。工业化进程不但影响了城市，而且对于蒙昧状态的农村社区影响甚大。人们对旧式社区的存续忧心忡忡，也被迫开始接受新的社区形式。

特别是第一次世界大战（1914—1918 年）的爆发在西方世界催生了第一次社区组织运动高潮。战争本身是一个动员过程，也是一个重塑社区实践的过程。战争的爆发打破了小区域内相对封闭的互动联系，在战争的不同时期，学生和教师被组织成几个单位，服务于几次运动、战时生产，[①] 学校教育向公民教育发展。越来越多的人认识到，学校应该成为社会的知识和社会中心。[②] 同样，由于战争和工业事故的原因，照顾归国士兵的任务迫使社区立即采取行动，基层社会提供平等的机会和帮助，以此让残疾人发挥作用。[③]

停战协议签署后，公众的注意力从战争转移到了社区生活上，[④] 美国发生了令人心潮澎湃的社区运动。教堂和学校成为夯实社区关系的中心。到 1918 年，美国有 107 个城市设有社区中心，到 1924 年，有 240 个城市设有社区中心。到 1930 年，纽约一个城市就有近 500 个社区中心，有 400 多万人定期参加活动。[⑤] 社区中心具有灵活性，重新赋予社区价值，“给每个成员一个新的信念——可以倍增自己的力量，可以直接与城市官员一起，为任何他认为的邻居和自己城市的

---

① Charles S. Foos, “New Community View”, *The Journal of Education*, Vol. 17, 1918, pp. 454 – 454.

② I. M. Levy, “Various Community Activities”, *Journal of Education*, No. 3, 1918, pp. 65 – 66.

③ A. M. Hamburger, “The Cripple and His Place in the Community”, *The Annals of the American Academy of Political and Social Science*, Vol, 77, 1918, pp. 36 – 44.

④ W. Pangburn, “The War and the Community Movement”, *American Journal of Sociology*, Vol. 26, 1920, pp. 82 – 95.

⑤ R. Fisher, *Let the People Decide*, *Neighborhood Organizing in America* (2e), New York: Twayne Publishers, 1994, p. 16.

最大利益工作”[①]。

总体来看，社区组织运动是一系列多中心的运动，从来没有一个单一的社区中心。[②] 美国的社区组织实际上包含多种运动：学校社区中心运动、游乐场和娱乐运动、乡村生活运动、社区理事会运动、社会机构中央理事会、辛辛提那社会单位组织[③]（见表1－2）。社区组织的目标不是替代也非控制，而是“刺激和引导个人和团体，以促进整个社会的利益”[④]。

表1－2　　20世纪20年代美国的社区组织运动

社区组织运动名称	时间与内容
学校社区中心运动（The School Community Center Movement）	1907年在纽约首次制订了将学校用作社会中心的计划，到1911年，该计划已被广泛采用
游乐场和娱乐运动（The Playground and Recreational Movement）	1906年成立了美国游乐场协会。美国参加“一战”后不久，美国陆军部训练营活动委员会要求协会“负责刺激和帮助训练营附近的社区发展，组织社会和娱乐资源，使其对营地中的官兵具有最大的价值”
乡村生活运动（The Country Life Movement）	最初是由1908年成立的罗斯福乡村生活委员会发起，强调使农业生活更健康和更有吸引力。这些努力将各机构在农村娱乐、农村卫生、农村教育和其他影响农村社区福利的工作中联系并统一起来
社区理事会运动（The Community Council Movement）	美国参加“一战”后，根据国会法案成立的国防委员会立即启动了其组织计划，其中包括建立州和县的理事会，目的是帮助调动国家资源。授权成立了社区理事会，建议将公立学校作为地方总部。理事会由社会和民间机构的官方代表以及社区人民在公开会议上选出的公民组成——在战争期间，紧急情况下很容易获得合作

① Genevieve B. Earle, “Meaning of the Community Center Movement”, *The Journal of Social Forces*, Vol. 3, 1925, p. 294.

② Stephan A. Steven, “The Development of Community Centers in Chicago”, *Social Forces*, Vol. 11, 1932, pp. 227－234.

③ J. F. Steiner, “Community Organization: A Study of Its Rise and Recent Tendencies”, *The Journal of Social Forces*, Vol. 1, 1922, pp. 11－18.

④ J. F. Steiner, “Field Work Training in Community Organization”, *The Journal of Social Forces*, Vol. 2, 1923, p. 394.

续表

社区组织运动名称	时间与内容
社会机构中央理事会（The Central Council of Social Agencies）	它只是一种将专门机构组织成一个合作运动的手段，使它们的联合行动成为可能。由所有从事社会工作的地方机构的官方代表组成。这个机构没有约束力，只是咨询、协调机构，但是如果组织得当，将会代表整个城市的意志。1921年，50多个城市通过联合预算计划提高了社会福利预算，每个城市增加的数额为1万美元到3.25亿美元不等。所有机构的联合预算向公众寻求支持，并通过协调一致的年度资金筹集活动，对商人产生强烈的吸引力
辛辛提那社会单位组织（The Cincinnati Social Unit Organization）	这一组织源于1911年至1912年威尔伯·菲利普斯夫妇在密尔沃基进行的健康中心试验。该组织从1917年开始在辛辛那提实施了一项为期三年的计划，宗旨是："促进一种民主的社区组织，通过这种组织，整个城市可以直接参与社区事务的控制，同时不断利用现有的最高技能。"为实现这一目标而设计的组织计划非常简单。莫霍克—布莱顿地区被划分为31个街区，每个街区约500人。每个区组选出一个区议会，然后选出其行政人员或区组工人，他们的职责是认识该区的所有人，了解他们的需要，并在出现政策或程序问题时代表他们的利益

来源：梳理自Steiner，J. F.，"Organization：A Study of Its Rise and Recent Tendencies"，*The Journal of Social Forces*，Vol. 1，1922，pp. 11－18。

（三）"二战"后的社区（共同体）实践（20世纪40—70年代）

第二次世界大战同样激发了新的社区运动，而且这场运动不但有民族国家的内向反思，还有向其他国家和组织的外向扩展。

1. 国际共同体纷纷成立

"二战"后，人们对避免战争、维护和平有了更深入的思考，对于以联合的形式压制潜在对手也有了新的思考。超越民族主义国家的利益，建构各种超国家的国际"共同体"，成为东西方国家对外交往的一种趋势。

1949年，美国、加拿大、法国、英国等成立北大西洋公约组织；与之对应，1955年，苏联等社会主义国家成立"华约组织"；50年代，"欧洲经济共同体"成立；1967年，东非共同体（East African community）成立；1998年，成立于1947年的南太平洋委员会改名为太平洋共同体（Pacific Community）。

再近，2015 年，东南亚区域国家成立东盟经济共同体（ASEAN Economic Community）组织；2017 年，中国共产党在第十九届全国代表大会上明确提出“构建人类命运共同体”（Community of Shared Destiny for Mankind），诸多国际“共同体”组织对应的均是社区的英文词 community。

2. 席卷全球的社区发展运动

“二战”结束后，大多发展中国家和地区面临贫穷、失业、疾病、发展缓慢等一系列问题，解决这些问题，仅仅依赖政府力量是不够的，因而引入民间力量、推动民众与政府一道参与发展成为必需——社区发展运动应运而生。

1948 年，联合国在成立之初就提出经济发展要与社会发展同步，相应的援助要以社区为单位。1952 年，联合国成立“社区组织与发展”小组（U. N. Unit on Community Organization and Development），1954 年改为“联合国社会事务局社区发展组”（Section of Community Development，U. N. Bureau of Social Affairs）。1955 年，联合国出版《社会进步经由社区发展》（*Social Progress Through Community Development*）一书，为社区发展奠定理论基础。① 其理念核心是“基于社区居民需求之上的居民自助，与政府协助相结合”，10 条基本原则为：

（1）社区各种活动必须符合社区基本需要和居民愿望；
（2）社区活动可局部地改进社区；
（3）改变居民的态度与改善物质环境并重；
（4）促使居民积极参与社区事务；
（5）选拔、鼓励和训练地方领导人才；
（6）重视妇女和青年的参与；

① 徐震：《台湾社区发展与社区营造的异同——论社区工作中微视与巨视面的两条路线》，《社区发展季刊》2004 年第 107 期。

(7) 有赖于政府积极广泛的协助；

(8) 建立全国性的社区发展计划，制定政策，建立行政机构，选拔与训练工作人员；

(9) 充分运用地方、全国和国际民间组织的资源；

(10) 地方发展与国家全面的进步相配合。

后来，美国近东基金会等加入社区发展项目，为此提供了相当的资金援助。这场运动先是在印度、伊朗、韩国、印尼、泰国、菲律宾、越南、非洲、拉丁美洲一些发展中国家展开，我国台湾地区最初的社区发展同样是这场运动的组成部分；而后在日本、英国、澳大利亚、德国、丹麦、加拿大、美国等一些发达国家展开，与发展中国家和地区有所不同，发达国家主要是借助社区发展的方式，推动城市贫困地区的发展。

西方大国主导这场社区发展运动并非大发善心。早有学者指出“两次世界大战和一场大萧条，粉碎了白人对自己控制社会和经济事件的能力，以及对线性进步的简单神话的信心”[①]，发达国家特别是英国已经没有金钱、精力去维护殖民国家的统治。而美国之所以如此热衷社区发展运动：一是要取代英国，维护其在殖民体系中的影响力；二是在推广其政治发展模式的同时，力图向其他国家和地区输入其社会价值。

(四) 发达国家的社区复兴运动（20世纪80年代以来）

西方国家向来以活跃的社区组织、丰富的社区活动而自诩。但是，在现代工业化社会中，陌生人社会不断否定着前工业化时代的组织形式，引以为傲的西方结社传统同样受到质疑。以至于，美国政治学家普特南（Putnam）惊呼“社区衰落了!”，一幅“独自打保龄球

---

① J. Lotz, “Introduction: Is Community Development Necessary?”, *Anthropologica* (*New Series*), Vol. 9, 1967, pp. 3 – 14.

的落寞形象”跃然纸上。①

20世纪末，西方发达国家发起新一轮的“社区复兴”运动，旨在带动居民参与基层治理，建设政府与社区的合作伙伴关系，以此恢复社区活力、推动政府改革和社会发展。借助社区复兴和都市更新等计划的实施，发达国家更新了社区治理的图景。②

在英国，工党在1997年重新执政之后，社区重新进入政府的决策视野，并被提升至社会发展的战略高度。2001年工党政府成功连任，社区发展的价值理念和服务实践得到持续发展，积极的公民权利和社会融合成为公共政策的主旋律，以此促进邻里复兴、融合不同层次的公民参与。英国发起的邻里复兴战略（National Strategy for Neighborhood Renewal）、社区战略（Community Strategies）、社区照顾计划（The Community Care Development Programme）等，与民主参与以及公共服务改革等议题相联系。③ 2010年，保守党取代工党执政后，又推出“伟大社会”等一揽子计划，推动社区社会组织的参与和社区更新。

在美国，20世纪90年代兴起的社区主义运动，号称从强调个人权利到关注社会和集体责任的平衡的转换。④ 克林顿当选总统后，社区建设成为其实现“再创政府”“复兴美国”的重要手段之一。在这个思想主导下，克林顿政府提出了“授权区和事业社区”的法案，力图重新界定政府和社区的关系，实现政治、经济、社会福利一体化

---

① R. Putnam, "Bowling Alone: America's Declining Social Capital", *Journal of Democracy*, Vol. 6, 1995, pp. 65 –78; Robert D. Putnam, *Bowling Alone: The Collapse and Revival of American Community*, New York: Simon&Schuster, 2000.

② 吴晓林、郝丽娜：《“社区复兴运动”以来国外社区治理研究的理论考察》，《政治学研究》2015年第1期。

③ 韩央迪：《英美社区服务的发展模式及对我国的启示》，《理论与改革》2010年第3期。

④ Michael Minch, "Communitarianism", in K. Deen, Chatterjee (eds.), *Encyclopedia of Global Justice*, New York: Springer-Verlag New York Inc., 2011, p. 168; J. K. Rudkin, Rudkin J. Kmmunity, *Psychology: Guiding Principles and Orienting Concepts*, New Jersey: Prentice Hall, 2003.

发展目标。[①] 小布什、奥巴马等后任总统，在建设和加强社区志愿者行动方面推出了多个计划。

在澳大利亚，政府在政策制定时，为解决民众本身的问题，开始转向与社区对话，将焦点集中于志愿性能力的利用。[②] 21 世纪初，澳大利亚州和联邦政府发布了一系列促进农村发展的政策，这些政策被注入一种新的社区意识，使用了具有引领性的诸如社会资本、社会企业、社区发展、伙伴关系和社区建设等概念，促进了各种各样旨在遏制社会和经济下滑的社区组织的发展。澳大利亚所有级别的政府有力推出社区参与方法，揭示了社区参与的核心要素，社区参与的观点和政府社会的合作已经被广泛支持。[③]

这场所谓的“社区复兴运动”，是西方新公共管理运动在社区的全面展现，背后也隐藏着发达国家财政紧缩、向地方和社会卸责的筹谋。

三　中国的实践与认知

在中国，社区一词被很多人视为滕尼斯的发明，国内社区的研究对滕尼斯的引用甚多。一定程度上，滕尼斯就成了社区的代言人。中国的社区研究文献，十有其一引用了滕尼斯的观点，[④] 人们普遍认为社区就是邻里层面的共同体，这与西方主要国家对社区的多元认知有较大差异。

西方早期的一些学者，将包括中国在内的亚洲社区看作“一个相对偏远的领域，拥有难以理解的知识，如民俗、习俗和传统”的“密室”[⑤]，这与西方学者最初的社区认知相对应，他们一开始将蒙昧状态的

① 刘志鹏：《城市社区自治立法域外比较与借鉴》，《国家行政学院学报》2012 年第 3 期。

② D. Adams, M. Hess, “Community in Public Policy: Fad or Foundation?”, *Australian Journal of Public Administration*, Vol. 60, 2001, pp. 13 – 24.

③ S. Connelly, “Constructing Legitimacy in the New Community Governance”, *Urban Studies*, Vol. 48, 2011, p. 929.

④ 检索中国知网“政治学、行政学、社会学”等社区研究最集中的学科文献可以发现，截至 2020 年 1 月 26 日，在 2489 篇 CSSCI 论文中，引用“滕尼斯”的占了 11.6%，论及“共同体”的达到 52.2%。

⑤ F. Onaka, “Community Transformation in Asian Societies, An Introduction”, *Historical Social Research*, Vol. 42, 2017, pp. 277 – 288.

初级群体视为社区。历史地看，中国的社区实践与认知经历了很多变化。

（一）中国现代社区实践发展简史

在中国，较早就有较为先进的社区实践了。但是，受当时的大背景影响，相关实践并未大范围扩展，与其他国家和地区相比，中国的社区治理实践有“起个大早、赶个晚集”的遗憾。

1. 乡村建设工作计划

20 世纪 20—30 年代，梁漱溟（1883—1988）和晏阳初（1890—1990）等在乡村地区推动“平民教育与乡村建设工作计划”。

梁漱溟规定了乡村建设运动的三个主要方面：经济方面，主要是谋求农业各门类的发达，谋求技术改进和经济改进，其组织方式就是各类形式的合作自治体，进而以农业发展促进工业开展，逐步走机械化道路；政治方面，主要是在经济普遍合作提高的基础上建立自治组织，由经济合作引入政治自治；文化方面，主要是进行全民教育。

晏阳初认为中国农民问题的核心是“愚贫弱私”四大病，提出以“学校式、社会式、家庭式”三大方式结合并举，“以文艺教育攻愚，以生计教育治穷，以卫生教育扶弱，以公民教育克私”四大教育连环并进的农村改造方案。

据统计，20 世纪 30 年代全国从事乡村建设工作的团体和机构有 600 多个，先后设立的各种实验区有 1000 多处。[①] 这些运动的开展，是中国社区建设的早期实践。后来，中国的乡村建设实践被日本侵略打断，但是，其先进的工作理念被联合国继承，成为“二战”后推展社区发展的有益因素，对全球的社区发展有深刻的启发意义。

2. 新中国成立以来的社区实践

新中国成立以后，在向苏联学习的过程中建立了单位体制，大部分城市居民工作、生活在单位制内，“街居制”（街道—居委会管理体制）成为“单位制”的补充，因而，在改革开放之前并无专门的

① 徐秀丽：《民国时期的乡村建设运动》，《安徽史学》2006 年第 4 期。

社区政策。改革开放后，“单位制”的范围逐渐缩小，越来越多的人在传统单位外工作、生活，“街居制”的范围逐渐扩大，成为“单位制”的继替者。

改革开放后，社区首先是被民政部发现并发挥作用的。20 世纪 80 年代中期，民政系统首先提倡和推动社区服务。20 世纪 90 年代中期，上海、北京等地开展“两级政府、三级管理、四级落实”的社区体制改革，后来在全国范围内推广。1998 年，国务院在机构改革中明确民政部具有“推进社区建设”之责，民政部“基层政权建设司”改为“基层政权与社区建设司”。20 世纪 90 年代后期，民政系统开展社区建设试点，并且最终推动在全国范围内的社区建设。2000 年，中共中央办公厅、国务院办公厅转发民政部《关于在全国推进城市社区建设的意见的通知》，标志着中国全面进入“社区建设”时代。2012 年，在中国共产党第十八次全国代表大会上，“社区治理”第一次被写入党的纲领性文献。2013 年，中国共产党第十八届三中全会将推进国家治理体系和治理能力现代化作为全面深化改革的总目标，“社会治理”话语取代过去的“社会管理”话语，社区治理话语全面主导社区实践。

与此同时，我国台湾地区的社区实践则走了一条不同的道路。历史地看，台湾地区的社区概念经由大陆传入，其现代社区治理实践则始于联合国推动的“社区发展运动”。“二战”结束后，台湾地区为了因应联合国“社区发展”计划并且获取其资助，于 1965 年颁布《民生主义现阶段社会政策》，首次将“社区发展”列入“现阶段社会福利七大项目之一”。1968 年，台湾地区颁布《社区发展工作纲要》（1983 年修定为《社区发展工作纲领》）。自 20 世纪 60 年代至 90 年代初，台湾地区的社区发展体现出行政导向的特征，社区建设内容偏重于物质建设，社会组织仅被当成行政当局基层建设的“辅助单位”。1994 年，台湾地区推出社区总体营造政策，是为台湾城市社区治理模式变革的起点，此后的十年（1994—2003 年）是台湾地区社区治理转型的“黄金十年”，进入“以自上而下推动自下而上”的

“辅导型社区治理”阶段，为后来迈向“伙伴性社区治理”模式积累了必要条件。

（二）中国现代社区认知简史

对中国来讲，社区是一个“舶来品”。经过新时期的实践，中国已经严格区分了社区与共同体的概念。社区成为一个独立的专属名词，特指居委会及其辖区范围。

1. 最初的社区认知

20世纪30年代之前，中国还未有“社区”这一词汇。吴文藻（1901—1985）和费孝通（1910—2005）是中国社区研究的开创者。

吴文藻对中国社区研究的发展起到了直接的推动作用。他是后来从事社区研究方法的大多人的老师和顾问，而且在将英国人类学的最新发展介绍到中国大学特别是燕京大学方面也发挥了重要作用。[①] 在吴文藻看来，社区是区别于以往研究的一种方法革新。他主张，中国研究的第一步是先划定一块文化区域，比如乡村社会、都市社会、部落社会，再从中划出更小的进行实地调查的社区范围。[②] 这种社区的提法突出表现为方法论意义。

吴文藻和费孝通等人的社区研究，可以从芝加哥学派主要代表人物帕克的社区研究中找到基础。1932年，帕克来华讲学。帕克在授课时讲过一句话“Community is not society”，这引发了费孝通等的思考。根据费孝通先生的回忆：

> 当初，community这个词介绍到中国来的时候，译法是“地方社会”，而不是“社区”。当我们翻译滕尼斯的community和society两个不同概念时，感到community不是society，成了互相

① Morton H. Fried, “Community Studies in China”, *The Far Eastern Quarterly*, Vol. 14, 1954, pp. 11 –36.

② 吴文藻：《导言》（1934年写），载北京大学社会学人类学研究所编《社区与功能——派克、布朗社会学文集及学记》，北京大学出版社2002年版，第16页。

> 矛盾的不解之词，因此，我们感到“地方社会”一词的不恰当，那时，我还在燕京大学读书，大家谈到如何找一个确切的概念。偶然间，我就想到了“社区”这么两个字，最后大家运用了，慢慢流行。这就是“社区”一词的来由。[①]

可以讲，社区自一开始进入中国学者的视野，就被直接带入“划小范围的基层社会单元”中去了。这本身避免了类似于西方的认知混乱。在后来很长一段时期，中国的社区研究还未与城市紧紧绑定在一起，而是更多用人类学的方法，去研究乡村和城镇的生活。费孝通的《江村经济》《乡土中国》等是其中享有盛誉的代表作。

2. 实践层面直指“居委会辖区”

20 世纪 80 年代，中国民政部首先引入社区服务的概念。1986 年，民政部把“社区”概念引入城市管理，提出开展社区服务工作。1989 年通过的《中华人民共和国城市居民委员会组织法》第四条规定：“居民委员会应当开展便民利民的社区服务活动。”可以看出，自一开始，居委会就是社区服务的重要载体。

最先对社区进行明确界定的政策文件，是 2000 年中共中央办公厅、国务院办公厅转发民政部《关于在全国推进城市社区建设的意见的通知》，文件的第一句话就指出：“社区是指聚居在一定地域范围内的人们所组成的社会生活共同体。目前城市社区的范围，一般是指经过社区体制改革后作了规模调整的居民委员会辖区。”自此，社区与居委会紧紧绑定。

在日常生活中，经常听到“请你去社区开证明”“你要找社区领导”，实际上就是找居委会的意思。这一点，与西方世界的理解完全不一样。

---

① 费孝通：《二十年来之中国社区研究》，《社会研究》1948 年第 77 期。

3. 中国社区认知的分布

为了与英文世界里的社区认知进行比较，我们选取了中国最有影响力的686篇文章，并且在全国范围内开展了问卷调查。结果显示，与西方人对社区复杂的认知不同，中国人对社区的判断简单而且集中，就是特指邻里范畴。

从社区的范畴来看，中国学者对社区的认知具有明确的地理指向（占文献的95.19%，见图1－3），再进一步细分，90.96%的文献将社区落脚在村落、邻里层面，这比西方高60个百分点。

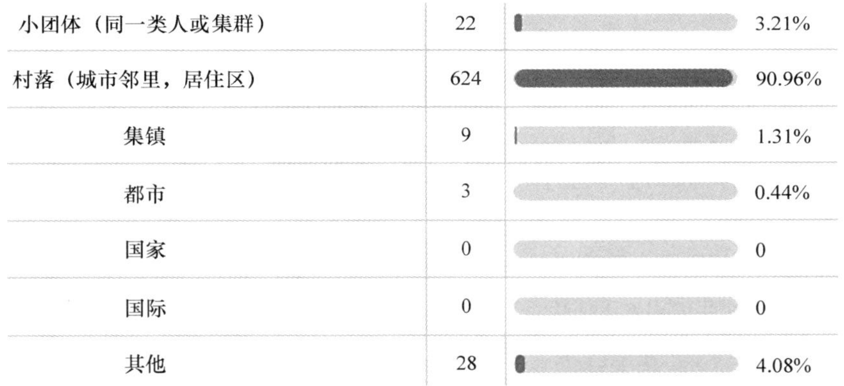

图1－3　中国学者对社区范畴的认知

从关系结合度来看，中国学者并不执念于“紧密共同体”的判定，大多人所提及的社区就是“居住在同一地区有一定生活交往的群体”（占文献的88.48%，见图1－4）。与此同时，我们在全国的另一项7267份实地问卷调查结果也表明（截至2020年1月），普通居民对社区的认知也与“紧密共同体”相去甚远：81.79%的居民只把社区当成“一定规模的生活空间”，只有18.21%的居民将社区视为“邻里互动的交往空间”（见图1－5）。

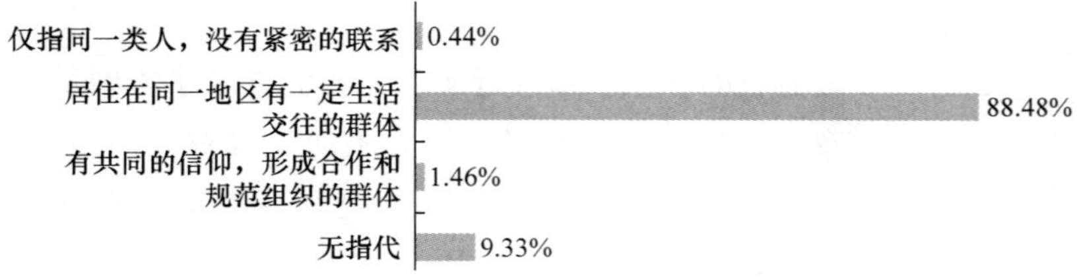

图 1－4　中国学者对社区关系结合度的认知

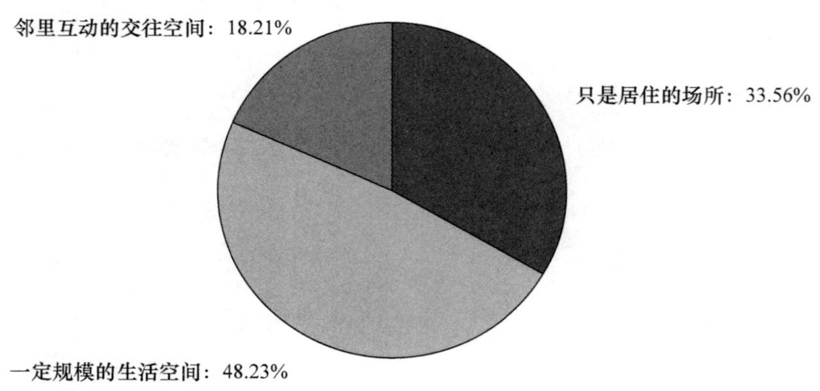

图 1－5　中国居民对社区关系结合度的认知

从国家与社会关系来看，大多学者认为中国的社区治理应该是“社会性强、政治性强”（占文献的 81.34%），而不是类似于西方的“社会性强、政治性弱”。这一点与西方学者对国家干预抱以警惕、力主社会自主的判断差别明显。

第二节　社区何为：生活场景的“家国政治”

小社区是大国家的根基，小社区是社会系统的最小语境。中国古代就有“什伍编组”的传统，到今天，国家遵从“纵向到底、横向到边”的编组原则，实现社区全覆盖。西方国家缺乏这种历史基因，也缺乏这种体验。

中国的社区，既联系着“家”这个基本细胞，又关联着“国家”这个权力体系，呈现独特的“家国政治”景象。社区虽远在核心权力之外，却是权力延及基层的基础单位。人们可能并不十分了然国家的运行过程，却可以在日常生活的社区里触摸国家的脉搏；国家则依据不同的目标，进行相应的资源要素组合，输出不同的社区政策。从家国互动关系来看，有什么样的国家就会有什么样的社区；有什么样的社区，就会展现出什么样的国家图景。国家就生长在社区里！

一　社区生活的“五层需求”

在当代，传统自给自足的社区遭遇工业化、城市化冲击之后，其最基础的经济功能瓦解了，绝大多数人的生存之基在社区以外。相应地，社区更多承载了人们的生活需求。

（一）社区五层次需求

从生活需求来看，社区在中国人最朴素的“安居乐业”诉求中展开，直接对应居民的“五层次需求”[①]（见图1－6）。

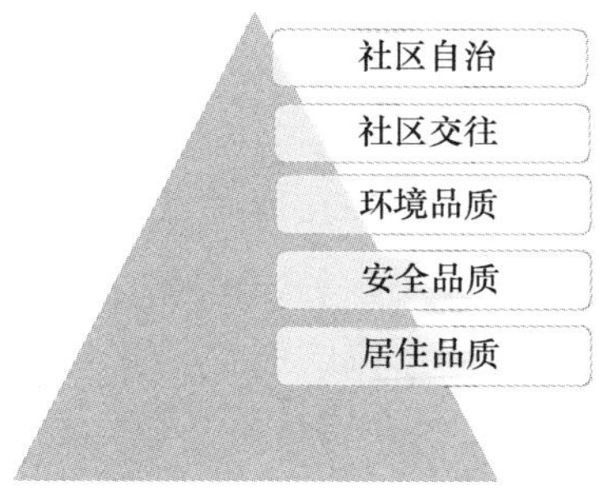

图1－6　社区“五层次需求”

---

① 吴晓林：《城市社区的“五层次需求”与治理结构转换》，《国家治理》2018年第31期。

1. 居住品质是社区居民的首要需求

“居者有其屋”隐含了中国人千百年来安身立命与安居乐业的梦想。在中国人四大日常生活需求中，“住”肩负着连接“衣、食、行”的重任。[①] 在高速城镇化的背景下，社区居民首要的需求便是寻找一方栖身之所。相较于居民对社区的其他需求，居住是排在第一位的需求。居住寓所的租用或拥有，意味着居民自我空间的获得，附着其上的才是其他生活的渐次展开。

2. 安全品质是社区居民的第二需求

居民有了居住空间后，就会考虑居住安全的问题。这种安全需求既包括居所以内的居住安全，例如生活起居不受伤害、避免偷盗与犯罪威胁等，也包括居所以外的社区安全，例如在社区内或周边不受交通事故、打架斗殴、高空坠物、电梯事故、自然灾害等的威胁。

3. 环境品质是社区居民的第三需求

社区毕竟是社会的一部分，居民也要生活在一定的公共空间以内。对于能够满足基本居住和安全条件的居民而言，社区及其周边的公共环境、交通条件、水资源、空气情况、配套措施等是其考虑的第三层次需求。

4. 社区交往是社区居民的第四需求

在钢筋水泥建筑林立的社区空间，尽管社区居民可以“关上门过自己的小日子”，但在日常生活中还是或多或少会与左右邻里有所交往。特别是在商品房小区，人们在面临共同权益受损时，需要一起商量如何解决问题。有老人和小孩的家庭有时候需要邻里帮忙照看，志趣相投的年轻人还可相约共度闲暇时光，年长的居民比年轻的居民更需要社区内的交往。

5. 社区自治是社区居民的第五需求

并非所有的居民都有社区参与的热情，一般情况是，在满足了基

---

① 唐亚林：《“房权政治”开启中国人“心有所安”的新时代》，《经济社会体制比较》2016 年第 6 期。

本需求之后，他们的参与需求才能够体现出来，或者在基本需求受到威胁时才得以体现。例如，退休在家的老年人需要集体活动场地，需要自发组织起来活动健身，这就需要参与社区的集体活动和分配中来；再如，商品房社区在出现物业纠纷之后，如若个体维权不成，业主就有可能发起集体维权，或者请居委会、政府部门等介入。除此以外，在陌生人社会里，即使是在社区参与较频繁的地区，日常的参与率也不会太高，并且往往以老人、妇女和孩子为主。在生活节奏快和工作压力大的大都市，社区参与就更加困难。

如上所述，按照住房入住的顺序渐次展开，居民形成了由“居住、安全、环境、交往、自治”组成的五层次需求，前三者属于生存方面的需求，后两者则更多属于归属和自我实现的需求。

（二）社区需求的满足情况

在城市化高歌猛进的背景里，社区很容易成为社会问题沉积的区域。我们对全国7267个样本的调查中发现，居民的社区需求面临的问题是多层次、全方位的。

> 第一层次，调查样本中不满意住房品质的比例达到20.52%；
>
> 第二层次，调查样本中不满意社区安全的比例达到17.45%，在三个月内发生住处被盗、打架斗殴、电梯故障、社区交通事故的比例分别达到22.60%、16.20%、40%和22.30%；
>
> 第三层次，调查样本对社区公共空间不满意的比例达到25.12%，对物业服务不满意的比例达到26.21%，对社区服务不满意的比例达到22.4%，我们的另一项全国九大城市的调查研究表明，有85.40%的业主遭遇过物业纠纷；①
>
> 第四层次，调查样本对社区交往不满意的比例达18.30%；
>
> 第五层次，调查样本中对社区集体活动不满意的比例

① 吴晓林：《房权政治：中国城市社区的业主维权》，中央编译出版社2016年版。

达 25.64%。

可以看到，随着住房商品化和物业管理方式的全面扩展，社区的居住、安全、公共空间等越来越多地由市场组织承担，居民以购房款、物业费的方式支付成本；社区交往和自主参与则既是个人的选择，又与国家权力的介入相关。在国家法律范围内，除了家庭的自足以外，居民对社区的“五层次需求”一旦得不到满足或者受到挑战，社区层面的行动就有可能上升为“政治性”（见表 1－3）。

表 1－3　**社区生活需求的“两维性”**

社区生活需求	第一维	第二维
居住	市场	政治
安全	市场	政治
环境	市场	政治
交往	社会	政治
自治	社会	政治

在很多情况下，由于社会力量不足，加上国家有强烈的“基层意识”，政治力量往往直接替代社会力量切入社区，将社区的经营视为国家的责任。以至于国家的很多职能，直接延伸至社区，“打通公共服务最后一公里”成为与居民生活需求最契合的“国家语言”。

由此，中国的社区，既是人们生活所在的场景，又是国家施策的政策单元。社区治理关乎亿万居民生活的日常，社区的每一刻变动，都关联国家肌体的运行。

在社区里，人们可以通过日常的生活体味真实的中国、活生生的中国。从这个意义上而言，国家就在社区之中，具化出一个“社区里的中国”。

二　社区治理的“三重意蕴”

中国社区的特殊性在于，社区不但是居住场所，也是中国最基层的建制单位。社区生活的方式，既是家庭选择的结果，也是社会制度的结构安排。社区作为家庭之外的第一群体，兼具自发秩序与政治秩序，前者与生活需求紧密相连，后者则与国家根基的政治要求紧密相连。

在公共理性发育不足、社会动员机制孱弱的背景下，依靠权威体制再造基层秩序，是中国实践的一条经验。从“单位制”到“街居制”再到社区建设，基本上呼应了这样一种逻辑，由此，国家改造社会的意志被延伸到社会基层。在新的背景下，重新审视社区治理，显得极具“再出发”的意义。

（一）社区治理是一种管理技术的变迁

从管理到治理，内含了一种从“政府单向管理”到“合作治理”的逻辑。中国的社区自进入政策视野伊始，首要地体现为对原有治理单元——单位的替代。因而，在一些管理者看来，社区治理就是一种管理技术的变迁，意味着政府对基层治理单元的重新选择。

改革开放以后，人们越来越多地依靠市场机制获取资源，即使生活在单位中的人也深受市场机制的影响。人们可以自由地选择职业，单位的覆盖面日益萎缩。城市居民的生产单位和生活单位加速分离，生产单位日益“纯化”为人们追求利益的场所。“单位人”向“社区人”的转变冲击了原有的组织网络，城市社会所面临的群体基础从“集体化的社会”转变为“原子化的个体”，原来所依靠的“控制—依赖”整合逻辑逐渐失效（见图1-7）。

“单位制”萎缩之后，城市急需一种行政编组的替代方式，中国社区治理的历史基因被重新继承，凸显出城市政府对“管理网络”或“管理技术”的再选择。

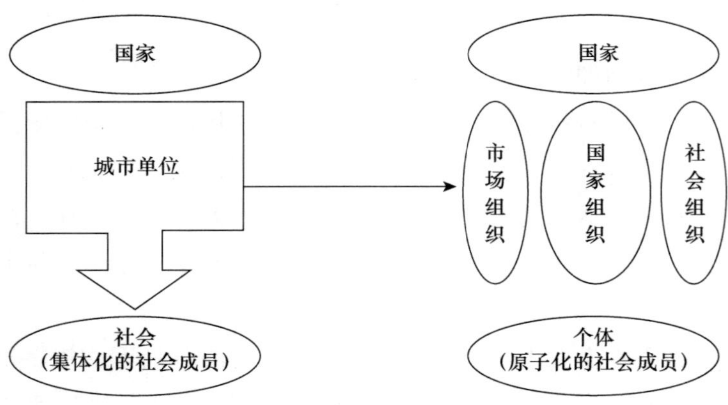

图 1－7 中国城市基层组织网络的变化

（二）社区治理关乎政治体制的改革

将社区视为管理网络的一个节点，由自上而下的意志传输，来实施对基层的管理，还是将“社区人”视为治理主体，会产生截然不同的结果。前者力图防备和避免的是“社区之乱”，后者关注和追求的是“社区之治”。应当看到，社区治理因为涉及“家国关系”的调整，是一个关乎政治改革的体制问题。这里可以做一个比较。

第一，如果仅仅将社区治理视为产出基层秩序的技术，则“政府自上而下调控社会”的逻辑仍然适用。政府继续作为资源配置的权威中心发号施令，社区整体上成为执行上级意志的一环。事实上，正因如此，当行政系统裹挟资源配置权力进入社区时，“依附于政府”就会成为社区的当然选择。

当执行政府意志超出社区的承载能力时，社区则完全成为政府的附属系统，社区自治空间受到挤压，国家与社会关系被套现为“行政单位与社区精英的隶属关系”。进而，社区所产出的效果以政府意志为据，社区的社会意志和“共同体”的理论想象萎缩于狭小的界面。社区治理与居民生活产生隔离，长此以往，社区很容易贫瘠为地理单元、窄化为工作单元。

第二，如果将社区治理视为政治发展的战略空间，以自上而下推动自下而上的改革则让基层社会焕然一新。

如此，首要的是调整资源配置的方式——政府作为社区建设的注资者和引导者，社区居民与社会组织根据居民意愿，从不同的部门获得资源并加以整合，用于整个社区的治理，则会更改原来自上而下的控制逻辑，转变为自下而上的治理逻辑，实现政府与社会的“两个解放”：其一，社区绕开既有的自上而下的行政体系，直接与预算单位打交道，以社区需求为导向获取资源，等于释放了行政系统“越俎代庖”控制社区管理的压力；其二，社区组织居民成为社区资源配置的中心，带动居民参与治理，等于将社区从繁重的行政事务中解放出来。

这样一种逻辑转换，有利于打破基层行政官员的“中心地位”和“发包角色”，政府行政过程的开端回归到居民利益表达，国家治理因为扎根社区，将变得更加有生机、更加有活力。如若政府真的成为陪伴社区成长的伙伴，那么国家与社会的关系就会呈现出另一番景象。从这个意义上来讲，社区治理是中国政治改革在基层的“撬点”，社区治理成就国家治理，社区治理影响中国政治发展。

（三）社区治理涉及公共领域的再造

技术层面的社区治理，将看得见的结果视为重要追求，因而，要么将社区居民视为治理对象，要么将其排斥在社区治理以外。这是一种典型的“do it for people”（为人民去做）的过程。这样的社区治理项目，完全可以采用更有效率的工具和技术。例如，社区内的公园改造和墙壁整修，就可以承包给有技术、有专长的专业公司，它们会很快按标准完成任务，带给社区居民便利。

但是，社区治理所该展现的图景，并非看得见的结果那么简单。治理讲究的是合作共治，它将原来处于配角的社区居民和组织引入进来了，可能会形成“do it with people”（与人民一起做）的格局。同样是公园改造和墙壁整修，大家坐到一起来商讨建设目标、一起参与建设，你在墙壁上作画、我在公园内植上我喜爱的树种，在这个过程中，居民不再置身公共事务之外，反而在互相的沟通、合作中形成传统上所欠缺的“公共领域”，进而在接下来的共同参与中，油然而生一种“主人翁意识”。通过这种过程，居民将社区的事情视为自己的事情，将参与视为一种有价值的事情，社区就变成塑造现代公民的场域。

事实上，随着社区成员异质性、多元化的变化，国家更加重视社区公共性需求。2012 年，党的十八大提出：“健全基层党组织领导的充满活力的基层群众自治机制……发挥基层各类组织协同作用，实现政府管理和基层民主有机结合。”党的十九大提出“社会治理社会化”的要求，社会治理社会化就是扭转“过度行政化”，全面理解社会重要性、引入社会力量，以社会组织和社会资源为基础，推动社会事务多主体合作治理的过程。越来越多的城市引入“三社联动机制”“项目制”等参与式社区治理的形式，一定程度上体现了国家引导社会组织参与、塑造社区社会性的意志和努力。

一旦“我的地盘我做主”“我去参与我光荣”的理念形成，“do it by people”（由人民自己去做）的自主治理就会形成，届时，整个国家治理的形态也将焕然一新。

第三节　共同体与社区复合体：一个中国命题

与滕尼斯“社区与社会”二元区分的命题不一样，中国社区治理的核心命题在于：社区与国家的关系。在中国，因为社区与 community 直接对应，在最初的启蒙中，社区几乎与“共同体”绑定在一起，一些理论工作者和实践工作者往往不自觉地以“共同体”为准绳对社区治理实践进行评判。那么，在中国情境下，社区究竟是一种什么样的形态？

一　排斥还是包容：社会中心论 VS 国家中心论

社区这个概念自一开始就衍生在“去国家权力”的场域内。滕尼斯、涂尔干等人的概念并没有论及国家权力。理论界有两种主流的社区研究范式：一种是规范意义的，这种范式以互助的社群为依归，其内核本身就缺乏国家权力因素；另一种是经验主义的，这种范式将社区置于更大的社会结构去审视，发现小共同体离开大的外部环境是无法存在的。前者避谈国家的作用，后者淡化国家的作用，将国家降格为社会的一部分。这给社区中国家与社会关系的研究留下了空间。

（一）共同体图腾：以社会为中心的先验概念

在 19 世纪，工业化、城市化的欧洲处于社会动荡、冲突和竞争中，滕尼斯和他的同时代知识分子创造了一套二分法的概念——共同体与社会（Gemeinschaft-Gesellschaft）、身份与契约（Status-Contract），在理想化的自然人的生活环境与当时观察到的生活条件之间进行了“令人反感”的对比。①

社区的概念被创造出来后，一度被建构在“共同体图腾”的基础上，凸显为对小范围社会自治的过度想象。在西方社会，眼花缭乱的社会组织和悠久的个人主义传统，让人们对国家权力的作用深切怀疑。一些苛刻的学者，就是在经济危机、国际战争期间，也对国家的积极行为抱着敌视的态度。

在美国，国家在战争或者经济衰退时期，强化了对社区的动员、保障，有人则将类似的国家干预视为“民主要生存下去的威胁”②，认为城市居民成了行政官僚的“殖民”；在英国，人们力主社区的自主性，不但批评偏远的官僚机构，而且对国家安排专业人员进入社区开展批评，质疑社区的空间“正在被控制的代理人、机构和做法所殖民”③。

---

① Magnarella Paul, “Review of The Dying Community”, *Human Organization*, Vol. 40, 1981, pp. 365 – 368.

② Fred K. Hoehler, “Efforts at Community Organization”, *The Journal of Educational Sociology*, Vol. 15, 1942, pp. 447 – 459.

③ G. Craig, 1989, “Community Work and the State”, in G. Craig, K. Popple, M. Shaw, (eds.), *Community Development in Theory and Practice: An International Reader*, Nottingham: Spokesman, 2008, pp. 176 – 194.

中国的社区研究者，一开始是受西方学者启蒙的。很多人直接从滕尼斯那里“取经”，为中国社区的“社会性”进行论证和呼号。在这些学者的眼里，社区建设就是在国家与社会分离的视野中，寻找一个社会自我发育和社会自治的空间。一些学者甚至提出，社区建设正为中国带来一个“与国家相分离”的公民社会。①

这些观点与社区作为共同体的概念相呼应，推进了人们对社区建设的社会性认识。但是，如若只看到社会中心的一端，就会忽略中国自身的社会传统与现实。

（二）政治系统论：以国家为中心的经验抽象

与“社会中心论者”相对，一批学者观照社区生存的社会系统、权力结构，提出了“国家中心主义”的主张。

“国家中心主义”者强调在任何社会形态中，国家必须以对社会管理职能的履行作为政治统治的基础，② 得出一种“国家自主性”的论断。③ 特别是自20世纪末“社区复兴运动”以来，一些学者对国家权力的重要性的认识有了质的飞跃，认为社区就是国家公共政策的一部分。

萨博（Sabel）认为治理作为一种结构，理应将重点放在国家与非国家行动者之间有关组织与制度的安排上。④ 学者们看到，治理已经转变到通过政府和非政府组织的伙伴关系来安排，成为“政府组织和非政府组织在无等级的联盟中的合作”⑤，国家已经不再是无关紧要的“外者”。可以看到，在国家与社会关系的视角内，国家的元治

---

① 李骏：《社区建设：构建中国的市民社会》，《人文杂志》2003年第3期。

② 郁建兴、周俊：《马克思的国家自主性概念及其当代发展》，《社会科学战线》2002年第4期。

③ ［美］诺德林格：《民主国家的自主性》，孙荣飞等译，江苏人民出版社2010年版，第6、100页。

④ C. Sabel, “A Quiet Revolution of Democratic Governance: Towards Democratic Experimentalism”, in OECD (ed.), *Governance in the 21st Century*, Toronto: University of Toronto Press, 2001, pp. 121 - 148.

⑤ J. Murdoch, S. Abram, “Defining the Limits of Community Governance”, *Journal of Rural Studies*, Vol. 14, 1998, pp. 1 - 50.

理作用虽然没有被提升到至关重要的地位，却被重新发现了。

中国的研究者们，则将社区视为国家治理的基础单元，将社区治理视为政权建设的重要环节。在很大程度上，社区的建构不是为了建构一个独立于国家的公共领域，社区参与也是为了整合民众对政权体制的支持；[①] 有人还直指社区是“后单位制”时代，是“中国社会的重要组织单位、最重要的行政区划单位”[②]。在21世纪中国政治发展中，社区正逐渐成为中国政治建设的战略空间。[③]

二　寻求联结：社区复合体的尝试解答

从现实来看，中国的社区治理改革并不取“社会偏好”与“国家偏好”之一端，而是存在独特的选择。

（一）Poli-community：社区复合体的命题

在社区治理的改革中，“国家偏好”和“社会偏好”的两种路径分野明显，并且都存在一定缺陷。

第一，“社会偏好”的分析路径，有助于理解“集体生活如何能够继续自我组织，甚至处于各种困难之中”[④]，但是过于脱离政治社会的大环境，妄图在“世外桃源”里寻找答案或建构秩序是不现实的。在中国，社区自主性发展根本上取决于国家治理模式的合理转变，[⑤] 社区的发育本身有赖于改革开放后国家与社会分离的大环境。人们必须承认，社区建设“一般都是由政府发起，政府规划或参与规

① 李亚雄：《第三部门的发展与我国城市社区建设》，《华中师范大学学报》2003年第3期。

② 杨淑琴、王柳丽：《国家权力的介入与社区概念嬗变——对中国城市社区建设实践的理论反思》，《学术界》2010年第6期。

③ 林尚立：《社区：中国政治建设的战略空间》，《毛泽东邓小平理论研究》2002年第2期。

④ Béatrice Pouligny, “Civil Society and Post-Conflict Peace Building: Ambiguities of International Programmes Aimed at Building ‘New’ Societies”, *Security Dialogue*, Vol. 36, 2005, pp. 495 –510.

⑤ 郧正：《序一》，载郭学贤《城市社区建设与管理》，北京大学出版社2010年版，第3页。

划，并由政府直接推动的”[①]。在既有的社会经济环境中，政府是社区治理的最重要的外部环境制造者。

第二，“国家偏好”的分析路径，有助于理解“国家如何促进甚至干预社区发展”，它要么将社区视为政权建设的基本单位，要么分析国家导向下政府角色和实践的现实，但是忽视了国家权力与社区的“互适性”，而完全将社区视为可控的、无意志的对象是不实际的。在现实中，政府通过合法性激励提高居民对社区社会组织的信任度，[②]社区建设的成功无不与政府的协调和推动相关。同样，随着公民自主意识的觉醒，国家能否成功导入社区，需要接受居民的检验，也需要接受社区既有传统文化、权力秩序的检验。

中国的现实情况是，改革开放以来的社区治理转型，既伴随了行政方式的变化，也带来了社区组织体系的变化。比如，中央和地方陆续推出了“政府行政管理与基层群众自治有效衔接和良性互动”“三社联动”“公益创投”“居委会与社区工作站分离”等政策和实践。社区治理牵动着党政、社会和市场的多元力量，背后连接着整个国家的组织逻辑。

由此，我们的中心命题是：社区实际上是中国国家组织体系的神经末梢，社区治理的转型深刻反映国家组织体系的逻辑。在中国，社区既非单纯的行政单元，也非社会学意义上的共同体，它受政党政权建设与社会建构合一的意志支配，借由层级序列的组织权力与选择性激励的资源配置方式，形成了区别于乌托邦式“社会共同体”的“政社复合体”（poli-community），我们暂且用“社区复合体”这一概念概括之。

（二）社区治理的差异源于深层的结构差异

樱桃好吃树难栽。任何社区治理模式的形成与发展，都离不开转

① 胡仙芝、曹沁颖：《加强城市社区建设实现社会和谐发展——城市社区建设研讨会综述》，《中国行政管理》2002 年第 7 期。

② 郑琦：《政府激励与公民共同体的形成》，社会科学文献出版社 2010 年版。

型和建构的过程。如果仅仅止步于感叹某一模式的"好处"，着迷于几个出彩的亮点，而无视社区治理的初始条件、转型的过程，就会破坏完整的逻辑链条，把整体认知简化为表层的观点和结论。

已经有学者告诫，要理解社区层面的治理，就需要做好两个方面的工作：治理结构和治理过程。① 其中，治理结构关注官方和非官方行动者组织化和制度化的安排；治理过程则通过治理结构的调整和运行，产出相应的治理结果。② 在治理语境下，国家与社会的强弱关系影响着社区治理的走向。与西方着眼于社会组织的社区治理不同，中国的社区治理不但与社区内部的主体紧密相关，而且难以脱离国家行动而"自为"。在缺乏社会组织因素的环境里，国家在进行政策调整的过程中，具体采用何种机制，会造成不同的政府—社会关系，产出不同的治理结构。同样，社区治理中的不同主体在不同的历史时期呈现出不同的关系。

更进一步，在整个社区治理研究领域，还未有生产关系这个结构基础的关联性分析。社区治理实际上是上层建筑的一部分，按照马克思主义所讲的，每一时代的社会经济结构形成现实的基础，上层建筑的政治形态"应由这个基础来说明"③，"一切社会变迁和政治变革的终极原因，应当到生产方式和交换方式的变更中去寻找，应当到有关时代的经济中去寻找"④。那么，影响社区治理形态的深层经济结构到底为何？学界似乎并没有回答这个问题。实务界也多借用"公共服务"与"执政基础"两种术语安排任务，没有在经济结构基础上面思考根本问题，这就使得社区治理的深层意义得

---

① O'Toole K., N. Burdess, "New Community Governance in Small Rural Towns: The Australian Experience", *Journal of Rural Studies*, Vol. 20, 2005, pp. 433 – 443.

② C. F. Sabel, "A Quiet Revolution of Democratic Governance: Towards Democratic Experimentalism", in OECD (ed.), *Governance in the 21st Century*, Toronto: University of Toronto Press, 2001, pp. 121 – 148.

③ 《马克思恩格斯选集》（第 3 卷），人民出版社 2012 年版，第 796 页。

④ 《马克思恩格斯选集》（第 3 卷），人民出版社 2012 年版，第 655 页。

以弱化。

我们假设，社区治理的差异并非源自政府或社会一方的行为，而是源于“治理结构”的差异，它是一组综合性的、系统化的要素组合关系，这种组合关系根植于社会经济结构基础。由此，本书将：（1）寻求中国社区治理的历史基因，把握中国社区治理的连续性；（2）分析中国社区治理不同时期的模式；（3）将过去被忽略的党的角色带到社区治理的分析中来，从而发掘左右社区治理发展的结构要素；（4）把握社区治理的生产关系因素，这是百年来社区研究并未触及的核心要素，也是本书的一个创新所在。总之，没有哪一个主体能单独左右社区治理的效果，社区治理结构的差异产出不一样的社区治理效果。

（三）社区治理转型遵循“非线性逻辑”

治理理论虽然确有弥合国家—社会二元分野的理论考量。但是，国家与社会的合作是那么容易达成吗？二者的合作不可能像将两个动物关在同一笼子里那么简单，这就需要关注治理转型的过程。

不少人认同治理转型的关键是将权力的向度从“自上而下”转向“自下而上”。一些学者以“从强调国家或市场的责任转向公私合作”，“从单边治理到强调政府政策变化与社区建设之间的互动影响”[①] 来描述治理转型的过程。还有学者将公民参与、自下而上的治理模式视为治理转型成功的经验。但是，这些研究要么对转型进行了简单的描述，要么疏于解答转型的关键问题。

首先，尽管有人关注到治理的阶段差异，但是这样的片段式论述，缺乏时间的、历史的维度，有通过偶然因素随机推演规律之嫌；或者比较了不同阶段的差异，但是缺省了转型过程本身，如不加以过程化的历史的解读，则难以形成连续性，难以展现转型的密码。其次，简单以某个时间节点为标志，将治理转型描述为“由自上而下转向自下而上”，显然忽视了转型的细节，理论上暗合“从管制到治

① Meredith Edwards, “Participatory Governance into the Future: Roles of the Government and Community Sectors”, *Australian Journal of Public Administration*, Vol. 3, 2001, pp. 78 – 88.

理”的线性逻辑，这种貌似不证自明的、粗线条的历史整体变迁论，可能掩盖了治理转型的真实奥秘。

实则，任何一种治理转型都嵌于当地的经济、社会、政治系统中，并且不是一蹴而就的。要理解治理转型，不但要弄清其治理结构与机制，也要探究其转型的条件和过程。同样，社区治理结构并非一成不变的，它的形成受特定环境和制度变迁的影响。本书的另一个命题是，受到客观环境的影响，社区里的家国关系转变，并不会遵循从“自上而下”模式到“自下而上”模式的线性逻辑。

（四）社区治理转型是国家—社会“双向增进”的过程

不少学者批评社区治理过程中“强国家、弱社会”的情况，主张国家向社会放权，但是强国家并非一无是处，弱社会自强也需要条件。

国家如何作为，应视社会经济环境而定，一味主张“国家撤出”，不但无法实现治理，反而容易出现基层管理的“无政府”乱象。在社会力量尚未成熟的背景下，马上拥抱这种“正确却超前”的理论，恐怕无助于治理格局的形成。例如，在条件未达到的情况下，过度缩减政府权力和职能“既不利于促进经济增长和确保社会福利产生”①，也不利于社会公平目标的达成，即便是最基础的社会管理事务，如社会治安、街区建设、便民服务等也会受到负面影响。②

社区的成功得益于“政府提供的良好法制环境和在社区非正式惩罚乏力时的有效干预”③。单纯否定国家的元治理作用并不符合实际。同时，社区治理转型的一个重要特征是中央权力向地方下放、国家权

---

① A. Bergh, M. Henekson, “Government Size and Growth”, *Journal of Economic Surveys*, Vol. 2, 2015, pp. 872 – 897.

② 吴晓林、张慧敏：《治理视野中的城市基层管理改革：问题、悖论与出路》，《行政论坛》2016 年第 4 期。

③ W. F. Lam, “Institutional Design of Public Agencies and Coproduction: A Study of Irrigation Associations in Taiwan”, *World Development*, Vol. 24, 1996, pp. 1039 – 1054.

力向社会转移。但是，这个过程还容易遭遇社区失灵问题。例如，社区要求扩权却不知道如何用权；政府放权既面临内部阻力，又增加了政社合作的复杂性。

基于此，本书提出又一个命题：社区治理转型并非国家和社会的零和博弈关系，也并非国家授权、社会受权的简单关系，而是国家—社会“双向增进”的过程，即政府职能转变、社会渐趋成长同时发生。

三　分析框架与研究方法

制度分析框架和结构—过程分析，将有助于我们回答上述问题，分析社区治理的转型和结构因素。

（一）制度主义分析

制度是实践在时间、空间当中的深度沉积，行动过程有赖于既有的文化知识储备。制度把历史经验嵌入规则、惯例和形式中，超越历史片段和条件留存下来。[①] 所有社会组织和社会制度是过去和现在行为的产物，个体行动不仅来自个体能动性，还受制度规范的规定，结构仍然为个体行动创造框架和约束。

具体来看，社区是个人与制度、社会与国家互动最为频繁的领域，社区治理既接受着制度的规定，又塑造着新制度。任何一种社区治理模式都需要一个制度变迁过程，那么，社区治理的制度环境如何？社区治理新模式在何种情势下进入实践层面？它在实践过程中的成效如何？回答这些问题，恐怕无法脱离中国特有制度文化，无法抽离制度这个重要因素。因而，引入制度分析的方法显得十分必要。

无论是何种方式的制度变迁，一定体现为制度供给主体、执行主体、执行过程等诸要素的改变（见图1－8），特别是在家国相接的社区领域，二者在制度变迁过程中的地位如何，更需重点观察。

---

① ［美］马奇、［挪］奥尔森：《重新发现制度：政治的组织基础》，张伟译，上海三联书店2011年版，第168页。

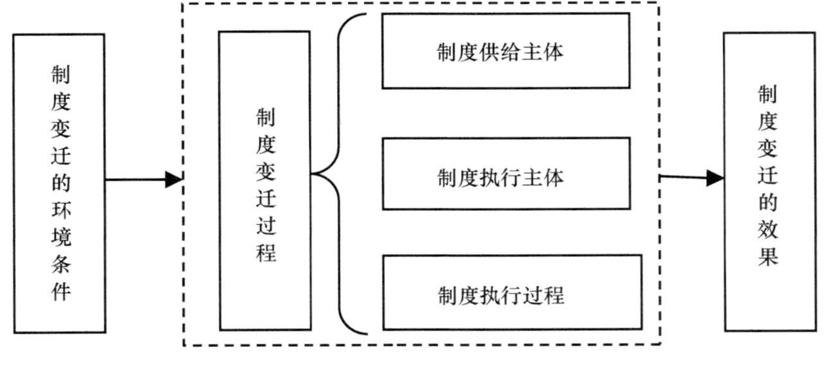

图 1－8　制度分析的框架

（二）结构—过程分析

在政治社会研究领域，结构功能主义具有长久的影响力。“二战”后的二十年，结构功能主义几乎占据垄断性主导地位，随后遭遇了持续的批判，走向式微，到了 20 世纪 80 年代中后期又得以更新和复兴。时至今日，无论是否明确地使用这种范式，政治、社会领域的研究都难以脱离其影响。近年来，新制度主义、国家—社会关系等主导性视角，在一定程度上就是结构功能主义的延承。

在中国，除了对结构功能主义范式进行引介和应用外，还有学者提出本土化的“结构—制度”分析范式。① 与此相应，有学者则批评结构的不可见性、静态性，提出“事件—过程”范式，试图摆脱传统的结构分析或制度分析方法，从人们的社会行动所形成的事件与过程之中去把握现实的社会结构与社会过程。②

但是，这种“事件—过程”分析也存在个体主义认识论和微观主义研究方法的弊端。例如，个体主义认识论更多以“日常生活中微不

① 参见张静《基层政权：乡村制度诸问题》，浙江人民出版社 2000 年版。

② 孙立平：《“过程—事件分析”与当代中国农村国家农民关系的实践形态》，载谢立中主编《结构制度分析，还是事件过程分析》，社会科学文献出版社 2010 年版，第 140—141 页。

足道的事件”来理解社会运作的意义，[①] 很少关注到权力关系得以展开的背后结构，容易陷入小事件因果关系的自缚。也就是说，他们放弃了对社会基本面的变化以及稳定性的考察，与社会整体变迁的理论关怀相去甚远。这种过分专注与研究某一系列社会变量的认识，“所得到的看法并不如系统分析具有的眼光周全成熟”[②]。

由此，有必要引入中观层面的“结构—过程”分析框架来链接抽象理论与具体经验。其指导研究的策略是：第一，规避将所有因素纳入宏观框架、进而形成虚无主义的嫌疑，寻求行动与结构关系的触发机制；第二，规避对微观事件的过度迷信，寻回立足现实的理论关怀。[③] 其中，社区治理结构，就是指社区治理过程中各种权力主体结成的关系，本书将着重考察社区治理领域的政府、社区组织的关系；社区治理过程，就是各主体围绕权力配备、资源配置和权力行使而展开的一系列活动（见图 1 -9）。过程负责“适应”或“打破”，结构负责“秩序”，结构决定在何种条件下，可以调节何种制度或非制度资源，来实现基本秩序和特定目标；行动者在具体过程中“试探”制度边界，或者挑战既有主体关系或制度，继而调整或从根本上改变结构。结构侧重于抽象，过程侧重于解释。

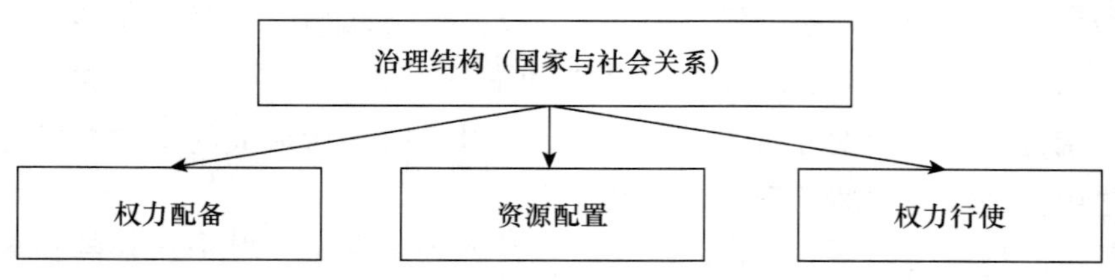

图 1 -9　“结构—过程”分析框架

① 李猛：《迈向关系/事件的社会学分析：一个导论》，载谢立中主编《结构制度分析，还是事件过程分析》，社会科学文献出版社 2010 年版，第 73 页。

② ［美］戴维·伊斯顿：《政治生活的系统分析》，王浦劬译，华夏出版社 1999 年版，第 8 页。

③ 吴晓林：《结构依然有效：迈向政治社会研究的“结构—过程”分析范式》，《政治学研究》2017 年第 2 期。

（三）研究方法

社区治理研究是一个实证主义方法占据主流的领域，为了很好地进行多方位的考察，本书采取了历史分析和实地调查相结合的方法。

1. 历史分析

社区治理的现状并不都是由现有的因素所形成的，而且，在中国特有的文化传统脉络中，抛弃既往的历史只谈现在也是不现实的。因而，笔者回溯古代历史，探寻古代“社区治理”留下的基因密码，尽可能地还原社区治理演进的历史，评估社区治理模式变迁的时代因素、客观过程及其历史遗产。剖析不同时期的社区治理，厘清社区治理与政治：社会关系之间的联系，在不同的时间节点，发现不同时代的“社区里的中国”。

2. 实地调查

社区治理是一个各类主体互动的领域，因而停留在纸面或故纸堆里的历史很难生动体现当下的“中国”。因而，本书将采用实地调查方法，直接掌握中国社区治理的一手资料，获取最直接、最生动、最具体的经验，从而尽可能原汁原味地将“社区里的中国”素描出来。对于社区治理而言，因为这个领域并不涉及核心权力等敏感问题，即使是权力关系也隐含在日常的生活逻辑之下，因而更容易进场调查。

笔者前后连续十年对青岛市、武汉市、深圳市、广州市、宁波市、成都市、北京市、上海市、长沙市、贵阳市、岳阳市、台北市、高雄市等地开展深度调研，对当地的民政局、社工委负责人、街道、社区等进行了实地走访和深度访谈，访谈对象超过500人。这些访谈呈现了一个个生动鲜活的个案，对于解剖社区治理背后的逻辑和结构，具有最直接的支撑作用。根据学术规范要求，本书对所访谈的对象和调研单位做了学术化处理，进行了相应的编码。

第二章　里治：中国古代的“社区治理”

依“社区乃是初级群体”“社区乃是基层区划单元”等的界定，中国古代就已经有类似的居住单元或社群，只是当时并未有“社区”这个名词。那么，古代的社区又是如何治理的？现代社区治理和古代社区治理存在怎样的联系？本章将分析古代“社区治理”的主体关系和过程，把握古代“社区治理”的逻辑，寻找现代社区治理的“历史影子”。

第一节　皇权下县“入里”

几千年前，中国的国家力量已经发明出一种早熟的“社区治理”制度。“里”成为古代中国国家治理的最基层单位。

一　“皇权不下县”的幻象

国外有不少学者笃信“中华帝国正式的皇权统辖只限于城墙之内，而没有渗透到乡村一级”①，国内一些学者则直接断定“县下由士绅自治”。

观察家们将“宗族势力”视为“皇权不下县”的替代性力量，美国社会学家古德认为“在中华帝国统治下，行政机构的管理还没有

① ［德］马克斯·韦伯：《儒教与道教》，洪天富译，江苏人民出版社 1993 年版，第 110 页。

渗透到乡村一级，而宗族特有的势力却一直维护着乡村社会的安定和秩序”[①]。费孝通先生曾讲过，“皇权统治在人民实际生活中看，是松弛和微弱的，是挂名的，是无为的”[②]。

“官治”与“民治”已然成为分析古代基层治理的二分法，在既有的论述中，二者仿佛难以并存于基层社会，必须在悠远的古代社会“孤鸣”。“官治”与“民治”泾渭分明，“前者以皇权为中心，自上而下形成等级分明的梯形结构；后者以家族为中心，聚族而居形成大大小小的‘蜂窝状结构’的村落共同体，连接这两种秩序和力量的是乡绅精英阶层”[③]。古代基层治理就这样被概括为“国权不下县，县下惟宗族，宗族皆自治，自治靠伦理，伦理造乡绅”[④] 的理想秩序。多年来，“皇权不下县”着实惑及众生。

那么，人们要问，在新中国成立之前，国家权力到底是如何与基层社会发生联系的？古代中国是一个农业大国，绝大多数人口生活在县级以下的基层社会，每一个皇帝都宣称“溥天之下，莫非王土；率土之滨，莫非王臣”。在中央集权的皇权时代，缺少了国家强有力干预的基层社会究竟是如何治理的？究竟借助何种方式创造了“用一个很小的官员编制来统治如此众多人口”[⑤] 的奇迹？

事实上，只盯住特定时期士绅、宗族发挥作用的片段，而忽视国家权力的延伸，很容易犯“历史盲动主义”错误。这大多有两个原因：其一，大多研究重视对官方主体的研究，忽略非官方的行动，这与古代史料聚焦于官为、疏于民为的记录极其相关；其二，为数不多对社会主体的研究，聚焦在民间精英和社会组织上，试图以民间自治

---

① ［美］W. 古德：《家庭》，魏章玲译，社会科学文献出版社 1986 年版，第 166 页。

② 费孝通：《乡土中国》，上海人民出版社 2013 年版，第 63 页。

③ Vivienne Shue, *The Reach of the State*: *Sketches of the Chinese Body Politic*, America: Standford University Press, 1998, p. 178.

④ 秦晖：《传统十论：本土社会的制度文化与其变革》，复旦大学出版社 2003 年版，第 3 页。

⑤ ［美］费正清编：《剑桥中国晚清史》上卷，中国社会科学院历史研究编译室译，中国社会科学出版社 1985 年版，第 13 页。

揭秘基层社会的治理密码，有意无意放大了民间力量的作用，这本身令人存疑。

二　里：古代的社区

回顾历史，与当今社区范畴对应的概念，该是古代就有的“里”。“里”是集地域划分和家户组织于一体的基层单位，萌发于黄帝时期，定型于春秋战国时期，以什伍编制为起点，在古代基层社会形成了“乡—里（坊）—家”的纵向治理体系。统治者以户籍管理和地域划分为依据，借助里长编制户口、督催赋税、维持治安、征收徭役，实现对基层的管辖。

迄今为止，中国的一些地方，仍然遗留了诸如“里”的命名方式。例如，作者所在的南开大学八里台校区，其周边就分布了“龙兴里、龙腾里、龙井里”等社区。

在我国台湾地区，“里”作为一种行政和自治单元，遍及了城市区域，里由区公所所辖，里长由居民选举产生、市长任命。“里”的管辖范围，与大陆的社区范畴几乎一致，“里长”就相当于大陆的居委会主任。按照台湾地区的相关规定，人口密集和交通方便地区之村、里，其户数为900—1800户；交通方便但人口分散地区之村、里，其户数为600—1200户；山区交通不便须徒步始能与村、里民联系者，其户数为300户，也即每个里的人口一般在1000—5000人。实际上，我国台湾地区村和里的平均人口略少于3000人。在较大的城市，为数不多的里可以达到5000人。

第二节　古代“里治”发展简史

历史长河，风云变幻。“里治”何时而生，又如何变化，需得前后贯连。可惜，历时性研究总是一件苦差事，历史并无专门着墨，多靠自己琢磨；共时性研究亦非一件简易事，史实从来分散零碎，总靠躬亲捡拾。鉴于古代历史绵长，而又“详于官治，略于民治”，只能挂一漏万，对“里治”发展史进行素描。

一　先秦至唐的里长官任制阶段

治一国，必自治一乡始；治一乡，必自五家为比，十家为联始。[①]在古代中国，统治者已经在基层社会编组，政令从中央到省、州、郡、县，县令再命令胥吏、衙役，最终将政令传至“里”。

从先秦到隋唐，里长既要承接自上而下的行政命令，又要整合民间精英和吸纳基层社会意见。这个时期，里长由民众选举，由县令委任，可被称为“里长官任制阶段”。

唐代史学家杜佑所撰《通典》（卷三）设“乡党”一节，讲道：从黄帝时期（约前2717年—前2599年）开始“画野分邑”，对基层实施编组。国家始于“八家为井，井一为邻，邻三为朋，朋三为里，里五为邑，邑十为都，都十为师，师七为州”[②]。意即七十二户为一里，实为一个基层编组单位，是为当今社区之原型，再大就是县城了。这种编组方式，基本以同风俗、同地缘、同相助为据，践行了“不泄地气、无费一家”的“一网罗尽”原则。至周朝，《周礼》规定“令五家为比，使之相保。五比为闾，使之相受；四闾为族，使之相葬；五族为党，使之相救”，意即，每五家为一个比，二十五家为一个闾。闾相当于今日之社区，其首长为“闾胥”。

春秋战国时期，借助“书社制度”（百姓二十五家为一社，“社之户口，书于版图”，把村社的户口、土地画在版上）和“上计制度”（郡、县长官每年于年底前将下一年度的农户和税收的数目做出预算，呈送国君）进行严格的户籍登记，[③]并将户籍管理与军事编组

---

① （清）徐栋：《保甲书辑要》卷3《广存》。

② （元）马端临：《文献通考》卷12《职役一》。

③ 张荣强：《中国古代书写载体与户籍制度的演变》，《武汉大学学报》（哲学社会科学版）2019年第3期。

相结合，五家为保，十家为连，行“什伍连坐法”。县下有乡、乡下有里已成定制，“乡里”成为基层行政组织。彼时，里长主要承担征调祭祀、治水救灾、道德教化和习礼掌戒的职责，多遵循“择其贤民，使其里正”[①] 的选任原则。

“三老”制也萌发于春秋战国之际，[②] 官方任命“乡老”掌基层教化，当时，民可不知县令而知“三老”，“三老”受人尊重，地位较高，有盘问和制止“无符节而擅入里巷、官府”的官吏、士兵和百姓以及表率教化[③]的职责。

秦汉时期实行郡县制，朝廷命官至郡县止，其乡里制度则逐步成熟。秦朝，县下置乡、亭、里为基层政权组织，乡和里为行政机构，亭专司治安。汉代将全部国民编入国家户籍，所有国民都具有向国家提供赋税与徭役的法定义务。借助“编户齐民”制度，两汉设什伍组织，里魁掌一百户，什、伍长，各主十家、五家，征收赋税徭役和户口管理是里长一项十分重要的任务。秦汉时期，“三老制”也被承继下来，《汉书·百官公卿表》记载：“十亭一乡，乡有三老、有秩、啬夫、游徼。三老掌教化。”[④] 汉代细化了“三老”的选任资格、职责、待遇等要求，规定“举民年五十以上，有修行，能帅众为善，置以为三老”[⑤]，意思就是选择道德高尚的老人担任“三老”之职，统治者还会派遣谒者赏赐布匹或亲自召见三老。[⑥]

魏晋和南朝主要是沿袭汉制，实行乡、亭、里制。魏晋南北朝时期由于战乱频仍、社会动荡不安，不少百姓背井离乡，聚集开发新的

---

① 《管子》卷8，《小匡第二十》。

② 《周礼·地官·序官》中有：“乡老，二乡则公一人。”意即“选老而有德之人掌教化之职”。到了汉代，确定为“三老”。汉高祖二年（公元前205年），刘邦下令：“举民年五十以上，有修行，能帅众为善，置以为三老，乡一人。”“三老”实为一种职位，而非“三位老人”。在汉朝时分为国三老、郡三老、县三老和乡三老。

③ 《管子》卷57，《度地》。

④ 《汉书》卷19，《百官公卿表》。

⑤ 《汉书》卷1，《高帝纪》。

⑥ 《汉书》卷4，《文帝纪》。

地方，首次出现了有别于原来“里”的“村”，村成为乡里组织重要的单位之一。这一时期，乡里组织的官员数量依照户口编定。晋按千户为准，千户以上置史、佐、正三人，依户口数另设里吏一人，[①] 乡官主要由官派产生，辅以民间推选，并享有俸禄品秩，当时的乡里首长“皆是豪门多丁为之”[②]。里长道德教化、司法治安的职能被削弱，编定户口和征收赋税成了其主责主业。

隋朝经历了从族、闾、保三级制到乡、里两级制的转变，乡的基层官吏的人员数量比此前大为减少。在城区，试行“里坊制”，在北魏以前，“里”只是居住区的单位，四周没有围墙；北魏以后城市“以坊代里”[③]，到隋朝，“京师东西二十里，南北十五里……方三百步为一里，里开四门，门置里正二人，吏四人，门士八人，合有二百二十里”[④]。隋炀帝时期，“京都坊改为里”[⑤]。唐代实行乡、里（村）制，以里正为主、村正为辅，“百户为里，五里为乡。两京及州县之郭内，分为坊，郊外为村。里及坊村皆有正，以司督察”[⑥]。唐代每乡还会设置一名耆老，择任标准是谨慎稳妥、德高望重的老人，职责主要是“教导后生，亲疏子弟，务在忠孝，以使风俗敦异于地方”[⑦]，是为“三老”制的翻版。

隋唐时期，里长的选任仍然由地方长官察举和征辟为主，直至唐玄宗时开始出现“差役制”。

二　宋至明清的里长职役制阶段

北宋至明清时期，里长、户长和耆老的选任由领取薪俸的乡官，

① （元）马端临：《文献通考》卷12，《职役一》。
② 《魏书》卷82，《常景传》。
③ 贺业钜：《中国古代城市规划史论丛》，中国建筑工业出版社1986年版，第204页。
④ （东魏）杨炫之：《洛阳伽蓝记》卷5，《城北》。
⑤ 《隋书》卷28，《百官》。
⑥ 《旧唐书》卷43，《职官二》。
⑦ （清）董浩等：《全唐文》第1册卷10，《存问并州父老玺书》。

转向具有强制性徭役的职役，沦为为人所役的差人，是为“里长职役制”。宋朝以后，乡约、私社等方式成为补足政治体制不足部分的自治[①]形式，后期又和保甲、社仓结合演变为统治工具。总的来说，这一时期，中央集权的君主专制不断加强，保甲制度的推行是一个最为典型的表现。

北宋初期，“诸乡置里正，主赋役。州县郭内旧置坊正，主科税”[②]，城市内部实行里坊制，坊、市分离，四周有围墙相隔，“里”已经是一种有行政管理功能的单位。自王安石变法（1069 年起）开始实行保甲制度，规定“十家为一保，五十家为一大保（相当于过去的‘里’），十大保为一都保”[③]，大保长一年一替，保正、小保长两年一替。每一大保夜间轮流派五人巡逻，遇有盗贼报大保长追捕，同保内发生盗窃等案，知情不报，连坐治罪。宋朝根据“居城或居乡”，划为“坊郭户”与“乡村户”，这是中国历史上最早的城乡居民户口，并且借助“兵民一体”的保甲制实现了对基层社会的编组控制。南宋时期，保甲制度在调整中继续推行。与此同时，乡约（民间依靠“乡规、义约”等形式来处理家族内部问题）等基层组织不断涌现，并且出现了较具规模的社仓，这些组织是调解纠纷和社会救济等民间力量。

元代出现了都图制，“改乡为都，改里为图”[④]，且十分重视社制，规定“凡五十家立一社，择高年晓事者一人为之长”[⑤]。元代注重社制的养民和化民功能，“令教民专责于社长”，承担“劝农，表彰善行者和告诫恶行者”[⑥] 的教化职责。

---

① 王日根：《论明清乡约属性与职能的变迁》，《厦门大学学报》（哲学社会科学版）2003 年第 2 期。

② 《宋史》卷 121，《职官八》。

③ 《宋史》卷 192，《兵志六》。

④ （清）赵翼：《陔余丛考》卷 27。

⑤ 《元史》卷 93，《食货一》。

⑥ 《元典章》卷 23，《户部九》。

明代北方的乡村制度有着金元的乡里制和社制色彩，[①] 而南方则深受宋代保甲制的影响。国家创造以登记人口为主的“黄册”和以登记土地为主的“鱼鳞册”，借助严密的户籍制度，实行“以一百十户为一里，推丁粮多者十户为长，余百户为十甲，甲凡十人”[②]。里、甲组织设有里长、甲首，负责调查田粮丁数，编造赋役册籍、催办钱粮，并有“勾摄公事”之责。[③] 明朝后期，开始采取新的户籍管理制度——保甲制。明代还设老人之制，“里设老人，选年高为众所服者，导民之善，平乡里争讼”[④]，并赋予老人监督里、甲的权力。随着里“老人”职责的降低，乡约取得了巨大的发展，形成了乡约式书院、家族式乡约，甚至有护林乡约、禁宰牛乡约等专业化乡约，[⑤] 但明朝后期注重官方力量的渗透，将保甲和乡约合二为一。

清初继续实行保甲、总甲制，“凡里百有十户，推丁多者十人为长，馀百户为十甲，届期坊、厢、里长（城中曰坊、近城曰厢，在乡曰里）造册送州县”[⑥]。从雍正四年（1726 年）起，里甲制便被保甲制所替代，规定“十户为牌，十牌为甲，十甲为保”[⑦]。里甲长主要负责编造户口、征收赋税和维护治安。里甲与保甲名异而实同，一者是经济的，一者是政治的，都是对乡里百姓进行控制。[⑧]

三　清末以后的里治官僚化尝试

近代以后，随着商业化和城市化的发展，再加之局势混乱、人口增殖带来社会问题加剧，国家尝试通过一系列的机构设置和规章制

---

① 陈德顺、王淑琴：《汉族家族与乡里制度关系探析——兼与西南少数民族地区比较》，《晋阳学刊》2006 年第 3 期。

② 《明史》卷 77，《食货一》。

③ 唐鸣、赵鲲鹏、刘志鹏：《中国古代乡村治理的基本模式及其历史变迁》，《江汉论坛》2011 年第 3 期。

④ 《明史》卷 77，《食货一》。

⑤ 曹国庆：《明代乡约推行的特点》，《中国文化研究》1997 年第 1 期。

⑥ （清）王庆云：《石渠余纪》卷 3，《纪停编审》。

⑦ （清）徐栋：《保甲书辑要》卷 1，《定例 · 刑部则例》。

⑧ 赵秀玲：《中国乡里制度》，社会科学文献出版社 2002 年版，第 45 页。

度，将“神经末梢”延伸渗透到基层社会，改变过去“县官—里长—家户”的间接链接方式，开始利用设定的组织和委任的官员与基层社会直接联系。

清末时期出现了州县佐、杂官开始分辖乡村，在若干区域形成了稳定的居于县之下的区划体系。[①] 而且，按“里”设置的主管催征赋役和户籍管理的“里书”“社书”等，不再下乡到所管的“里”，而是在州、县衙门里行使职能，并办理田产交易、粮户过割等事宜，成为县衙的胥吏。[②] 国家逐步以正式组织的形式管理基层社会，清末颁布《城镇乡地方自治章程》，宣告“搞地方自治”，“议事会”和“董事会”等形式都不曾大规模推广，空有自治之名，没有自治之实。

1915 年，袁世凯取消了省、县两级的自治，“区”成为县以下的行政机关，区下设村，村中设村民会、村公所等，企图把清末基层社会的非正式组织官僚化和正规化，以此来巩固县级政权。如此的制度安排“只不过是旧时帝国税政体制，加上自愿主义的自治外表”[③]。

民国初年曾废除保甲制，实行地方自治。1928 年，《县组织法》规定“百户以上村者为乡，百户以下村者集为一乡。满百户集市者为镇。乡镇下设闾、邻。五户为邻，五邻为闾”，使乡村和政府之间保持明确的隶属关系。到了 1930 年，为了巩固统治，当局又重新恢复保甲制，蒋介石曾说：“目前国家大患……故兴办保甲，清查户口，缉除匪类，充实人民自卫之能力与组织，改革人民不良之嗜好与习惯。”[④]

1934 年 12 月，行政当局通知各省，普遍实行保甲制度，十户为

---

① 胡恒：《皇权不下县?》，北京师范大学出版社 2015 年版，第 390 页。

② 鲁西奇：《“下县的皇权”：中国古代乡里制度及其实质》，《北京大学学报》（哲学社会科学版）2019 年第 4 期。

③ ［美］费正清编：《剑桥中华民国史》，刘敬坤译，中国社会科学出版社 2006 年版，第 389 页。

④ 《蕲求一致之努力》，《申报》1931 年 5 月 18 日第 4 版。

一甲，设甲长，由本甲内各户长公推；十甲为一保，设保长，由本保内各甲长公推。公推保甲长之后，需县长、区长委任。[①] 保甲制度实行“管、教、养、卫”并重原则，“地方机关对于保甲之编制，应当选择本党（国民党）及思想纯正之青年，担任保甲长并授以各种政治常识及防制异党活动之训练与指导”[②]，实则是在国民党的统治下，加强对基层社会的控制和渗透。

第三节　古代社区治理中的“家国关系”

“里”是国家权力在基层社会的附着点，是古代“家国互动”的最广泛场域。正式权力和非正式的乡绅权力与民众互动，形成了古代社区治理的结构。

一　皇权控“里”

中国古代的“里治”，上有乡、保，下有什、伍，链入国家控制体系，统治者借助严密的户籍制度、赋税制度以及选任制度、监督考核制度，实现对“里”的掌控。

（一）行政编网：“横向到边、纵向到底”

在相当长的历史时期，统治者在发明“户口制度”的基础上，按照临近地理原则，对基层社会进行全覆盖的编网。“里”成了社会大网中关键的节点，形成“每县若干里，每里若干甲，每甲若干村，如身之使臂”[③] 的节节而制的状态，以图实现“保长甲长之所统，地近而人寡，其耳目无不照，善恶无所匿，从而闻于州县，平其是非”[④]，意即，保长、甲长统辖领域位置相近且人数较少，他们便能洞察一

---

① 黄强：《中国保甲实验新编》，正中书局 1935 年版，第 247 页。

② 龚育之：《中国二十世纪通鉴》，线装书局 2002 年版，第 1220 页。

③ （清）贺长龄、魏源：《清朝经世文编》卷 74，《兵政五》。

④ （清）贺长龄、魏源：《清朝经世文编》卷 74，《兵政五》。

切，善恶之事都能尽收眼底，从而报于州、县。

越到后期，中央集权越得到加强，统治者越依靠自上而下的编网，渗透和控制基层社会，攫取社会资源，实现控制社会的目的（见表2－1）。

（二）制度收紧，官控里长

“里”的编网完成之后，统治者便逐步向这张网内添加实质内容，使之受控于中央王朝。

其一，在里长的选拔任用上，呈现出从基层举荐到官控的转变。从先秦到隋唐时期，里长的选任主要是乡里举荐和百姓选举，而后必须经过县级或以上部门同意备案。

周朝时乡里执事者，多由乡老（乡中的“三老”）举荐之于官，而后服役，[①] 里长必须获得县令认可，才能真正有合法地位和委任权力。汉朝至魏晋时期，多以察举和征辟形式选任里长，地方长官在辖区内“擢贤良”，再推荐给上级，经过试用考核后进行任命。例如，北魏时，需“取武官中八品将军以下干用贞济者，以本官俸恤，领里尉之任，各食其禄”[②] 方能充任里正。[③] 唐朝时，“诸里正，县司选勋官六品以下，白丁清平强干者充”[④]，而且“选任之权，要皆出于县令”[⑤]。至此，乡里长尚是“官品制”，属于官员序列。

唐宣宗时，因为“乡职之不易为，故有轮差之举”[⑥]。五代十国时期，“定有力人户充村长”[⑦]，村里长的选任，由重视德才的举荐制向以财力为主要标准的轮差制转变。宋代时，“以人丁物力定差，第一等户充里正，第二等户充户长”[⑧]，里长转为轮值当差，无偿服役。

---

① 闻钧天：《中国保甲制度》，商务印书馆1935年版，第71页。
② 《魏书》卷68，《甄琛传》。
③ 《周书》卷23，《苏绰传》。
④ （元）马端临：《文献通考》卷12，《职役一》。
⑤ 闻钧天：《中国保甲制度》，商务印书馆1935年版，第109—110页。
⑥ （元）马端临：《文献通考》卷13，《职役二》。
⑦ 《旧五代史》卷146，《食货志》。
⑧ （宋）李焘：《续资治通鉴长编》卷35，《赵太宗淳化五年正月尽是年四月》。

表 2 – 1　**历代基层社会行政编网**

朝代	行政区划设置（户数）				相关内容	资料来源
上古	邻（8）	朋（24）	里（72）	邑（360）	使八家为井，井开四道而分八宅……故井一为邻，邻三为朋，朋三为里，里五为邑，邑十为都，都十为师，师七为州	《文献通考》卷 12，《职役一》
周	比（5）	闾（25）	族（100）	党（500）	郊内：令五家为比，使之相保；五比为闾，使之相受；五闾为族，使之相葬；五族为党，使之相救；五党为州，使之相赒；五州为乡，使之相宾	《周礼·地官·司徒》
	邻（5）	里（25）	酂（100）	鄙（500）	郊外：遂人掌邦之野，五家为邻，五邻为里，四里为酂，五酂为鄙，五鄙为县，五县为遂	《周礼·地官·遂人》
春秋战国	轨（5）	里（50）	连（200）	乡（2000）	郊内：五家为轨，轨有长；十轨为里，里有司；四里为连，连有长；十连为乡，乡有良人	《管子》卷 8，《小匡第二十》
	轨（5）	邑（30）	率（300）	乡（3000）	郊外：制五家为轨，轨有长；六轨为邑，邑有司；十邑为率，率有长；十率为乡，乡有良人	
秦汉	伍（5）	什（10）	里（100）	亭（1000）	以五家为伍，十家为什，百家为里，十里一亭，十亭一乡	《汉书》卷 19，《百官公卿表》
北魏	邻（5）	里（25）	党（125）		五家立一邻长，五邻立一里长，五里立一党长	《魏书》卷 110，《食货志》
北齐	邻（10）	闾（50）	族党（100）		令人居十家为邻比，五十家为闾，百家为族党	《文献通考》卷 12，《职役一》

续表

朝代	行政区划设置（户数）				相关内容	资料来源
隋	保（5）	闾（25）	族（100）		五家为保，保有长。保五为闾，闾四为族，皆有正。畿外置里正，比闾正，党正，比族正，以相视察	《隋书》卷24，《食货志》
		里（25）	党（100）			
唐	邻（4）	保（20）	里（100）	乡（500）	百户为里，五里为乡，两京及州县之郭内，分为坊，郊外为村。里及坊村皆有正，以司督察。四家为邻，五邻为保。保有长，以相禁约	《旧唐书》卷43，《职官二》
五代	邻（4）	保（20）	团（100）	乡（500）	大率以百户为一团，每团选三大户为耆长	《旧五代史》卷146，《食货志》
宋		保（10）	大保（50）	都保(500)	十家为一保，选主户有干力者一人为保长；五十家为一大保，选一人为大保长；十大保为一都保，选为众所服者为都保正，又以一人为之副	《宋史》卷192，《兵志六》
金	邻（5）	保（25）	里（100）	乡（500）	令从唐制，五家为邻、五邻为保，以相视察	《金史》卷46，《食货一》，《户口》
元	凡五十家立一社，择高年晓事者一人立为长。增至百家者，别设长一员。不及五十家，与近村合为一社					《元史》卷93，《食货一》
明	甲（10）		里（110）		编赋役黄册，以一百一十户为一里	《明史》卷77，《食货一》，《户口》
	牌（10）		里（110）		每十家为一牌，每户门前置一小牌，查实造册报官备用	（明）王守仁：《王文成公告谕》
清	牌（10）		甲（100）	保（1000）	保甲之法，十户立一牌头，十牌立一甲长，十甲立一保正	《清世宗宪黄帝实录》，卷46

清末后，一度出现了官派官僚管理“里”的冲动。

其二，在里长的职责设计上，里长其职为国家在基层之“代理人”。从整个历史发展过程来看，里长就是国家在基层的“税赋体制”代理人，后期增加了维护稳定的职责。

在春秋战国时期，里长具有表率乡里、治水救灾、督促管理乡里百姓的职责；到秦汉时期，里长主要负责户籍管理、征收徭役和教化百姓；隋唐时期里长集“按比户口，课植农桑，检察非违，催驱赋役”① 于一身，意即，除了掌户口和收赋税以外，还要检察检举非法违法之事；到宋代，里长经常承担维护治安和征收赋税的职责。总体来看，里长成了户籍管理、征收赋税和徭役、维持社会稳定的工具。

其三，在里长的监督考核上，皇权对里长的控制日益加强。古代皇权往往把对里长的奖惩放在其职责中，并无单独的奖罚制度，并且呈现出鲜明的重惩罚、轻奖赏的特点。

秦汉时期，若里长表现出色，可以得到皇上的亲自召见，抑或是因才华而被提升。② 北魏时期，设立党、里、邻“三长制”，若三年没有过错，便能升迁一级。③ 但若在管辖范围内出现不实情况，便会连坐共同降级。隋唐时期，“乡里”继续绑定，如若在查实户口方面“一人不实，则乡正里长皆远流配”④。若里正没有及时教授种田，鼓励百姓从事农业生产职责，便会笞刑四十。⑤

宋代职役制时期，乡里若完成不了赋税任务，则往往令里长垫付，同时由县衙根究根治。元代时，里长等可免杂役“年终考较有成者优赏，怠废者责罚”⑥。明清时期，如果因为疏忽没有登记和管理

---

① （元）马端临：《文献通考》卷12，《职役一》。

② 赵秀玲：《中国乡里制度》，社会科学文献出版社2002年版，第162页。

③ （元）马端临：《文献通考》卷12，《职役一》。

④ 《隋书》卷67，《裴蕴传》。

⑤ 《唐律疏议》卷12，《户婚》。

⑥ 《大元通制条格》卷16，《理民》。

导致有人不在户籍之中，一户到五户，笞刑五十，每五户加一等，[①]到一百下停止。“若一家隐匿，其邻佑九家、甲长、总甲不行首告，俱治以罪”[②]，若乡里税户逃逸，须由里长、甲长等自行垫付。明清时期对于乡里长实行重罚严惩，与强制当差是密不可分的。

二　绅权辅“里”

纵观中国历史发展过程，绅权是古代基层社会不可忽视的力量。古时，绅权要么和里长合二为一，要么分而博弈，在“里治”中发挥了补充或辅助的作用。

（一）绅里合一的“同向并流”

从选任条件来看，里长的选任标准往往都是“乡里强谨者”“为众所服者”“丁粮多者”“年高有德者”等，因而，乡绅与里长具有极强的一致性和同构性。[③]

当里长和乡绅合二为一时，里长便成了行政力量和民间力量的集合人。里长在行使行政职能时，借助已经形成的威望减少阻力；在行使道德教化职能时，还可借助行政权力达成“户婚、田宅、斗殴”等“小事不出里”的效果；此外，还能号召、动员民众，在一定程度上兴办公益事业、发展文化教育建设等。有时，官府对百姓经济盘剥严重时，他们又会借助已有的权威和声势与政府抗衡，率众恳请豁免部分赋税，方式较为温和，但也不失率民冲击冷漠的县官的行为。[④]

除了身份合一的情况，在“里长职役制”阶段还存在绅士扶植代理人的“间接合一”现象。因为里长要轮流担任，且面临极大的风险和压力，绅士便不愿充任里长。但是，士绅们又迫切地想要影响基层社会的权力和统治秩序，最好的方法便是扶植代理人成为里长，此

---

① 《大明律》卷4，《户律一》。

② （清）张廷玉等：《清朝文献通考》卷21，《职役考》。

③ 刘志松：《中国古代基层社会权威体系及其博弈》，《吉首大学学报》（社会科学版）2013年第3期。

④ 费孝通、吴晗等：《皇权与绅权》，华东师范大学出版社2015年版，第126页。

时的里长“纯系士绅的代理人，一切以士绅的意志为转移”[①]。

里长和士绅的合一，既能保证国家资源攫取和社会控制的目的，又利于维持基层社会的稳定秩序。

（二）绅里分离的“迂回制衡”

在古代基层社会治理中，还存在一种绅里分离的现象，官府借助里长打压膨胀的绅权。

如果“绅士只想得到政府官吏的支持，却不愿意接受政府权力的干涉”，里长便处在官权与绅权两种权力的夹缝中，在政府权力伸张、绅权萎缩的情形下，“里长尽可以倒在政府的怀抱里，或者站在行政人员的立场上，来地方办公事”[②]。谁若不交粮食税，或者规避兵役，他便可以上报县官定夺。

绅士在这种情况下便采取迂回措施：一是主动寻求和官府的合作，如是，里长和绅士都屈服于国家权力，会导致基层社会自治空间快速萎缩；二是向下迂回寻求百姓的支持和庇护，他们“劝诱德业，纠绳愆过，所以风励流俗，维持世教”[③]，又会做一点公益事业，由此成为基层治理网络中的一个纽点。

三　民治于“里”

大多时候，民众处于社会等级结构的最底层，受制于皇权及其代理人，与官僚政治之间有着一条不可逾越的鸿沟。

（一）官控里民

其一，民众被限定在严格的税赋体制之中，“编户齐民”将所有人网罗入“里”，民众需要通过“里”这个基层单位向国家纳税、服徭役，还需承担监察、举报违法之责。

---

① 朱德新：《二十世纪三四十年代河南冀东保甲制度研究》，中国社会科学出版社1994年版，第114页。

② 费孝通、吴晗等：《皇权与绅权》，华东师范大学出版社2015年版，第132页。

③ （清）冼宝榦：《佛山忠义乡志》卷10，《艺文》。

其二，民众还被束缚在严格的人身控制体制之内，“什伍连坐”是里坊制度、保甲制度的升级，里长被规定有监察、督促农业生产之责，若发生问题，一家犯事邻里连坐。

其三，民众被绑缚到里长的职役制内，民众是里长的重要来源，特别是到后期职役制阶段，一般贫苦老百姓甚至流民也需轮值当差。

统治者借助自上而下的空间划分和制度嵌入，实现了里长和民众的互相监督和举报，在管控基层民众的同时，也对里长起到了一定的监督作用。

（二）德化里民

古代社会不但注重从政治和经济上控制民众，还会从道德教化上进行规范和渗透。

其一，里长、绅士作为官权代言人，重言传身教，尤其是里长和绅士合二为一时，需要进行道德教化和传输统治者精心筛选的道德教条，以此维护封建礼教，树立良好的社会风气，以此实现“长幼有序，兄友弟恭，内睦宗族，外合乡里”[①] 的良好德治效果。

其二，里长往往采用的是调解、和解的教化方式，而不主张用诉诸法律的方式解决乡里社会的争端，如明代规定“十家之内，但有争讼等事，同甲即时劝解和释”[②]，“寓教养于乡约保甲之中”[③]，里长大多采取“大事化小，小事化了”的办法处理相关民众矛盾，很少依靠法律制度解决。

其三，里长引导民众参与基层公共设施的修建和投身于公共福利事业，比如带领民众参与乡里内水利设施和道路、桥梁等交通设施的修建，从而更加远离政治参与和反抗斗争。

---

① 《士庶备览》卷1，《风教宣讲》。

② （明）王守仁：《王成文公告谕》卷11，《申谕十家牌法》。

③ （明）吕坤：《实政录》卷5，《乡甲约》。

第四节　古代“社区治理”的结构与遗产

在古代社会，“皇权不下县”毋宁是一种惰想，只将有形的组织机构视为“皇权下县”的评判依据，而无视皇权代理人的种种形式，着实偏颇。与此同时，以“乡绅自治”掩护“皇权不下县”的假想，展示了一种对“虚幻共同体”的自负，“乡绅自治”如果真的大面积存在，那么古代社会岂不成了“理想国”？现有的实践岂不在开历史倒车？这样的结论未免有些粗略武断了。

实则，中国古代的社区绝不是国家权力“化外之地”，其早熟的社区治理制度，影响至今。

一　古代社区治理的“家国政治”链条

乡里制度、户籍制度、税赋制度贯穿整个古代社会，是皇权下县的三条铁链，构成古代“家国政治”的制度基础。

中国古代很早就形成了严格的编户入里制度，“里”是“家与国”互动的合缝，国家从未放弃对于民间社会的控制，而是直接将控制链条深及“里”这一基层社会单元。这主要是因为，国家的存续必须以汲取“家户”税赋、徭役为基础，国家一刻也不得放松对“家户”的控制。在古代有限的生产力范畴内，统治者依靠“里”这一基层单元，收紧对民众的控制，从而维护整个统治的根基。这便构成了古代“社区治理”的主要形态。

从纵向历史来看，中国古代的“里治”越到后期，其统治性、控制性的功能越强。先秦到隋唐还有“以民治民”“民选官任”的里治形式，宋代到明清时期则历经“乡里制—保甲制”的循环，国家对民众控制的链条越发紧张，保甲制成为“国家控制家户”的顶峰，国家权力在后期还尝试直接深入基层（见图 2－1），只不过“以官治民”的探索最终在乱局之中倒在历史的灰烬上。

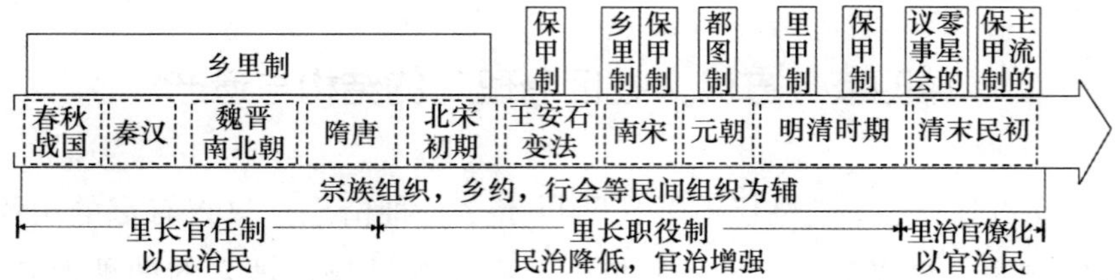

图 2－1　新中国成立以前的“里治”发展脉络

二　古代社区治理的“国强社弱”结构

古代的“社区治理”，呈现“国强社弱”的基本态势，受经济结构基础所限，国家权力向基层社会的扩张限定在“政治性”一侧。

“皇权控里、绅权辅里、民治于里”是古代社区治理的权力结构（见图 2－2）。在有限的生产力条件下，国家在户籍制度基础上，如若直接对超大规模的社会进行管理，成本巨大且治理效果难以保证，借助“里”这一单元可以低成本地将民众圈围在徭役赋税、户籍管理和社会治安的统治秩序中。

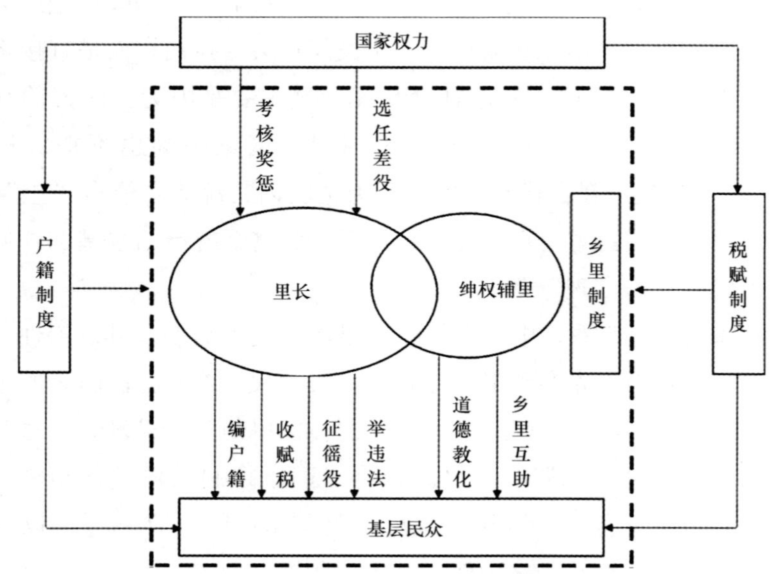

图 2－2　古代社区治理的权力结构

相应地，国家在社区里的控制性、汲取性职能较为突出，在公共服务方面几乎空场，乡绅和宗族等民间力量在道德教化、公益事业方面发挥了一定的补充作用，特别是在基层遭遇灾害和危机时，有条件的宗族家庭和乡约乡绅等可以紧急补位，对民众实施救助。但是，这不指代民间社会对社会管理和公共事务的全面承担。在普通民众长期停留在“谋生”生活的条件下，所谓的公共事务十分有限，也无民间社会自主治理的空间，基层社会往往处于“自发秩序”而非“自治秩序”。因此，以“家—社会”为中心的所谓自治，历来处于非常次要的辅助状态，任何夸大自治传统而无视“国家控制”的结论，都不能让人信服。官权的统治秩序、绅权的教化秩序与民众的生存诉求，在“里”这一层级实现了立体交汇。无视官权的一直在场，或者将官权未至之处想当然地设想为“乡绅主导”，存在失责之虞。

三　古代社区治理的“历史基因”延承

古代“社区治理”的部分基因延承至今，奠定了中西方社区治理差异的基础。古代的社区治理形态，在先秦时期就已经基本定型，其缜密的编户制度、基层管理制度，显示出古代中国政治管理的“制度早熟”。在延绵几千年的古代史中，这种基层治理的体制对于维持超大国家的财政能力、基层的基本秩序具有支持作用。

时至今日，社区治理中仍然凸显“区域边界性”，这与历史上“画野编组”不无关联，而且与西方国家强调以个体为基础的“结社性”截然不同。现代社区的编组方式、网格化管理与中国古代“无费一家”的传统一脉相承，国家自上而下掌握家户信息，是中央权力强大的表现；依托民间力量，将行政性职能与社会性、道德性职能相互匹配，与今日的“德治自治融合”有着跨越时空的相似，这样的传统如若经由“现代公民意识”的结合改造，可为社区善治带来正面效果。

所要反思的是，古代社区治理主要是执行国家意志，国家导向社区的公共职能几乎匿迹。当前，社区情境已经发生重大变化，社区已经成为中国特有的基层建制单位，被吸纳为国家治理的基本单元，社区也成为国家深及基层、承担公共服务的平台。国家对基层社会的资源汲取已非社区功能，国家的财力和能力也不可同日而语，社区逐渐成为国家增强公共性、强化公共服务的载体。而且，与古代平民百姓多专注谋生、低流动性的生存状态不同，社会的流动性日趋增强，居民对社区已不再是单纯的维稳和生存需求，其需求的满足也并非只有社区一个渠道。因此，有必要在新的历史条件下，反思社区治理的种种设计。

第三章　第一轮改革：街居制的形成与扩散

新中国成立前，国民党掌管的城市基层组织为保甲制。1934 年，国民党政府在各省市建立起保甲组织，十户一甲，十甲一保，三保以上为联保办事处。保甲制的主要任务为管理户口、抽壮丁、摊派捐款和监视革命活动。[①] 新中国成立后，“街居制”和“单位制”替代原来的“保甲制”，而后经历变革，最终稳定为以“街居制”为主轴的“两级政府、三级管理”体制。大致来看，中国当代的社区治理改革可以被划分为“两个阶段、一个定向”，本章主要谈第一阶段的情况。

第一节　“街居”体制与“单位制”

新中国成立后，中国共产党重构了基层治理体系，旧政权的“保甲制”被废除，街道、居委会、单位、社区等基层组织单位前后接续，成为基层治理的单元。居委会干部经由选举产生，居委会工作经费由政府拨付，彻底终结了过去“以役代管”的模式。

一　“街居”与“单位”的入场

1949 年 10 月 17 日，浙江省人民政府发布了取消保甲，建立农

① 高民政、郭圣莉：《居民自治与城市治理——建国初期城市居民委员会的创建》，《政治学研究》2003 年第 1 期。

村乡、村政权的指示。杭州市人民政府提出筹建居民委员会的工作方案，并且在上城、下城和江干区先行试点。1949 年 10 月 23 日，杭州上城区上羊市街的居民代表用画圈投票的方式，选举产生了新中国第一个居民委员会的委员。27 枚象征旧社会“保甲制度”的印章被销毁。根据史料，上羊市街居委会的范围即当时杭州市第一区 18、19 保区域范围，[①] 可见，之前保甲的区域范围，在后来为居委会继承。1949 年 12 月 1 日，《杭州市人民政府关于取消保甲制度，建立居民委员会的工作指示》是迄今发现的中国最早关于居委会的政令。

经过探索和发展，1954 年 12 月 31 日，全国人大一届四次会议通过了《城市居民委员会组织条例》，规定了以下内容：

> 居委会辖区：应当按照居民的居住情况并且参照公安户籍段的管辖区域设立，一般地以一百户至六百户居民为范围。
>
> 居委会经费：居民委员会的公杂费和居民委员会委员的生活补助费，由省、直辖市的人民委员会统一拨发，标准由内务部另行规定（1955 年 12 月 21 日，内务部和财政部联合发文，明确“居民委员会的经费，由省、自治区、直辖市人民政府统一拨发，在地方预算的行政管理费支出乡镇行政经费项下列支”）。
>
> 居委会任务：办理有关居民的公共福利事项；向当地人民委员会或者它的派出机关反映居民的意见和要求；动员居民响应政府号召并遵守法律；领导群众性的治安保卫工作；调解居民间的纠纷。

到 1956 年，全国建立健全居民委员会的工作基本上完成。最初，居委会承担了大量的政府工作、群众运动（占 80%）、日常工作占

---

① 陈建民：《新中国第一个居委会是这样寻访到的》，《杭州日报》2008 年 7 月 1 日第 3 版。

20%（包括福利、优抚烈军属、文教、卫生、调解与治安几大类）。[①]

实际上，改革开放前，“单位制”而非“街居制”是管理基层社会的主要形式。城市以单位为主体来实施管理，各个企事业单位从属于各级政府，城市成员从属于各个单位。单位自成一体，包揽其成员的所有事务。[②] 根据1954年通过的《城市居民委员会组织条例》：“机关、学校和较大的企业等单位，一般地不参加居民委员会……企业职工集中居住的职工住宅区和较大的集体宿舍，应当在市辖区、不设区的市的人民委员会或者它的派出机关的统一指导下设立居民委员会。”

“单位制度源于根据地时期形成的对‘党的革命队伍’的特殊管理体制，成员一律实行供给制。”1953年，“工人阶级以外的街道人口在有的城市中还占到60%，而在‘三大改造’和‘大跃进’运动之后，在单位体制以外的城市就业人口已经所剩无几”[③]。

一个单位就是一个小社会，拥有医院、食堂、幼儿园、菜场、理发店、浴室等生活设施，其拥有的功能完全覆盖了一个社区该有的功能。单位既发挥着社会整合的作用，又高度依附于政治体制，成为政权组织的延伸。在这种政治社会高度重合的体制下，单位依据权力中心的要求，调整对城市居民的控制程度。

二　受到冲击的“街居制”

与此同时，作为法定群众组织的城市居委会，其管理权限和范围都十分有限，基本属于“拾遗补缺”性质，管理对象主要是未被单位制覆盖的少数人员。而且，其在“文化大革命”期间受到冲击，遭

① 高民政、郭圣莉：《居民自治与城市治理——建国初期城市居民委员会的创建》，《政治学研究》2003年第1期。

② 徐勇：《绿色崛起与都市突破——中国城市社区自治与农村村民自治比较》，《学习与探索》2002年第4期。

③ 华伟：《单位制向社区制的回归——中国城市基层管理体制50年变迁》，《战略与管理》2000年第1期。

到严重破坏。

一些研究显示，在“文化大革命”初期，有些城市的街道组织实行军事编制，下设连、排、班，连设正副连长，代替居委会主任，其规模相当于原来1—2个居委会管辖的范围；后来居委会被“革委会”替代，主要以抓阶级斗争和意识形态为其主要职能，其社会服务和安全保障功能趋于瘫痪。[①]

由于单位制时代的“社区治理”范畴实在狭小，本书对这个阶段的情况不予展开。

改革开放以后，随着“单位制”逐渐解体，越来越多的人在街道和社区生活。一直到20世纪90年代，中国还未有社区组织这一说法。城市居民生活的地方往往被称为“居民区”，居委会逐步得到恢复并且承担起基层管理任务。

1989年12月26日，第七届全国人大常委会通过《中华人民共和国城市居民委员会组织法》，该法自1990年1月1日起施行。该法规定“居民委员会是居民自我管理、自我教育、自我服务的基层群众性自治组织”。“街道—居委会”（街居制）重新被视为替代“单位制”的基层治理手段。

国家通过“横向到边、纵向到底”的划分划片，实现了社区居委会全覆盖。从20世纪90年代中期开始，中国在城市社区治理方面，开展了相应的改革。“街道—居委会”（街居制）成为社区治理的主体结构，社区层面的其他改革均围绕这个中轴展开。

第二节 “两级政府、三级管理”的形成

改革开放后，伴随“单位制”的逐步解体，城市的社会管理职能

① 陈辉：《文革中的居委会》，《社会》1999年第10期。

开始从单位流向社会，国家开始直接面向社会。[①] 自 20 世纪 90 年代起，中国的社区建设在国家层面得到了重视，并且在地方层面得到回应，推出了一些有积极意义的改革。经由民政部的推动以及各地的改革实验，“两级政府、三级管理”的体制逐步在全国范围内推广。

一　民政部推动基层改革

20 世纪 80 年代中期，随着城市改革的启动，原来由单位承接的社会福利、公共服务职能逐渐推向社会。与此同时，城市基层既有的管理网络失灵、各种事务向基层沉积，这势必要求强化城市基层的管理和服务职能。这个时候，民政部应时而动，将社区视为替代“单位”的基层管理新载体，计划经济时代形成的“街居制”从原来的“补缺式”辅助机制，逐渐转变为主体的城市基层管理体制。

这一判断，可以从民政部相关负责人的文章中得以验证。1997 年，时任民政部基层政权建设司副司长王振耀，如是分析：“十余年来，各地城市均对基层管理体制进行了一定的改革和调整……从全国来看，重视城市基层管理体制改革的气候已经形成，全面进行城市基层管理体制的气候已经成熟”[②]；2009 年，时任民政部基层政权和社区建设司司长詹成付，也撰文回顾推进社区建设的背景和意图：“越来越多的人、越来越多的社会矛盾、越来越多的社会事务汇聚和沉淀到了社区，新问题和新情况已经使原有的管理体制与新的形势不相适应了，必须要赶快采取措施变革不适应要求的旧的管理和服务体制。”[③]

在这种背景下，1991 年，民政部就提出了在城市开展社区建设的工作思路，当年 5 月，时任民政部部长崔乃夫在中国社会工作者协

---

① 杨淑琴、王柳丽：《国家权力的介入与社区概念嬗变——对中国城市社区建设实践的理论反思》，《学术界》2010 年第 6 期。

② 王振耀：《论我国城市基层管理体制改革论纲》，《中国民政》1997 年第 2 期。

③ 詹成付：《关于社区建设的几个问题》，《中国非营利评论》（第四卷），社会科学文献出版社 2009 年版。

会成立大会上致辞，发出了在街道办事处、居委会系统开展社区建设工作的号召，指出："社区建设是健全、完善和发挥城市基层政权组织职能的具体举措，是建立'小政府、大社会'的基础工程。"此后，民政部陆续组织三次全国性社区建设理论研讨会。民政部的号召和要求，得到了许多城市的响应。

1999 年，民政部在 21 个城市的 26 个城区开展首批"社区建设实验区"试点，推出《全国社区建设试验区工作实施方案》，提出要改革城市基层管理体制，培育和建立与社会主义市场经济体制相适应的社区建设管理体制和运行机制。

二　京沪改革的全面扩散

在最初的社区建设中，缺乏现代城市管理经验的城市政府，将大量事务转移给街道办，又没有授予其管理权。面对日益复杂的公共事务和社会管理压力，各地陆续开展了基层管理体制的改革，这些改革可以概括为"两级政府、三级管理、四级落实"。

（一）上海市的改革

上海市自 1994 年开始，积极探索"两级政府（市—区）、三级管理（市—区—街）"的改革。1996 年 3 月 27 日，上海召开城区工作会议，市委、市政府联合下发《关于进一步完善"两级政府、三级管理"体制的政策意见》和《关于加强街道、居委会建设和社区管理的若干政策意见》，要"通过完善市、区、街道三级管理体制，加强社区建设，为城市经济体制改革创造良好的社会环境"①。

1997 年 1 月 15 日，上海市第十届人大常委会正式通过了《上海市街道办事处条例》，以立法的形式确认了第三级管理即街道管理的体制。②

① 《1996 年上海大事记》，2018 年 12 月，上海市地方志办公室网站（http://www.shtong.gov.cn/node2/n189654/n251753/index.html）。

② 《1996 年上海大事记》，2018 年 12 月，上海市地方志办公室网站（http://www.shtong.gov.cn/node2/n189654/n251753/index.html）。

该条例规定“街道办事处的工作以社区管理和社区服务为重点，开展社会主义物质文明、精神文明建设，创建安定团结、环境整洁、方便生活的文明社区”，并且详列了街道办的14项职责：

(1) 指导、帮助居民委员会开展组织建设、制度建设和其他工作；

(2) 开展便民利民的社区服务；

(3) 兴办社会福利事业，做好社会救助和其他社会保障工作；

(4) 负责街道监察队的建设和管理；

(5) 开展计划生育、环境保护、教育、文化、卫生、科普、体育等工作；

(6) 维护老年人、未成年人、妇女、残疾人和归侨、侨眷、少数民族的合法权益；

(7) 组织实施社会治安综合治理规划，开展治安保卫、人民调解工作；

(8) 开展拥军优属，做好国防动员和兵役工作；

(9) 参与检查、督促新建改建住宅的公共建筑、市政设施配套项目的落实、验收工作，协助有关部门对公共建筑、市政配套设施的使用进行管理监督；

(10) 配合做好防灾救灾工作；

(11) 管理外来流动人员；

(12) 领导街道经济工作；

(13) 向区人民政府反映居民的意见和要求，处理群众来信来访事项；

(14) 办理区人民政府交办的事项。

《上海市街道办事处条例》在地方法规上大大拓展了街道办的职

责范围，赋予了街道办更多的管理权限。与此同时，街道办拥有了部分“处罚权”，该条例规定街道办“有权对区人民政府有关部门派出机构主要行政负责人的任免、调动、考核和奖惩，提出意见和建议。区人民政府有关部门在决定上述事项前，应当听取街道办事处的意见和建议”①。与以往街道办事处“权小责大”的情况相比，街道办事处的权力大大增强。

（二）北京市的改革

北京市在1998年12月召开第一次城市管理工作会议，重点推进街道管理体制改革。要求建立“两级政府、三级管理”的城市管理体制。

1999年12月，北京市召开第二次城市管理工作会议，重点抓城市管理体制中“两级政府、三级管理”的改革思路，完善街道“条专块统”管理格局，即强化街道对辖区统一领导、综合管理职能，建立、健全街道管理委员会制度和社区会议制度，加强居委会等社区组织建设。

2001年6月，北京市召开第三次城市管理工作会议，会议的主要任务就是“要进一步明确城市管理体制中街道层面的管理体制。按照政企分开、政事分开、政社分开、责权一致的原则，对政府职能部门、街道办事处和社会组织的职能进行认真清理和划分”②。

北京市还在街道层面建立了新的组织——城区管理委员会，由街道办事处、政府各职能部门、辖区内各单位、居委会代表和居民代表组成，主任是街道党委书记或街道办事处主任。城市管理委员会的主要职能有：根据区政府的要求，研究制定辖区管理工作的目标、任务和发展规划，协调解决管理中的问题，对管理的重大事项提出建议和

---

① 《上海市街道办事处条例》1997年1月24日公布，自1997年3月1日起施行。

② 王维国：《城市基层管理体制改革的路径与模式选择——以北京市为例》，《新视野》2009年第5期。

意见；管理委员会议定的事项，由街道办事处组织有关单位落实。[①]

（三）“两级政府、三级管理、四级落实”的推广

1999年，民政部制定了《全国社区建设试验区工作方案》（以下简称《方案》），《方案》强调城市基层管理体制要由行政化管理体制向法制保障下的社区自治体制转变。《方案》要求各地：“根据本区实际，建立适合社会主义市场经济运行机制的行政管理模式（如两级政府、三级管理、四级落实模式等），解决街道管理体制中的条块分割和责、权、利不配套的问题。”

此后，各地陆续开展“两级政府、三级管理、四级落实”的改革，中国各类城市基本普及了这种体制。

第三节　第一轮社区治理改革的制度分析

改革开放后，中国社区治理第一轮改革的成果就是“两级政府、三级管理、四级落实”的形成，这与当时制度环境条件、制度执行过程紧密相关。

一　环境条件：社会转型压力与体制冲击

中国社区治理的第一轮改革，处于经济社会环境大变革时期。这个时期，中国的工业化、市场化高歌猛进，不但聚集了社会转型的巨大压力，还冲击了原有的城市管理体制。社区被当成解决人口膨胀、应对各种公共事务、维护社会稳定、重构基层治理体系的基础单元。

（一）市场化：社区治理改革的最重要背景

改革开放后，市场化改革给城市基层治理带来了新的机遇和挑战。1992年，党的十四大明确社会主义市场经济体制的目标，中国市场化的步伐加快。市场化改革打破了公有制“包打天下”的格局，也打破了

① 陈家喜、刘军：《街道办事处：历史变迁与改革趋向》，《城市问题》2002年第6期。

“企业办社会”的传统模式。“单位制”之外的就业人口不断增加，大量社会事务向基层社会挤压，凸显了基层管理治理改革的紧迫性。

第一，资源配置方式发生变化，大量人口在“单位制”之外就业。

私营经济从20世纪80年代末开始起步，1992年后获得迅速发展，每年以两位数的数量增长（见表3－1）。在1978年的9414万名城镇从业人员中，在公有制企业（国有单位和集体单位）就业的为9499万人，占全国城镇从业人员的99.84%。其他为个体从业人员，总共不过15万人。[①] 自1991年到1995年，城镇就业人口在非公经济单位就业人口从925万增加到2558万（不包括联营经济单位、股份制经济单位）；到1999年，城镇非公有制经济单位（个体、私营企业、股份合作单位、联营单位、有限责任公司、股份有限公司、港澳台商投资单位和外商投资单位）的从业人员总和已达10730万人，超过了城镇从业人员的半数（51.06%）[②]，这个比例到2006年增加到59.4%。

表3－1　1991—1995年中国大陆城镇人口就业情况（单位：万人）[③]

年份	1991	1992	1993	1994	1995
就业从业人员	15260	15630	15964	16816	17346
私营企业	68	98	186	332	485
个体	692	740	930	1225	1560
外商投资经济单位	96	138	133	195	241
港澳台投资经济单位	69	83	155	211	272

① 张琢：《中国改革开放以来的经济发展与社会变迁的量化分析》，《湖北民族学院学报》（哲学社会科学版）2000年第4期。

② 《中国统计摘要》，中国统计出版社2000年版，第37页。

③ 《中华人民共和国统计年鉴（1996）》，国家统计局网站（http：//www. stats. gov. cn/tjsj/ndsj/information/zh1/d011a）。

大量的人口在“单位制”之外就业，意味着诸多社会职能必须找到新的主体承担；同样，社会成员利益多元化、诉求多元化、民主意识更强，诸多矛盾挤压到城市基层。以街道办为主的基层管理主体，在推动治理的过程中，既缺乏类似农村一样的集体经济基础，又难以动员各类主体的参与。

第二，国企改革既推动了企业社会职能的分离，也将大量下岗人口推向社区。

20 世纪 90 年代中期开启的国有企业改革，将单位制下大量的社会职能推向社会，大量的单位在改革中破产、改制，由此，大量下岗人口也进入社区。

从 1993 年起，国企实施“减员增效”的改革，开始出现大批下岗职工，其年平均增长率高达 40% 以上。1993 年，城镇下岗职工为 300 万人，到 1996 年，下岗职工达到 891. 6 万人，1997 年高达 1151 万人，1998 年又新增加 300 万人。截至 2001 年末，全国下岗职工总数达到 1870 万人。①

另外，城镇失业人口的绝对数不断增长，由于知识青年返城，城镇失业人员出现第一次高峰，1979 年达到 567. 6 万人，1995 年出现第二个高峰，达到 519. 6 万人,② 下岗人口、失业人口叠加，给基层管理带来巨大的压力。

第三，住房商品化改革催生了大量新型社区，也促使社区类型、利益多样化。

1980 年，深圳东湖丽苑以补偿贸易的形式进行土地批租，首开先河，建成全国第一个商品房小区。1994 年国务院下发《关于深化城镇住房制度改革的决定》，主要精神就是住房商品化。1998 年，国

---

① 杨宜勇：《下岗失业群体的产生、演变和发展趋势》，《经济与管理研究》2007 年第 8 期。

② 《中华人民共和国统计年鉴（2006）》，国家统计局网站（http：//www. stats. gov. cn/tjsj/ndsj/laodong/2006/html/02 －02. htm）。

务院发布《关于进一步深化城镇住房制度改革加快住房建设的通知》，终结了延续半个世纪的福利分房制度，中国城市住宅开始进入“商品化”时代。

此后，房地产热一波一波袭来，人们在高房价压力下追逐着私有住房。1997 年，全国个人购买商品房占商品房销售额的比重达到 54.5%，此后，房产自有率不断上升。城镇人口人均居住面积从 1978 年的 6.7 平方米增加到 2000 年的 10.3 平方米。从 1991 年到 1998 年，我国商品住宅销售面积从 3025 万平方米激增为 12185 万平方米。

住房商品化改革促使城市居民的“利益第一次与其居住的社区紧密结合起来，业主们也第一次真正将社区看作自己要努力爱护的家园”①。伴随着住房市场化、物业管理方式的扩展，不少社区出现了物业纠纷、业主维权现象，这突破了既有基层管理的格局，为社区治理带来了新的异质因素。

市场经济冲击了计划经济时代遗留的管理体制，不同的人群、不同的利益要求、不同的行为方式，在城市基层集中表现出来，大大突破了既有体制的应对范围。但是，处置公共事务的权力更多集中于城市政府，直面问题的街道办、居委会却“有责无权”。因此，推动城市基层管理改革，强化基层组织权力，成为应对社会问题的新选择。

（二）城市化：大量公共事务向城市基层积压

改革开放后，中国城市化加速推进，城市化率由 1978 年的 17.92%，提高到 1984 年的 23.01%，到 1993 年提高到 28.14%，到 2000 年提高到 36.22%。2000 年，城镇人口比 1978 年增加 28599 万（见表 3－2）。

---

① 夏建中：《中国公民社会的先声——以业主委员会为例》，《文史哲》2003 年第 3 期。

表 3－2　　1978—2000 年中国大陆城市化水平（单位：万人）

年份	总人口	乡村人口	城镇人口	城市化水平（%）	增长率（%）
1978	96259	79014	17245	17.92	1.70
1979	97542	79047	19495	18.96	1.06
1980	98705	79565	19140	19.39	0.43
1981	100072	79901	20171	20.16	0.77
1982	101654	80174	21480	21.13	0.97
1983	103008	80734	22274	21.62	0.49
1984	104357	80340	24017	23.01	1.39
1985	105851	80757	25094	23.71	0.70
1986	107507	81141	26366	24.52	0.81
1987	109300	81626	27674	25.32	0.80
1988	111026	82365	28661	25.81	0.49
1989	112704	83164	29540	26.21	0.40
1990	114333	84142	30191	26.41	0.20
1991	115823	85280	30543	26.37	－0.04
1992	117171	84799	32372	27.63	1.26
1993	118517	85166	33351	28.14	0.51
1994	119850	85549	34301	28.62	0.48
1995	121121	85947	35174	29.04	0.42
1996	122389	86439	35950	29.37	0.33
1997	123646	86637	36989	29.92	0.55
1998	124810	86868	37942	30.40	0.48
1999	125909	87017	38892	30.89	0.49
2000	126583	80739	45844	36.22	5.33

来源：《中国统计年鉴·2009》，中国统计出版社 2009 年版。

在 20 世纪 90 年代，中国每年平均新增城市人口 1587.3 万。历史证明，往往城市化高速发展、社会阶层全面分化的阶段，也是社会矛盾频发的时期。大量人口进入城市，肯定会产生各种利益需求甚至摩擦，增加社会服务和社会稳定的压力。

（三）体制解体：传统苏式基层管理受到挑战

改革开放之后的一段时期，原有的苏联式城市管理体制也逐渐趋于解体。

1. 广布于城市基层的“单位制”管理体制逐渐失灵

在传统的管理体制内，单位不但执行着政府组织的职能，还代表着人们的利益，国家通过单位集体化地控制社会成员。人们不但生活、工作在单位里，在思想、政治上都要受到较为严密的组织管理，由此形成与计划经济匹配的“控制—依赖”管理体制。

随着市场经济的推进，“单位制”的社会功能逐渐被剥离出来。原有组织内的行政依附关系、人事依附关系变成了契约关系，组织的政治色彩淡化……分散的单位组织并不能担负起进行利益整合的功能。①

原来所实行的“控制—依赖”型整合逻辑，已经不能很好地奏效了，急需一种新的体制弥补管理空白。

2. 行政性强的“街居制”无法应对渐增的公共事务

单位制解体之后，继起的是“街居制”。这种体制，既没有赋予基层组织足够的公共事务管理权限，同时也无社会组织参与公共治理的空间和资源。

第一，街道办事处责权不对等，职责超载，权力受限。对于街道办事处职责的规定，源于1954年12月31日全国人大常委会第四次会议通过的《城市街道办事处组织条例》（以下简称《条例》）。《条例》规定街道办事处主要承担三项任务：

> （1）办理市、市辖区的人民委员会有关居民工作的交办事项；（2）指导居民委员会的工作；（3）反映居民的意见和要求。

---

① 庞玉珍：《中国社会结构变迁与新型整合机制的建构》，《社会科学战线》1999第3期。

《条例》第五条规定：街道办事处共设专职干部3—7人。但是，一段时期内，城市基层必须接单“单位制”解体之后的大量公共事务，面临的实际情况更加复杂，街道办的实际职能和工作人员也屡屡扩充。例如，1993年“北京市海淀区万寿路街道办事处机关总人数150人左右，日常承担的党政工作有103大项、274小项”①，这大大超过了一个“派出机构”所能承载的职责范围。

此后，经由1979年第五届全国人大二次会议通过，并经过1982年、1986年、1995年、2004年四次修正的《中华人民共和国地方各级人民代表大会和地方各级人民政府组织法》，对于街道办事处的职能设置并未有相应的调整。与街道办事处同时存在的，还有区政府的“条条延伸”：工商所、粮管所、房管所、派出所、税务所、司法所和环卫所等。20世纪80年代中期前，这些部门与街道办事处基本上是各自为政。

各级“条条”部门实际上的权力地位要高于街道办事处，它们往往代表区级政府实施管理，却难以与居民发生直接联系，很多情况下只好将任务布置给街道办事处，通过检查评比的形式督促街道办事处落实。与此同时，街道办事处需承接大量从单位溢出的社会职能，面对流动频繁的庞大人口和日益增加的居民权利诉求，它们没有相应的权力和资源来直接解决问题，只能求助于“条条”，等于在整个权力链条中处于最底端的位置，承担了“二传手”的功能，既没法与充当“监工”角色的职能部门讨价还价、又不能直接处理居民事务，积累了大量的条块矛盾。

第二，居委会承担的工作超越法律规定的范围。1954年12月31日，全国人大常委会第四次会议通过了《城市居民委员会组织条例》（以下简称《条例》），该《条例》于1980年1月19日重新公布，规定居民委员会的任务如下：（1）办理有关居民的公共福利事项；

① 万鹏飞：《中国大陆城市的街道行政管理体制——北京市海淀区的个案调查与分析》，《当代中国研究》1994年第3期。

（2）向当地人民委员会或者它的派出机关反映居民的意见和要求；（3）动员居民响应政府号召并遵守法律；（4）领导群众性的治安保卫工作；（5）调解居民间的纠纷。

根据《条例》，居民委员会一般以100户至600户居民为范围。1989年12月26日，第七届全国人大常委会第十一次会议通过了《中华人民共和国城市居民委员会组织法》，该法规定：居民委员会一般在100户至700户的范围内设立，居委会的基本职责扩展为六条：

> （1）宣传宪法、法律、法规和国家的政策，维护居民的合法权益，教育居民履行依法应尽的义务，爱护公共财产，开展多种形式的社会主义精神文明建设活动；
>
> （2）办理本居住区居民的公共事务和公益事业；
>
> （3）调解民间纠纷；
>
> （4）协助维护社会治安；
>
> （5）协助人民政府或者其他的派出机关做好与居民利益有关的公共卫生、计划生育、优抚救济、青少年教育等项工作；
>
> （6）向人民政府或者其他的派出机关反映居民的意见、要求和提出建议。

《城市居民委员会组织法》增加了协助政府工作的条目，等于为承担政府工作奠定了法制基础。

1987年，民政部提出开展社区服务业的工作要求。此后中央有关部门陆续发出《关于加快发展第三产业的决定》《关于加快发展社区服务业的意见》等，这些政策激活了居委会在社会福利事业中的功能。社区居委会开始成为与街道办事处同列的社区服务依托组织，主要“开展各种便民家庭服务、婚丧服务、初级卫生保健服务、文体健身娱乐服务、婴幼儿教育服务、残疾儿童教育训练和寄托服务、养老服务、避孕节育咨询、优生优育优教咨询、心理咨询等服务项目”。

这个时期，整个行政体系对于“单位制”解体后外溢出来的社会职能，还未有全盘的考虑，对于城市基层的权力调整也未有深入的设计。城市管理的责任顺着权力的序列逐层下移，越来越多的事务需要基层组织“接兜”，街道办事处和居委会组织常常处于“有责无权”的被动地位。

基层无权的事实，阻碍着市场经济和城市的发展。城市政府开始将掌握的权力部分下放给区—街行政组织，发挥基层的积极性。

二　制度变迁：城市政府主导的权力下放

城市政府，成为社区治理“第一轮改革”的制度供给主体，城市政府特别是基层政府成为制度实施的主体，改革过程显示出“政府主导”的特征。

（一）城市政府既是改革的制度供体又是实施主体

在中央政府并未有明确制度供给的背景中，“两级政府、三级管理”的制度经由沪、京等少数大城市政府探索成形，而后在其他城市逐步推广。此轮改革的重点是“城市政府向区政府、街道办放权”。

上海市是推行“两级政府、三级管理”的先行者。从上海市的实践来看，市政府（这里谈的是大政府概念）是推行此轮改革的“制度供给者”。1997 年 1 月 15 日，上海市第十届人大常委会通过《上海市街道办事处条例》，主要目的是“加强街道办事处的建设，发挥街道办事处的作用，密切政府与群众的联系”，规定了“街道办的性质、设立、变更或者撤销、职责、工作过程以及对辖区内条条的协调”。2000 年，上海市政府出台《关于进一步完善“两级政府、三级管理”体制的若干意见》，确立了“事权、财权下放与政策规范运作相结合，管理重心下移与财力适度下沉相结合，产业定位与政策导向相结合，规划协调与分类指导相结合”的原则，推行向区政府分权的改革。随后，上海市各区县政府在本辖区内落实市政府的改革意见，成为“向街道办放权”的制度实施主体。

北京市街道体制改革始于 1998 年，北京市委、市政府先后召开五次城市管理工作会议，将第二阶段的工作核心定位于将城市管理的重心下移，强化区县管理职能，继续推进街道改革，建立起具有时代特征和首都特点的科学、规范、高效的“两级政府、三级管理”新体制。1999 年，北京市政府制定了《北京市街道办事处工作规定》，明确规定“街道办事处是区人民政府的派出机关……在本辖区内行使政府管理职能”，并且明确其承担城市管理、社会管理、社区服务、居民工作 5 个方面 18 项职能。

其他城市紧随上海、北京等地改革的步伐，推行“两级政府、三级管理”体制的改革，为街道办和基层政府增权。例如，1997 年，在学习上海经验的基础上，武汉市委、市政府专门下发《关于完善市区“两级政府、三级管理”体制的实施意见》。

可见，城市政府既是“两级政府、三级管理”体制的制度供给主体又是制度实施主体。这种体制改革，主要借助城市政府的力量，通过制定法律、出台专门的“意见”和通知的形式，为街道办事处扩权和居委会建设提供制度依据。

（二）自上而下放权贯穿制度实施过程

除了城市政府向区政府放权以外，区政府也同时向街道办事处放权，街道办事处成为此轮改革的“获益”主体，其他“条条”向街道的干预在政策上受到限制。

例如，《上海市徐汇区人民政府关于进一步完善“两级政府、三级管理”体制的若干意见》（2004 年 1 月 1 日执行），明确了“三级管理”的目标：（1）确立街道办事处作为区政府派出机关在辖区内行使相应政府管理职能的地位，依据法律、法规界定街道办事处和区政府有关职能部门的职能分工，规范工作流程；（2）建立社区公共责任体系，切实解决“三级管理”中的制度性障碍，提高城市基层社会管理能力；（3）根据政府职能“强化、弱化、转化”的要求，全面推进社会工作职业化、专业化，满足市民多样化的物质文化需求。

在上海市徐汇区改革的四条基本原则中，有三条是关于进一步扩大街道办事处权力、强化“块”的资源整合作用的规定。该意见除了明确“街道办事处对辖区内的社区建设和管理行使组织领导、综合协调和督促检查职能，对区政府各职能部门在街道辖区内的依法行政情况行使调查权、监督权”以外，还规定：“除区政府已有规定外，区各有关部门拟请街道出资或向街道下达指标性任务的事项，须经区政府办公室充分协调后书面报请区政府批准”，这等于限制了区政府职能部门对社区事务的干预权力。

北京市的“两级政府、三级管理”管理体制改革，大致涵盖三个方面的工作：第一，将部分财权从市级下放给区县级，实行市区收入分税、财随事走，建立分税管理的财政新体制；第二，将部分市政管理权从市级下放给区县，范围是：环境卫生管理、园林绿化管理、房屋管理、市政道路管理和户外广告管理；第三，强化街道对辖区统一领导综合管理职能。由北京市委、市政府来部署“深化城市管理体制改革的任务”①。北京市的改革，确立了街道办事处对辖区管理负总责的地位，赋予了街道办事处对职能部门派出机构的领导权或统筹协调权，以及对辖区内管理机构工作的监督权和综合执法权。

在第一轮改革中，市级政府向区—街放权，充实“街居制”是改革的主轴。

三　制度效果：基层权能提升与行政化问题

第一轮社区治理的改革效果，凸显为街道办事处权力的扩增，这种改革提升了基层管理和服务的能力。不可忽视的是，在“街居制”内，社区行政化仍是一个有待解决的难题。

（一）街道办事处成为社区治理网络的核心主体

经过第一轮改革，街道办事处在“组织保障”“动员联合”和“组织嵌入”的合力保障下，成为社区治理网络的核心主体（见图3－1）。

① 张明非：《北京城实行两级政府三级管理》，《北京晚报》1999年12月25日。

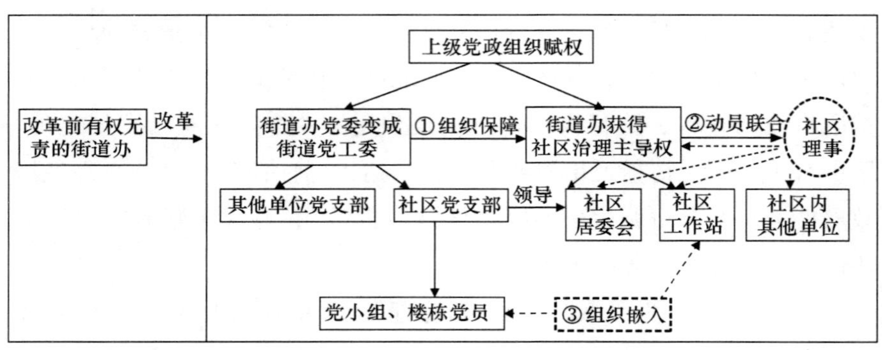

图 3－1　第一轮改革后街道办事处的增权情况

第一，街道办事处通过上级组织的直接授权得到了社区治理主导权。

"两级政府、三级管理"的管理体制，虽然更多地指向"向区政府放权"，但是在社区治理领域，则主要是回应街道办事处有权无责的问题，其结果是街道办事处部分权力的坐实。

从第一轮改革的结果来看，街道办事处被授予"部分城区规划的参与权、分级管理权、综合协调权、属地管理权。这些授权中，以第三项综合协调权至关重要，它使街道办成为街道行政权力的中心。虽然条块在街道上并不是单纯的领导与被领导的关系，但是协调权能使权力在街道办内稳定下来，减少了社区内权力空白"①。

第二，街道党组织地位的提高为街道办掌握社区管理主导权提供了组织保障。

从 1989 年开始，各地陆续将仅对街道办事处内部和社区党支部发挥作用的党委，改为区党委的派出机构——党工委，派出所所长等"条条"机构在街道办事处的负责人被任命为街道党工委委员。街道党组织领导地位的提高，强化了街道办事处在辖区内的权力中枢

① 朱健刚：《城市街区的权力变迁：强国家与强社会模式》，《战略与管理》1997 年第 4 期。

地位。

虽然中共中央办公厅、国务院办公厅《关于转发〈民政部关于在全国推进城市社区建设的意见〉的通知》（2000 年）中要求，街道党工委在社区建设中不再干预行政具体事务。但是，事实上，街道党工委经区委授权仍然在其辖区享有重大事项的决策权、干部任免权、党风政纪监督权、基层党组织和党员的管理权。这意味着党工委仍然在社区建设中处于政治领导地位。此外，街道党工委还将工作重心下移，在居委会辖区设置基层党支部，在社区成立大党委，甚至通过网格化管理体制，在楼栋和小区内成立党小组、设置联络人，更强化了其在社区治理中领导核心的地位。

第三，街道办事处在“居改社”之后，获得了辖区内动员和联盟的主导权。

2000 年前后，部分大中城市开展“居委会改社区”的改革，随着“居改社”的体制变革，很多地方进行了社区层面议事、协调组织的重组，成立了诸如社区理事会、社区管委会等机构，引入了社区共建等机制，其目的是扩大社区各主体的参与范围，整合社区建设资源。

但是，这些机构基本上都是由街道办事处发起组织的，委员由驻地单位负责人、居委会负责人、街道办事处负责人等组成，其中，大部分人仅具有对社区事务的建议权，并不具备决策权。这也就是说，街道办事处不但成为辖区内社区事务倡议联盟的发起人和组织者，而且掌握了社区事务动议权和资源动员的主动权。

在各地随后的实践中，行政组织继续向下延伸，在社区居委会之外成立“社区工作站（服务站）”，它通过自上而下向基层社区延展工作网络、提供公共服务，强化了街道办事处在社区资源配置和公共管理中的核心地位。

经过改革，街道办事处的权力得到扩充，成为本区域社区事务的总协调者和负责人，在社区治理中占据主导地位。

（二）城市基层管理和服务实效得到提升

街道办事处管理权限得到加强，利于街道办事处协调和整合资源处理社区管理事务。

各级政府加强向基层城市管理的人力、财力和物力投入，有效改善了社区基础设施，提高了基层政府的行政效率，利于解决社会问题；同时，城市政府将管理重心下移，充实了街道办事处的权责，提高了社区管理的专业化水平。这样一种机制的调整，使得城市管理贴近管理对象，又凸显出综合治理的优势。

截至2000年底，全国城镇社区共有服务设施18.1万处，比1990年增加了9.6万个；各类社区服务中心12674个，比1999年增长66.3%；全年开展社会服务活动2076.1万人次，比1999年增长71.9%。全国每万城镇人口拥有社区服务设施4个；每十万城镇人口拥有社区服务中心2.8个，社区服务活动的广泛开展，提高了城镇居民的生活质量，并为城镇下岗职工实现再就业创造了条件。[①]

（三）“社区工作行政化”的后遗症

在社区治理层面，“两级政府、三级管理”的改革，意在解决街道办事处有权无责的情况，“街居制”中的另一主体——居民委员会，并不在第一轮改革的对象之列。并且，第一轮改革对于街道办事处“有责无权”的纠正，重点在“增权”而非“减负”，基层行政事务与社区管理任务庞杂的问题仍未得到解决。

很多“条条”负责的工作仍然通过行政命令、费随事走等形式将工作转移给街道办事处处理。街道办事处的很多事情处理不好就要“挨板子”，对于“条条”并无实质上的监督权。承担了过多职责的街道办事处，同样以自上而下的方式将庞杂的行政事务“二次转移”给社区，把居委会转化成自己的腿脚。因而带来了社区工作行政化、居委会超负荷运转等问题。

---

① 《2000年民政事业发展统计报告》，2001年4月3日，中华人民共和国民政部网站（http：//www.mca.gov.cn/article/sj/tjgb/200801/200801150093959.shtml）。

在一些地方，街道办事处成为社区治理的唯一主体，居委会不过是街道办事处在社区的分支机构，成为执行街道办事处指令的单元。为了激励社区工作人员，街道办事处名义上引入费随事走等机制，给社区工作人员相应报酬，社区自治空间却被压缩，不利于合作共治的形成。

第四章　第二轮改革："居站分设、政社合作"的试验

2000 年，是中国社区建设元年。中共中央办公厅、国务院办公厅转发了《民政部关于在全国推进城市社区建设的意见》（中办发〔2000〕23 号），这标志着中国城市社区建设工作全面铺开。

当时的社区建设政策，展现出突破"街居制"行政化的努力，凸显出调动社会力量参与的积极性。1999 年，时任民政部副部长李宝库在全国社区建设实验区工作座谈会上指出，社区建设已从以前的"以行政化手段管理为主，变为党的领导下、居民依法自治、自我管理为主"。2000 年，李宝库在《红旗文稿》上发文，指出社区建设"是借鉴国外经验、推动经济社会协调发展的必然要求"，提到 20 世纪 50 年代联合国推动的"社区发展计划"，强调"政府和社区组织通力合作解决社会问题"的做法。①

1999 年，民政部出台《全国社区建设试验区工作实施方案》，提出要"推进街居工作社区化、社区工作社会化"，在"组织、管理体制"中提出"社区自治、议行分设"的原则，这些理念放到今天也不过时。经过理念传播和政策宣导，中国展开了社区治理的第二轮改革。

---

① 李宝库：《关于社区建设的几个问题》，《红旗文稿》2000 年第 2 期。

第一节　第二轮社区治理改革的四种模式

社区治理的第一轮改革，明确了"街居为体"的管理体制，但仍未解决"社区行政化"等问题。社区建设全面展开后，不少城市陆续进行了改革，推出了多种"居站分离、政社合作"的模式。

一　街道社区化模式

一些城市在街道层面取消街道办事处、设置大社区，区级政府将"条条"的行政权力从社会领域剥离、上收，推动政社分开和政事分开，形成在党组织的领导下，社区自治组织、社区行政服务组织分开的架构，虽然在各地推行的模式不一样，但是大体体现了这种内核（见图4－1）。其中，社区党工委是社区治理的领导核心；社区代表会议的执行机构是社区居委会，承担社区自治事务；社区行政服务中心则执行政府单位的行政命令，为社区居民提供公共服务。居委会依法开展自治活动，居委会负责人参加各社区议事会（代表会议）。

图4－1　街道社区化的组织结构

（一）青岛、南京等地的探索

2001年，青岛市推出街道体制改革的产物"青岛浮山后模式"，不再设置街道办事处，而是建起了"一个核心、三套工作体系"的社区管理体制。"一个核心"即"社区党工委"，作为青岛市市北区委的派出机构，是所辖区域内多种组织的领导核心；"三套工作体系”：一是承担社区自治功能的“社区委员会”；二是承担行政事务工作的“社区事务受理中心”，由区政府职能部门的派出人员组成，承接社区中的行政事务；三是社区服务工作体系——“社区服务中心”，负责社区服务的组织、管理和协调，开展便民利民的服务活动。[①]

但是，这种模式并未持续很久。2007 年 12 月，根据青岛市市北区区委、区政府关于街道行政区划调整工作的意见，浮山后社区事务受理中心与邻近区域合并，更名为浮山新区街道（社区）办事处，重新恢复街道办体制。

2002 年，南京市白下区开始创造条件逐步撤销淮海路街道办事处，建立淮海路社区行政事务受理中心，强化党工委工作和社区自治功能，探索和完善城市基层社会管理体制改革。[②] 但是，2009 年，白下区在全区范围内进行行政区域调整，淮海路社区被划归五老村街道，重新恢复了街道办体制。

（二）北京鲁谷街道社区化改革

2002 年 8 月，北京确定了 22 个街道作为改革试点。2003 年 7 月 18 日，鲁谷社区正式成立，开始进行“街道社区化”的改革。鲁谷社区位于北京市石景山区东部，辖区面积 7 平方公里，下辖 21 个居委会，常住人口约 6 万人，流动人口 3.4 万余人。社区管理体制的思路就是强化社区民主自治功能，弱化政府对社会事务的管理职能，转化政府面向市场的职能，理顺政府、社会、市场在社区建设中的关系。[③] 根据《石景山区委、区政府关于组建鲁谷社区管理工作机构的意见》，鲁谷社区构建了“三套工作体系”：

---

① 窦泽秀等：《街道体制改革与城市社区治理模式变迁研究》，2008 年 10 月，民政部网站（http://mzzt.mca.gov.cn/article/hxsqyth/zbkt/200810/20081000020646.shtml，2008-10-13）。

② 朱勇、程晓：《白下区淮海路社区——撤销街道办事处建立社区新体制》，《中国民政》2003 年第 4 期。

③ 《北京市海淀区鲁谷社区街道管理体制改革情况》，中国发展和改革委员会网站（http://www.sdpc.gov.cn/tzgg/zhdt/t20060418_66708.htm，访问日期：2013 年 10 月 28 日）。

（1）鲁谷社区党工委。作为区委的派出机构，对辖区内地区性、社会性、群众性工作负全责。

（2）鲁谷社区行政事务管理中心。作为区政府的派出机构，对辖区城市管理、社区建设及社会事务实施管理、协调、指导、监督和服务。

（3）鲁谷社区代表会议及其委员会。作为代表鲁谷社区广大居民和社会单位利益的群众性自治组织，承接政府剥离出来的部分社会事务，监督政府依法行政。

北京市鲁谷街道社区化改革的结果如下。

第一，区职能部门的行政管理职能上收和调整。

石景山区对不应由社区承担的劳动监察、居民私房翻建审批、殡葬管理执法等9项职能进行了剥离，归还给区职能部门，实行"条专到底"；将城管分队原双重领导体制改为职能部门垂直领导；对社会事务进行了内外调整。把过去由政府直接管理的文、教、体、卫等6项社会事务，交给社区民主自治组织和社团组织承接。

通过改革，鲁谷社区将内设机构由传统街道的17个科室，改为4个工作部门：党群工作部、社区事务部、城市管理部与综合办公室，机构数量减少了73%；公务员编制比当时一般的街道编制（90人左右）都小，减少为39人；处级干部职数6人，比同类街道减少了40%，每年节省行政开支200多万元。

第二，社区行政事务管理中心主要承担社区内部事务。

改革之后，社区行政事务管理中心（简称社区中心，挂"北京市石景山区人民政府鲁谷街道办事处"牌子）的职责改为6项。除了贯彻法律、承办区委区政府交办任务2项职责以外，社区中心主要负责辖区内的社区建设：

（1）辖区行政及有关社会事务职责。负责辖区社区建设；负责检查督促居民区、街巷的环境卫生和绿化美化工作；负责辖区民政、残联和红十字会工作；负责辖区计划生育工作。

（2）辖区城市和社会管理工作职责。协助有关部门做好辖区内城市管理工作；对居住小区的物业管理进行指导监督和检查；协调、监督有关职能部门派出机构或专职人员的行政执法工作；组织对政府职能部门派出机构或专职人员的工作进行考核和民主评议。

（3）社区自治和居民工作职责。指导并保障社区委员会依法开展社区自治工作；指导、协调辖区内社区文化、社区体育、社区教育、社区卫生；指导培育辖区中介组织建设等。

（4）辖区单位和社区居民职责。制定社区服务发展规划，发展社区服务设施；协助有关部门积极兴办社会福利事业；为区域经济发展提供服务；组织社区志愿服务等。

第三，社区居民自治组织“议行分设”。

鲁谷社区成立了北京市首家街道层面的社区代表会议，选举产生了社区代表 233 名，制定了章程，并由驻区知名人士和居民代表 37 人组成了社区委员会，建立了议事、协调机构——社区委员会和执行机构——社区委员会办公室，体现了“议行分设”原则。

居民自治组织在党的领导和政府的指导下，在街道层面上进行了民主自治。2004 年，鲁谷社区管理体制改革模式在石景山区其他 8 个街道得到了推广，并且被部分省市借鉴。

但是，鲁谷社区改革一年之后，社区代表会议的“决策权”已不再被提起，取而代之的提法是“政府的辅助和帮手”。而且其行政编制压缩也是建立在“身兼数职”的基础之上，这种机制能持续多久仍然是个问题。

2011 年 8 月，石景山区委办向辖区内的原街道下发通知，就街道职责、内设机构和人员编制进行调整，重新回到街道办体制。例如，八角街道在调整后，党工委、办事处设14个内设机构（见表4－1），党政机构行政编制达67名。

表4－1 北京市石景山区八角街道内设机构

街道党工委部门	街道办事处内设机构
①工委办公室（挂人大街道工委办公室牌子） ②组织部 ③宣传部 ④社会治安综合治理办公室（挂流动人口和出租房屋管理办公室牌子） ⑤工青妇联合办公室（含工会、团委、妇联） ⑥人民武装部	①行政办公室（挂应急管理办公室、信访办公室牌子） ②民政科（挂住房保障办公室牌子） ③城市建设管理科（挂民防办公室牌子） ④文教体卫办公室 ⑤人口与计划生育办公室 ⑥社区建设科 ⑦安全管理科 ⑧财政科

（三）贵阳市街道办的"撤与建"

贵州省贵阳市的改革更加积极，在全市全部撤销街道办。

贵阳市在对北京、南京、珠海、沈阳等地考察的基础上，出于减少行政层级、强化公共服务的目的，推行了撤销街道办的改革。一位当时改革的领导者回顾了改革的初衷：

> 当时的街道办事处已经变成了"二传手"，是政府的派出机构，区政府是完整的。但是实际上做事是居委会，而居委会是弱化的，没有人也没有钱。人员都是兼职的，甚至都是些老太太，没有学历。当时的基本思想就是把街道办事处这个"二传手"撤掉，然后把政府的行政资源延伸到社区。（XSJ，2016年8月15日）

2010年，贵阳市开始分别在小河区（后并入花溪区）、金阳新区试点，撤销街道办事处，成立新型社区服务中心。2012年，贵阳市撤销了49个街道办，建立了90个新型社区，设立了社区党委和社区服务中心。

原街道办事处行政审批、执法管理等职能收归区政府相关部门，属于区政府部门的公益性、群众性社会管理职能下沉到社区服务中心。

在组织架构层面，贵阳市形成了“一委一会一中心”的形式，即社区党委、居民议事会、社区服务中心，相关组成部门比原来的街道办事处设置精简。例如，花溪区明珠社区设综合办公室、党政工作部、群众工作部（综治维稳部、流管中心、社区戒毒康复站）、社会服务部（便民利民服务大厅）、网格管理办公室、城市管理部、经济服务部，划分了37个网格，事业编制为28人，所有社区工作人员70人。2013年贵阳市人大通过的《贵阳市社区工作条件》规定其改为社区后的主要职责为：

（1）负责社区内的民生保障、社会治安、计划生育、城市管理、人力资源、教育、卫生、体育、统计、民政、科普、老龄、残疾人、民族宗教、侨务和流动人口管理等社会综合管理事务。

（2）协调社区内的社会管理综合治理、精神文明建设、国防教育、信访维稳、社区矫正和禁毒等综合性管理事务。

（3）配合政府相关职能部门做好社区内涉及公安、工商、税务、安全生产、劳动监察、市政建设、市容环境、物业管理、绿化、环保、水务、交通、质监、食品安全、文化市场监管、森林防火、抢险救灾、应急和消防等社会专业管理事务。

（4）宣传、贯彻、执行法律、法规和政策。

（5）为社区居民提供与其生活密切相关的政务、生活和文化等方面的公共服务，组织开展多种形式的便民、利民服务。

（6）指导社区内居（村）民委员会依法开展自治活动，组织社区居民、驻社区单位和社会组织共同参与社区建设和治理。

贵阳市的改革，促使街道办的职能发生重大改变，社区（街道办）工作从以服务经济为中心转向以民生重心。

但是，这种改革还面临相应的困难：第一，街道办事处转制为事业单位之后，缺失了行政执法权限，无法快速解决基层执法的问题，特别是在基层拆迁、招商引资方面，缺乏抓手；第二，在讲究官级的体制内，一些需要社区（街道办）对上协调的事情，往往会遇到一定的困难；第三，街道被撤销后，原来的经济职能弱化，财政上与上级政府的分成被取消，街道的财政受到影响，工作人员收入缩减；第四，社区（街道办）虽然具有考核"条条"部门的权力，但是，在地方紧密的执法网络中，正式机制往往还遭遇"人情"等非正式机制的冲突。比如，一位社区书记就讲道：

> 中国的管理讲究感情，我们社区对执法部门考核，如果总是考核执法部门不合格，那也行不通。（MSQ，2016 年 8 月 15 日）

全面改革 8 年之后，2020 年初，贵阳市决定强化基层行政管理层级，在全市恢复设立 60 个街道办事处。

（四）其他城市街道办的改革情况

除了上述各地以外，全国其他地方也陆续出现了类似类型的改革，但是成效不一（见表 4 - 2）。2013 年，西宁城东区试点城市社区服务体制改革工作，撤销 7 个街道办、设立 12 个新型社区，到 2018 年 12 个社区全部恢复为街道办。2014 年，贵州省六盘水市钟山区、六枝特区全面启动撤销街道办（镇）、设立社区服务中心的工作，2019 年，又改回街道办事处。

表 4 - 2　**各地街道办改革的情况（截至 2020 年 2 月）**

地区	撤销街道办情况	后续结果
青岛市市北区	2001 年撤销浮山后街道办	2007 年恢复街道办
南京市白下区	2002 年撤销淮海路街道办	2009 年恢复街道办
北京市石景山区	2003 年撤销鲁谷街道办	继续运行，但被称为"不是街道办的街道办"
	2004 年全区取消街道办	2011 年恢复除鲁谷外的街道办

续表

地区	撤销街道办情况	后续结果
贵州贵阳市	2010 年小河区等试点 2012 年全市取消街道办	2020 年全市恢复（新增）街道办
安徽铜陵市	2010 年铜官山区撤销街道办 2011 年撤销全市街道办	继续运行
西宁市城东区	2013 年撤销街道办	2018 年恢复（新增）街道办
贵州六盘水市	2014 年撤销街道办	2019 年恢复街道办

安徽省铜陵市于 2010 年 7 月在铜官山区撤销了全区 6 个街道办事处，将原 49 个社区合并为 18 个大社区，至 2011 年撤销全市街道办，因此被列为全国城市社区治理和服务创新试验区。就全国情况来看，除了铜陵市继续运行“区直管社区”模式以外，其他地方的改革均走了回头路。

二 组织下沉的模式

一些城市在社区治理体制第二轮改革中，依靠党政组织向社区下沉的形式，推动党政组织与居民衔接。这种模式主要体现为网格化管理和党组织下沉两种形式，至于说在社区建立工作站或服务站，我们将其列为“行事分离”模式。

（一）网格化管理

网格化管理是在各地逐渐扩展的一种形式，主要是由政府将辖区划分为若干单元网格，而后聘用若干网格员，加强对网格单元巡查，从而及时发现、处理问题的方式。这种管理方式一般借助网络平台进行，一些发达地区还给网格协管员配备了平板电脑，在社区居委会或社区工作站配备了网络电脑终端。

中国城市网格化管理的先行者是北京市东城区。该区从 2004 年 4 月开始，创建了数字化城市管理新模式，通过搭建城市管理信息平台，采用“万米单元网格管理法”和“城市部件管理法”相结合的方式，实现城市管理的信息化、标准化、精细化和动态化。后来，涉及城市管理的各个"条条"陆续借助这种便利，添加本身的工作内容。

截至2011年，东城区全区被划分为589个社会管理网格。每个网格配齐网格管理员、网格警员、网格助理员、网格督导员、网格支部书记、网格司法人员六类人员，分别承担网格内社情民意、维护治安秩序、环境监督整治、排查化解矛盾、落实社区矫正和安置帮教以及服务群众等职责。北京市东城区网格化管理的模式迅速被其他城市所学习和借鉴。

例如，长沙市开福区将全区16个街道、107个社区划分为473个网格，在每个网格配备了党支部书记、民情员、监督员、治安员、管理员，建立了区指挥中心、街道分中心、社区工作站三级平台，形成了区、街道、社区、网格四级管理格局，将城市管理、社会治安、人口管理、公共服务等8大项、39中项、147小项综合职能前移到网格。整个网格化管理实施"发现上报、指挥派遣、处置反馈、任务核查、考核评价、事件归档"六步闭环工作法。

再如，湖南省岳阳市岳阳楼区以300—500户为单元，将全区107个社区划分为652个网格，每个网格配一名网格员，网格员负责巡逻、采集信息、上报问题、代办服务等工作（见表4－3），网格单元与公安、计生、城管等传统网格单元相衔接，可以较快地反映信息、解决问题。

表4－3　**湖南省岳阳市岳阳楼区网格员职责**

类型	内容
采集录入	采集录入人口、房屋、事件、城市部件等各类基础信息
发现上报	及时排查上报矛盾纠纷、不安定因素、安全隐患等各类动态信息和城市管理、环境卫生、城市部件缺损等情况
协助代办	协助社区及相关部门救治、管控肇事肇祸精神病人，协助公安、司法行政部门对服刑在教人员、刑满释放人员、社区矫正人员等进行帮教和管控，帮助空巢老人、孤寡老人、残疾人、留守妇女儿童等特殊群体代办相关部门延伸到社区的公共服务事项
组织参与	组织协调网格内服务管理资源和力量，对网格内一般事务进行处理，参与和配合网格内的重大问题处理
督导反馈	根据指令，及时核查、反馈相关职能部门解决问题、处理事件情况，督导职能部门认真履责

网格化管理，主要是依靠原有组织延伸进入更微观的单元，有加强基层管理力量、减轻居委会负担的考量，在市容、环卫等一些问题的解决上可以立竿见影，效率很快。但是，一些地方将各级职能部门的干部、居委会工作人员编组入网，时间一长，要么不堪重负，要么走向形式化。而且对于一些棘手的问题（例如业主维权、物业纠纷等）仍然无能为力。

总体来看，网格化管理虽然体现了政府的服务意识，却依然凸显出“自上而下”和“行政全能主义”的逻辑。社会治理一旦过度依赖科层化系统，会将政府置于“保姆”地位；同时，又会因为缺乏对社会力量的重视，使社会自我解决问题的空间受到挤压，参与式治理的力量难以发育。

（二）党组织下沉

面对基层社会的分化和社会问题的增多，一些地方开始探索党组织下沉的方法，将矛盾在更小的单元解决。

2001 年，深圳市南山区推行改革，主要是以党组织和人大代表等体制内资源的激活为特征。其一，实现党组织全覆盖，实行党员属地化管理，党员和公职人员挂点社区，实行“党员责任区”制度，做到党员负责家庭、党小组长负责楼栋、党委（总支）委员负责小区、社区党委（总支）书记负责社区，南山区动员上百名党员和国家公职人员竞选业委会委员，动员上千名党员和国家公职人员担任楼栋长；其二，推动“两代表一委员”进社区，创建了街道人大代表工作室和社区人大代表联络工作站，定期接待群众来访，及时将群众反映的问题提交政府职能部门解决，及时反馈处理结果。

随着商品房小区的扩展及物业纠纷的增多，一些地方通过党组织的下沉来统合小区治理。2017 年，厦门市委出台《党建引领小区治理实施意见》，在街道成立小区治理领导小组，在小区建立党支部，领导小区治理；明确在职党员向小区党支部报到，参与小区治理；小区所有党员均进入支部，以楼幢分布设立党小组；将干部在小区的表现作为政治考核内容，将党建引领小区治理纳入文明创建考评。

在成都市，全市25.6万余名社区直属党员的教育管理被细分到所在小区，引导7.9万余名在职党员在小区亮身份。到2019年5月，成都市已经有33.6%的小区建立了党组织，小区党组织推动筹备和改选业委会1254个，小区党员领办各类兴趣型自组织和志愿服务组织1959个。自2017年开始，成都市还开始在社区成立党组织牵头的"社区环境和物业管理委"，人员设置包括居委会委员、社区居民代表、社区议事会成员、居民小组长、党员骨干等9—11人，其中至少5人以上为党员。主要是督促业主委员会履行职责、业主和物业服务机构依法履约。

2018年，深圳市福田区出台《关于进一步加强住宅小区党组织建设的通知》，2019年又出台《深圳市福田区关于进一步深化住宅小区"党建+物管"试点改革的实施意见》，将持续推动住宅小区建立党支部；暂不具备条件成立党支部的住宅小区，由街道党工委指导各社区党委向住宅小区选派党建指导员，试点设立党建指导员办公室，作为党支部成立前的过渡形式。

上述各地的探索，虽然在调解社区矛盾方面有一定效果，但是也面临一些实际问题。有学者直指"还在用'单位制式'管理的思维和方式来回应社区的变化，这是当今社区治理现代化转型所面对的根本问题"①。除此以外，在具体的运行中，党组织下沉还面临"党员老龄化严重，党员不愿意亮身份，青年党员很难发挥示范作用，组织下沉经费和场地配套不足"等难题。

三　行事分离的模式

为了分解基层组织压力，优化公共服务供给，一些发达地区推动行政事务与社区居委会分离。根据社区治理的主体层级，可以划分为两类。

（一）街道层面成立中介组织

在街道办层面，由政府出面成立社会事业单位，作为行政组织转移

① 周庆智：《基于公民权利的城市社区治理建构——对深圳市南山区"单位制式"治理的制度分析》，《学习与探索》2015年第3期。

社会事务的载体。

北京市广外街道办原承担 140 多项任务，2001 年街道办成立“5 中心 2 所 1 站”（社区服务中心、社区文体中心、社区民事调解中心、社区计划生育中心、社区卫生管理中心、环境卫生所、社会保障所和绿化站）8 个社区中介组织，将其中 100 多项直接面向居民和社区单位的社区服务或服务性管理工作，通过承包或直接下拨的方式交给这些中介组织。[①]

北京市和平里街道把社区服务、社区卫生、社区文体、社区教育等社会公共服务事务，交给社区服务管理中心，建立了社会公共事务服务与管理的新运行机制。[②] 广州市从 2010 年开始试点在街道层面成立“社区综合服务中心”，后改名“家庭综合服务中心”，采取购买社工服务的方式，引入社会工作者进驻，面向整个街道提供帮扶“老弱病残”等服务项目。

（二）社区层面成立工作站

一些地方在社区层面设置社区服务站或社区工作站（以下均称“社区工作站”）等延伸组织，由其承接政府行政功能。

2002 年，深圳市盐田区最早实行“议行分设”，在社区建立社区工作站，政府职能和公共服务功能从居委会中剥离出来，分别由社区工作站来承担，居委会履行自治功能，以此理顺政府与社区关系。

2005 年，盐田区将原来属于居委会内设机构的社区工作站收编为街道办事处的派出机构，接受街道办事处垂直管理。2006 年，深圳市印发《深圳市社区工作站管理试行办法》，规定在全市以 6000—10000 户为标准建立社区工作站，每个社区工作站配备 5—15 名工作人员，由政府承担工作人员劳酬。

与此同时，社区工作站被定性为民办非企业，执行社区居委会决议，

---

① 冯玲：《治理理论视角中的我国城市社区自治》，《海南大学学报》（人文社会科学版）2003 年第 2 期。

② 王维国：《城市基层管理体制改革的路径与模式选择——以北京市为例》，《新视野》2009 年第 5 期。

开展社区服务，由政府，"每年等额购买图书阅览、老人活动、残疾人康复、特困居民救济等公益服务项目，社区居委会主要采取自治方式运作"①，社区居委会依法自治。

据不完全统计，改革后，盐田区行政工作财政支出每年减少600多万元；安全文明小区覆盖率达95%以上；为90%的社区居民建立了健康档案；1998年至2007年，社区民间组织由1个发展到45个。②

"行事分离"的方式在第二轮改革中有所推广，本书第五章所选取的宁波市海曙区、广州市越秀区、武汉市江汉区、青岛市市南区（八大湖街道），分别于2003年、2007年、2008年、2011年全面推开此类改革。

社区工作站的工作方法，在一定程度上实现了行政事务与自治事务的分离，减轻了社区居委会的负担。但是，大部分推行这种改革的城市，在人员和财力不足的情况下，走上了名义上分离、实际上"居站合一"的路子：在人员配备上，社区居委会主要负责人兼任社区工作站或服务站的负责人，领取政府拨付的工作津贴。此外，另一个意外的后果是，如果社区工作站承担大部分行政、服务事项，居委会的权威性可能会受到相当的冲击。深圳市一位居委会主任就讲道：

> 把什么工作都交给社区工作站去做，那居委会还做什么？居委会的权威在哪儿？居委会连号召力都没有了，因为大家用不着居委会、用不着党支部了。（SSQ2，2014年4月12日）

四　政社合作的模式

政社合作模式是第二轮社区管理体制改革的亮点，有的地方着重推动政府与社会组织的合作，有的地方引入"三社联动"承担社区治理

---

①　卢爱国：《分开与综合：社区体制改革的基本向度》，《三峡大学学报》（人文社会科学版）2008年第5期。

②　卢爱国、陈伟东：《社区行政化的反思：现实与抉择》，《内蒙古社会科学》2008年第2期。

项目。

（一）以社区需求为导向的项目合作

所谓项目制合作治理就是指政府、社区居委会与民间组织合作开展的治理项目。

2003年，宁波市海曙区实施“选聘分离制度下的街道和社区参与式合作治理”项目，海曙区望春街道是中国第一个在街道层面实施政府和社会合作的组织。此后，宁波市海曙区扩大项目合作的范围，通过项目制培育和提高居民参与社区公共事务的能力。

项目合作改变了过去自上而下的治理方式，形成以社区需求为中心的自下而上的政社合作。其操作方法是，社区各类组织、社区工作人员、社区常住居民，针对居民需求建立解决需求的项目报告，以招标竞争的形式向街道提出项目申请；街道提供资金支持、审批和监督项目实施并评估项目成效。

在项目制合作治理过程中，政府各职能部门不得以行政命令的方式向社区居民委员会派任务、下指标；对涉及社区居民委员会共作的事务，政府职能部门要充分尊重居民委员会的自主权，支持和帮助社区居民委员会实行自主管理；居委会对不属于职责范围的事项或不具备工作条件的任务，有权拒绝接受或办理。

类似的项目制，还有2010年后各地有所扩展的“社区营造”行动。从2013年起，佛山市顺德区选取试点推进社区营造。2016年，成都市在全市开展社区营造，其特点就是以“社会组织为载体，引导居民组织化参与社区公共事务”。武侯区是成都第一个推动社区营造的县区，2016年，武侯区民政局拿出80万元在8个社区试点。2017年，这一经费为110万元。2018年，这一经费增加为400万元。此外，市民政局也面向全市设立社区营造项目。

（二）向社会组织购买公共服务

向社会组织购买公共服务，引入“三社联动”（社区、社工和社会组织）机制，日渐成为各地广泛采用的社区治理方式。

2000 年,上海市卢湾区等 6 个区 12 个街道推行政府购买公共服务,依托养老机构开展居家养老的试点工作。2004 年 2 月,在市政府的主导和推动下,三家民办非企业性质的社团组织建立。禁毒、社区矫正、社区青少年事务的管理工作,通过政府购买服务,由三家社团聘用社会工作者来承担。从 2009 年起,上海市民政局每年通过统筹福利彩票资金、市区(县)两级配套,引入按项目招投标和创投方式,购买社会组织在扶老、助残、济困、救孤、优抚等公益领域的服务。

2007 年,佛山市南海区罗村街道出资 70 多万元向 4 个社会组织购买“居家养老服务、青少年综合服务、家庭及社区综合服务、社区康复服务、综合服务咨询求助热线、社区发展研究和社区网站的管理”六大项约 50 小项服务项目。2011 年,佛山市南海区出台《佛山市南海区人民政府购买社会组织服务办法》,将部分公共服务委托社区居委会组织社会力量承担。2012 年,佛山市印发《佛山市政府向社会组织购买服务实施办法》,通过合同的方式,将政府直接承担或通过事业单位承担的公共服务事项,交由社会组织来完成。公共服务事项包括“社区事务、养老助残、社会救助、法律援助、社工服务、社会福利、慈善救济、公益服务、人民调解、社区矫正、安置帮教和宣传培训等”。

2014 年 3 月,成都市武侯区探索将 139 项政务服务从社区剥离出来,采取政府购买服务的方式下沉到全区各社区,由竞争性方式产生的社会组织承接办理。购买服务经费,是根据社区实际户数、院落性质等情况核定,分为社区自治院落、单位院落、物管院落和涉农社区散居院落四大类,标准为 50—100 元/户。

2013 年 9 月,国务院办公厅发布《关于政府向社会力量购买服务的指导意见》,我国各地“向社会组织购买服务”的社区治理方式进一步扩展。

总体来看,政社合作的方式“有利于政府的角色转型,降低了财政成本,提高了公共服务质量,培育了民间组织成长的社会空间,累积了社会志愿资源”,但是也存在诸多问题:第一,购买行为“内部化”,民间组织变相成为政府部门的延伸；第二，政府责任较为模糊；第三，民间组织缺乏足够的谈判能力；第四，购买程序制度规范程度较低，合作过程随意性较大；第五，服务评价和监督体系缺失，服务成本难以控制；第六，缺乏公众信任，形成购买过程中的额外成本。[①]

第二节 第二轮社区治理改革的制度分析

中国城市社区治理的第二轮改革虽然在不同地区有不同的版本，但是，一个共同点就是力图破解基层工作压力大、社区工作行政化的难题。

一 环境条件：经济社会大变局与职能转变

与第一轮改革面临的环境相似，进入21世纪的中国仍然处于城市化、现代化进行时，经济社会发展不但面临大转型，同时积累了社会治理改革的巨大能量。

（一）城市化加速，社区压力激增

与第一轮改革的环境相比，中国城市化、工业化速度更快，积累的力量能级越大，形成的矛盾冲突更多。

1. 城市人口更多，流动人口规模更大

在21世纪的头十年，中国城镇人口年均增长2067.4万，城市空间涌现出大量的“流动人口”。以北京为例，截至2010年11月1日，共登记常住人口1961.2万，其中，外省区市来京人员704.5万，占常住人口的35.9%，他们都属于跨省区市的“人户分离”人口。2013年，中国31个省份人口中，离开户口登记地半年以上的人口为2.6亿。

城市化和工业化本身使各类社会阶层向城市空间的集中，也肯定会产生各种利益需求甚至摩擦，增加社会服务和社会稳定的压力。

---

① 王浦劬、何艳玲、李风华：《中国政府向民间组织购买公共服务问题研究》，2015年12月30日，中国社会组织公共服务平台网（http://www.chinanpo.gov.cn/700109/92644/newswjindex.html）。

"这些新增社会事务，自然而然沉淀到社区。因此，必须加强社区整合机制，提高社区对内外环境或结构变动的适应能力，使其更好地发挥整合功能，将各种社会群体纳入社区服务与管理范畴，为社会稳定和发展服务。"[①] 这意味着，第一轮改革面临的背景仍在深化发展，社区面临的问题非但未得到解决，而且形势更加严峻。

2. 社区规模扩大，公共管理压力激增

其一，社区的规模、体量普遍偏大。大多社区超过之前法律规定的700户的规模，特别是伴随高层住宅小区的快速扩展，一些社区动辄超过1000户。例如，广州市番禺洛浦社区的丽江居委会，一个居委会辖内有12088户46000余人。截至2010年末，广州市天河区共设有200个社区居委会，其中规模为2000—3000户的为56个，3000户以上的有74个。成都市武侯区现辖13个街道、87个社区，平均每个社区管辖超过2万人。

长沙市湘江世纪城小区商品房数量约20000套，居住人口约15万人；号称亚洲第一楼盘的贵阳市花果园社区规划入住人口20万，能够容纳居住50万人，居委会工作人员与服务人口比例达到1∶900；北京市天通苑、回龙观两大片区居住人口超过94万，每天堵车8小时，其中，天通苑北街道有9个社区，常住居民在5000户左右的超大型社区有6个，天通北苑第一社区常住居民户数达到5806户，常住人口15389人，但社区工作人员仅9人，平均每人服务2564位居民。大型社区还会聚集大量的外来人口、商业人群，人口规模的增加给社区管理带来了巨大的挑战。[②]

其二，社区行政化压力加重。与此同时，第一轮改革中对于"社区行政化"的问题并未解决，在基层公共管理任务加重的同时，社区

---

① 钟亭华：《社会转型时期城市社区整合机制问题研究》，《江汉论坛》2004年第3期。

② 吴晓林：《城中之城：超大社区的空间生产与治理风险》，《中国行政管理》2018年第9期。

所承受的压力更大。

由于本身责任超载，街道办事处只好通过行政命令和所谓“费随事转”的方式让社区居委会承担行政事务。例如，居委会一般都有社保专干、计划生育专干、治安专干、民政专干等人员，直接与街道办事处和政府的一些职能部门对口，仿佛成为又一级政府。

街道办事处通过与居委会签订“目标责任状”的形式，将任务直接转包给社区组织。近年来，虽然一些社区成立了社区工作站等组织，但是这些组织的负责人一般是由居委会成员兼任，等于给了政府管理社区的更合理手段。这样做的结果，是将街道办转化为社区公共事务的转包人和监工，社区成为事实执行人和承包商。

由于行政单位掌握着社区的人事权、财权和管理权，居委会不得不听命于街道办，承担大量的行政事务。由此，基层社区承担了太多压力。举例来看，宁波市海曙区在未建立社区工作准入制（2012 年）之前，就存在各类行政事务繁杂的“六多”现象：[①] 一是考核台账多，97 个大项工作中有台账要求的就有 40 项；二是创建活动多，各条线在社区开展的创建活动共计 38 项；三是普查调查多，2010—2011 年，社区共承担普查调查工作 36 项；四是信息平台多，社区参与维护的网络信息平台多达 23 个，数据输入频率从一周一次到半年一次不等；五是挂牌多，一些部门工作进社区存在形式主义，只要求社区挂牌，导致社区除党委和居委会之外，牌子多、乱、杂；六是盖章多，社区承接的事务性盖章项目有 60 余项，涉及的表格近 100 份。

2020 年，一场席卷全国的新冠肺炎疫情，使得全国治理系统面临大考，社区也处于防疫的第一线。在疫情防控过程中，人数有限的社区工作人员接受上级部门一个又一个命令，守路口、测体温、轮班巡逻、逐户排查、普及防控知识、消毒杀菌、照顾弱小、联系病床、代购生活物品等，还要向不同的上级部门汇报材料、填写表格、接待

---

① 董小芳：《海曙试水“社区减负”》，《宁波日报》2012 年 7 月 11 日第 B2 版。

暗访，集中展现出社区面临的巨大压力。

（二）经济大发展，城市实力大增

进入21世纪，中国经济发展加速。从2000年到2010年，国内生产总值从99214.6亿元增长到401512.8亿元，年均增长率达9.88%；人均国内生产总值从7858元增长到30015元（见图4－2）。

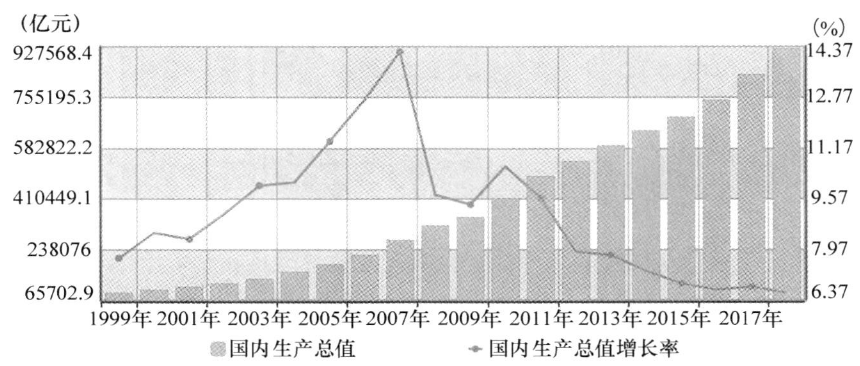

图4－2　1999年到2017年国内生产总值增长情况

城区经济实力上升为社区治理改革奠定了经济基础。在第二轮改革中有所创新的地区，基本位于大中城市的中心城区，城市政府、城区政府拥有雄厚的财力推进社区治理改革。本书第五章所选取的在"购买公共服务"方面有所作为的武汉市江汉区、宁波市海曙区、广州市越秀区、青岛市市南区，以及在第二轮改革中走在前列的深圳市盐田区和南山区，经济发展都在所在城市中名列前茅（见表4－4）。

1. 武汉市江汉区的情况

江汉区是武汉市最繁华的中心城区，经济发达。2002年，全区国民生产总值（GDP）30.5亿元，辖区内地方财政一般预算收入4.68亿元；2005年，全区国民生产总值（GDP）118亿元，辖区内地方财政一般预算收入7亿元。2010年，全区国民生产总值（GDP）480亿元，辖区内地方财政一般预算收入19.5亿元。

表 4－4　六城区人均国内生产总值情况（单位：万元、美元）

地名	币种	2000	2001	2002	2003	2004	2005	2006	2007	2008	2009	2010	2011	2012
武汉市江汉区	人民币	—	—	0.66	0.76	2.17	2.63	4.46	5.23	6.24	7.60	10.21	11.45	13.82
	美元	—	—	797	918	2622	3259	5712	7080	8986	11126	14956	17933	21951
宁波市海曙区	人民币	—	—	—	5.48	6.21	7.34	8.25	9.51	10.83	11.76	13.23	15.38	16.57
	美元	—	—	—	6621	7503	9095	10565	12874	15595	17216	19380	24087	26319
广州市越秀区	人民币	—	—	3.26	5.64	7.14	7.73	9.24	10.48	11.97	12.74	14.13	16.20	18.11
	美元	—	—	3940	6813	8624	9442	11592	13782	17241	18650	20879	25080	30190
青岛市市南区	人民币	—	—	—	—	—	4.05	5.27	6.16	7.97	8.72	9.88	11.56	12.94
	美元	—	—	—	—	—	5018	6749	8339	11477	12765	14473	18105	20553
深圳市盐田区	美元	1.78	2.01	2.92	6.46	7.29	6.94	7.83	9.58	10.43	11.09	12.92	15.49	17.26
	人民币	2150	2429	3528	7805	8808	8600	10027	12968	15019	16235	18926	24260	27415
深圳市南山区	美元	—	—	—	—	—	12.60	13.80	15.70	17.50	17.50	18.60	22.30	25.60
	人民币	—	—	—	—	—	15586	17673	21253	25201	25619	27246	34925	40662

注：武汉市江汉区、宁波市海曙区的人均 GDP 是按照户籍人口测算的；广州市越秀区、深圳市盐田区和南山区的人均 GDP 是按照常住人口测算的；广州市越秀区 2000—2004 年的统计数据是原东山区与原越秀区数据相加所得，因为 2005 年 4 月 28 日，广州市撤销广州市东山区，将原东山区的行政区域，白云区的矿泉街道，天河区的登峰街道、天河南街道的杨箕和中山 2 个居委会、沙东街道部分区域划归越秀区管辖。为了保持数据的连续性，2005 年之前的统计结果由原越秀区和原东山区的统计数据累计得来。所有数据来自各地的统计年鉴、政府工作报告或经济社会发展公报。另外，美元汇率是根据《中国统计年鉴 2014》/6－2：人民币汇率（年平均价）。

按照当年人民币汇率，2002 年武汉市江汉区人均 GDP 达到 797 美元，2005 年超过 3000 美元。正是在 2008 年江汉区开始试点"购买公共服务"，2009 年在全区铺开，当年江汉区人均 GDP 超过 1 万美元。

2. 宁波市海曙区的情况

海曙区地处宁波市最繁华地段，是宁波市的政治、经济、文化中心。改革开放以来，全区经济一直保持又好又快的发展势头，其主要经济指标均位居宁波十一个县（市）区的前列。

2001 年，海曙区国民生产总值 20.30 亿元，财政收入 4.38 亿元；2002 年，（全区）国民生产总值 22.78 亿元，财政收入 6.53 亿元；2010 年，全区实现地区生产总值 400.09 亿元，全年完成财政一般预算收入 56.24 亿元。

按照当年人民币汇率，2003 年宁波市海曙区人均 GDP 达到 6621 美元，2006 年超过 1 万美元，2011 年超过 2 万美元，2012 年为 2.6 万美元多。2013 年，海曙区在全区推行居站分离时，人均 GDP 已达 2.8 万美元。

3. 广州市越秀区的情况

广州市越秀区是广州市市委、市政府所在地，是广州最古老的中心城区，也是广州市区域面积最小、人口密度最高的中心城区。

2002 年，全区国民生产总值 343.66 亿元，辖区内地方财政一般预算收入 12.27 亿元；2010 年，全区国民生产总值 1652.40 亿元，辖区内地方财政一般预算收入 33.62 亿元；2013 年，全区国民生产总值 2384.71 亿元，辖区内地方财政一般预算收入 46.88 亿元。

按照当年人民币汇率，2002 年广州市越秀区人均 GDP 达到 3940 美元，2006 年超过 1 万美元，2010 年超过 2 万美元。2011 年，越秀区在向家庭综合服务中心购买服务时人均 GDP 达到 2.5

万美元。

4. 青岛市市南区的情况

青岛市市南区是市政府所在地，是青岛市政治、文化、金融的中心。

2005年，全区国民生产总值205.03亿元，区级地方财政一般预算收入11.75亿元；2012年，实现国民生产总值710.11亿元，区级地方公共财政预算收入101.77亿元。

就人均GDP来看，2005年青岛市市南区达到人均5018美元，2008年超过人均1万美元，2012年达到2.3万美元。

5. 深圳市盐田区的情况

盐田区是深圳市最年轻、城区面积最小、人口最少的行政区，于1998年挂牌成立。

2000年，全区实现国民生产总值21.92亿元，全年实现财政总收入5.49亿元；2005年，全区实现国民生产总值149.85亿元，按可比价格计算比上年增长21.9%，全年财政总收入12.54亿元，比上年增长12.7%；2010年，全区实现国民生产总值282.02亿元，比上年增长10.3%。全年完成区级财政总收入23.80亿元，比上年增长17.6%。

按照当年人民币汇率，2002年深圳市盐田区人均GDP超过3000美元，2006年超过1万美元，2011年超过2万美元达到24260美元。盐田区推行“居站分离”当年人均GDP已经在1万美元左右。

6. 深圳市南山区的情况

深圳市南山区位于深圳市西南部、深圳经济特区西部。

2005年，全区实现国民生产总值1124.66亿元，比上年增长14.7%，区级财政总收入38.59亿元，比上年增长15.5%。地方预算内财政收入26.23亿元，比上年增长17.3%；2010年，全区实现国民生产总值2002.84亿元，全年完成地方财政一般预算收入46.34亿元，比上年增长20.5%。

按照常住人口平均数和当年人民币汇率，2004年南山区人均GDP已达到15000美元；2006年人均GDP为17564美元，2009年为25686美元，2012年为40595美元。南山区推行"居站分离"当年人均GDP超过1.6万美元。

总体来看，各地在全域向社会组织购买服务的节点都出现在人均GDP超过1万美元时。青岛市市南区、武汉市江汉区、广州市越秀区推行"居站分设"的改革分别始于2011年、2008年、2007年，人均GDP分别达到1.8万美元、0.9万美元和1.4万美元，宁波市开展"居站分设"改革时，人均GDP达到2.8万美元。根据上述统计，各地在推行"居站分设"的改革时点，基本是在人均GDP接近或超过1万美元时（见表4－5），城市经济实力的上升为改革提供了物质基础。

表4－5　**各地推行社区治理改革的人均GDP情况（单位：万美元）**

地名	改革项目	年份	人均GDP	改革项目	年份	人均GDP
青岛市市南区	居站分设	2011	1.8			
武汉市江汉区	每个社区增发20万"惠民资金"	2013	1.8	政府购买服务岗位	2008	0.9
广州市越秀区	向家庭综合服务中心购买服务	2011	2.5	居站分设	2007	1.4
宁波市海曙区	居站分设	2013	2.8			
深圳市盐田区	居站分设	2005	0.9			
深圳市南山区	居站分设	2005	1.6			
佛山市南海区	向社会组织购买服务	2012	1.5			
成都市武侯区	向社会组织购买服务	2014	1.1			

（三）经济社会深刻变化，执政方略现代化

进入21世纪，市场经济体制对中国经济社会的影响更加深刻、全面，同时，很多深层次的矛盾和问题涌现出来。

1. 经济社会深刻变化

2003 年 10 月，党的十六届三中全会通过了《中共中央关于完善社会主义市场经济体制若干问题的决定》，总结了 21 世纪初经济发展的情况："公有制为主体、多种所有制经济共同发展的基本经济制度已经确立，全方位、宽领域、多层次的对外开放格局基本形成"，"同时也存在经济结构不合理、分配关系尚未理顺、农民收入增长缓慢、就业矛盾突出、资源环境压力加大、经济整体竞争力不强等问题"。

在经济快速推进的同时，社会和谐稳定发展也遭遇结构性挑战。改革开放过程中经济社会发展不平衡、不协调问题暴露，社会阶层利益分化加剧，就业、社会保障、收入分配、教育、医疗、住房、安全生产、社会治安等方面关系群众切身利益的问题集中涌现出来。

为了深化经济体制改革，促进经济社会全面发展，中共中央先后提出了"建设服务型政府""构建和谐社会""推进社会建设和社会管理创新"等执政方略。这些执政方略的更新，与社区建设和治理的关联性进一步增强，在一定程度上为社区治理提出了新的要求。其中，与社区建设关联最大的在于"服务型政府建设"和"和谐社会建设"。前者推动了政府服务网络在基层社区的延伸；后者则推动了和谐社区的建设，提升了社区在和谐社会建设中的基础地位。

2. 推动公共服务与社会管理

在经济社会大发展、大转型的背景下，国家推进了政府职能的转变，将以前忽略的公共服务和社会管理纳入了政府职能。

2002 年，党的十六大报告第一次把政府职能归结为四个方面：经济调节、市场监管、社会管理和公共服务。2003 年，"非典"疫情过后几个月，"非典"的启示就已在党内高层达成共识。时任国务院总理温家宝曾经撰文回顾："2003 年在抗击非典斗争中，我们得到了许多启示，其中最重要的一条，就是必须统筹经济社会发展，加快解决经济社会发展'一条腿长、一条腿短'的问题。"[①]

2003 年 10 月，党的十六届三中全会指出："经济和社会发展必须相互协调，不能一条腿长、一条腿短。要适当深化社会领域的改革，为加快社会发展提供体制保障。"社会管理和公共服务，首次上升到全面建设小康社会重要体制保障的高度。

2004 年 2 月，温家宝在"树立和落实科学发展观"专题班结业式上，提出要建设服务型政府。2005 年 3 月，温家宝在《政府工作报告》中强调："努力建设服务型政府。"2006 年，党的十六届六中全会进一步强调"建设服务型政府，强化社会管理和公共服务职能"，要求"逐步形成惠及全民的基本公共服务体系"。服务型政府的提出和建设，随后引发了"强化社区服务"的改革，社区服务站的广泛建立，与服务型政府建设紧密相关。

在社会建设方面，2004 年党的十六届四中全会专题研究"党的执政能力建设"，提出要加强"构建和谐社会"的能力，"加强社会建设和管理，推进社会管理体制创新"。2006 年 10 月，党的十六届六中全会通过了《中共中央关于构建社会主义和谐社会若干重大问题的决定》。2007 年，党的十七大将党的奋斗目标从"把经济建设、政治建设、文化建设三位一体的社会主义事业总体布局，改为经济建设、政治建设、文化建设、社会建设四位一体的社会主义建设事业总体布局"，大会报告中单设一节，名为"加快推进以改善民生为重点的社会建设"，提出要"建立健全党委领导、政府负责、社会协同、公众参与的社会管理格局"。这反映了中国共产党对社会结构变化认识的科学化，并在此基础上对执政方略做出调整。在这个背景下，推动社区多元主体参与治理，成为社区治理的推进方向。

在党的执政方略调整背景中，加强社区服务、建设和谐社区等，相继进入政策部署。

① 温家宝：《关于发展社会事业和改善民生的几个问题》，《求是》2010 年第 7 期。

二 变迁过程：中央政策引导下的区级创新

中国社区治理的第二轮改革，凸显出中央层面政策引导和区级政府主导的特征。

（一）中央层面对社区治理的方向指引

中央层面对社区治理改革创新的方向指引一般有两种：一种是宏观上的体制性政策；一种是民政部等部门制定的针对性政策。

1. 中央层面的宏观定向

自2000年始，社区建设的词汇越来越多地出现在中央政策之中。中央从全局高度设定了社区建设发展的方向（见表4－6）。

表4－6 **中央层面对社区建设的政策指向（2000—2016年）**

时间	会议或文件	主要内容
2000年	中共中央办公厅和国务院办公厅《关于转发〈民政部关于在全国推进城市社区建设的意见〉的通知》	确定了地方党委和政府领导、民政部门牵头、有关部门配合、社区居民和社会力量广泛参与的新的社区建设工作体系
2002年	党的十六大	完善城市居民自治，建设管理有序、文明祥和的新型社区
2003年	党的十六届三中全会	建设服务型政府，强化社会管理和公共服务职能
2004年	党的十六届四中全会	首次提出了构建社会主义和谐社会的历史任务。加强社会建设和管理，推进社会管理体制创新
	中共中央办公厅转发《中共中央组织部关于进一步加强和改进街道社区党的建设工作的意见》的通知	进一步夯实党在城市基层的执政基础，增强党的执政能力。街道党（工）委和社区党支部（总支、党委）是党在街道、社区全部工作和战斗力的基础，是街道、社区各种组织和各项工作的领导核心
2005年	党的十六届五中全会	必须加强和谐社会建设，必须不断深化改革开放

续表

时间	会议或文件	主要内容
2006 年	党的十六届六中全会	实现政府行政管理和社区自我管理有效衔接
	国务院《关于加强和改进社区服务工作的意见》	积极推进"一站式"服务，政府有关部门不得将应由自身承担的行政性工作摊派给社区组织； 提出"权随责走、费随事转"原则，积极探索通过政府"购买服务"等多种形式，促进公共服务社会化
2007 年	党的十七大	建立健全党委领导、政府负责、社会协同、公众参与的社会管理格局；把城乡社区建设成为管理有序、服务完善、文明祥和的社会生活共同体
2010 年	《中共中央关于制定国民经济和社会发展第十二个五年规划的建议》	切实维护社会和谐稳定按照健全党委领导、政府负责、社会协同、公众参与的社会管理格局的要求……提高城乡社区自治和服务功能，形成社会管理和服务合力
	中办国办印发《关于加强和改进城市社区居民委员会建设工作的意见》	把社区居民委员会建设成为功能完善、充满活力、作用明显、群众满意的基层群众性自治组织，进一步健全完善以社区党组织为核心的城市社区组织体系，为构建社会主义和谐社会奠定组织基础； 要在街道社区服务中心设立"一站式"服务大厅，为社区及居民群众提供方便快捷优质的服务。普遍推行社区公共服务事项准入制度……积极引导各种社会组织和各类志愿者参与社区管理和服务
2012 年	党的十八大	第一次将"社区治理"写入党的中央文件； 在城乡社区治理、基层公共事务和公益事业中实行群众自我管理、自我服务、自我教育、自我监督，是人民依法直接行使民主权利的重要方式； 要健全基层党组织领导的充满活力的基层群众自治机制
2013 年	党的十八届三中全会	直接面向基层、量大面广、由地方管理更方便有效的经济社会事项，一律下放地方和基层管理"，并且首次提出"健全基层综合服务管理平台"
2015 年	中共中央办公厅　国务院办公厅印发《关于加强城乡社区协商的意见》	发展基层民主，畅通民主渠道，开展形式多样的基层协商，推进城乡社区协商制度化、规范化和程序化
2016 年	中共中央办公厅、国务院办公厅印发《关于改革社会组织管理制度促进社会组织健康有序发展的意见》	要建立社区社会组织与社区建设、社会工作联动机制，促进资源共享、优势互补

2000 年，中共中央办公厅和国务院办公厅《关于转发〈民政部关于在全国推进城市社区建设的意见〉的通知》，将民政部在全国 26 个城市部分辖区的实验经验向全国范围推广，成为全面推进城市社区建设的一个纲领性文件，此后各地出台的社区建设政策大多以此为据。

2002 年，党的十六大第一次把“社会更加和谐”作为党的重要奋斗目标，报告强调指出：“完善城市居民自治，建设管理有序、文明祥和的新型社区。”这是中央文件中第一次正式使用“城镇居民自我治理”术语。

2003 年，胡锦涛在党的十六届六中全会第二次全体会议的讲话中，把社区建设作为社会管理体制改革和创新的重要内容之一。

2004 年 9 月，党的十六届四中全会首次提出构建社会主义和谐社会的历史任务。同年，中共中央办公厅转发《中共中央组织部关于进一步加强和改进街道社区党的建设工作的意见》的通知，这是新中国成立以后中央层面对城市社区党建的第一个文件。

2005 年 2 月 19 日，胡锦涛在中央党校省部级领导干部“提高构建社会主义和谐社会能力专题研讨班”上指出，建设社会主义和谐社会，“要加强城市基层自治组织建设，从建设和谐社区人手”。同年，党的十六届五中全会指出：“完善体制机制，促进社会和谐，开创中国特色社会主义事业的新局面。”

2006 年，党的十六届六中全会通过《关于构建社会主义和谐社会若干重大问题的决定》，提出“实现政府行政管理和社区自我管理有效衔接、政府依法行政和居民依法自治良性互动”。同年，国务院出台《关于加强和改进社区服务工作的意见》，首次明确“权随责走、费随事转”的社区工作原则。

2007 年，党的十七大提出：“把城乡社区建设成为管理有序、服务完善、文明祥和的社会生活共同体。”2010 年，中共中央办公厅、国务院办公厅印发《关于加强和改进城市社区居民委员会建设工作的意见》，明确提出"政府职能从社区的剥离和减轻社区居委会工作负担"的工作要求。同年，《中共中央关于制定国民经济和社会发展第十二个五年规划的建议》中提出："提高城乡社区自治和服务功能，形成社会管理和服务合力。"

进入21世纪之后，社区建设不但进入中央决策视野，中央对社会建设、社会管理、社会治理等论述的转变，直接牵引作为子系统的社区建设理念、方式变化。

2. 民政部的政策驱动

在第二轮改革中，民政部是推动社区建设的倡议部门，社区建设的政策最初由民政部来设计、推行。民政部将不同时期中央治国理政思想链接到社区领域，陆续推出细化的政策（见表4－7），成为第二轮社区治理改革的具体制度的供给主体。

1999年，民政部制定了全国第一个社区建设政策——《全国社区建设实验区工作方案》，针对26个城市的部分辖区开展了社区建设的试点和实验工作。这个方案第一次以政府文件形式提出了"社区自治概念，议行分设原则，条块结合、以块为主，社区共建机制，两级政府、三级管理、四级落实模式"等，明确提出了"城市基层管理体制要由行政化管理体制向法制保障下的社区自治体制转变"的方向，给予地方"大胆地试、大胆地闯，在实践中探索中国特色的社区建设模式"的宽松环境。该方案的制定和实施，促进了各实验区社区建设工作的顺利开展，为社区建设工作在全国的整体推进打下了良好的基础。

2000年，民政部出台的《关于在全国推进城市社区建设的意见》上升为中央政策，确定了地方党委和政府领导、民政部门牵头、有关部门配合、社区居民和社会力量广泛参与的社区建设工作体系。2001年，民政部印发了《全国城市社区建设示范活动纲要》，[①] 开展"创

① 《中国社区建设年鉴（2003）》，中国社会出版社2004年版，第443—449页。

表4－7 第二轮改革中民政部等部门制定的针对性政策（1999—2016年）

时间	政策名称	项目	内容	
1999年	《全国社区建设实验区工作方案》	总体要求	改革城市基层管理体制，强化社区的服务管理功能，以街道、居委会为依托，以发展社区服务为龙头，以社区共建、提高居民生活质量、提高人的素质和整个社区文明程度为宗旨，结合本地实际，建设环境优美、治安良好，生活便利、人际关系和谐的现代化文明社区	
		基本原则	（一）以人为本、服务居民；（二）资源共享、共驻共建；（三）责权统一、管理有序；（四）因地制宜、循序渐进；（五）开拓进取、勇于创新	
		工作内容	（一）建立推进社区建设工作的运行机制	党委政府领导、民政部门牵头、有关部门配合、街道居委会主办、社会各方支持、群众广泛参与
			（二）建立并完善社区的组织、管理体制	1. 适当调整街道、居委会辖区规模，建立新型社区； 2. 按照“社区自治、议行分设”的原则，探索社区内议事层与执行层分开的社区建设组织形式； 3. 调整社区执行机构的人员结构。年轻化和专业化，逐步建立职业化的社区工作者队伍； 4. 理顺社区内各种组织形式的关系
			（三）探索基层行政管理体制改革的新模式	建立适合社会主义市场经济运行机制的行政管理模式（如两级政府、三级管理、四级落实模式等）
			（四）制订社区建设发展规划	
			（五）加快以社区服务为龙头的各项事业的发展	
			（六）建立社区建设的工作队伍	1. 建立职业化的社区工作者队伍； 2. 加强社区志愿者队伍建设； 3. 积极培育社会中介组织； 4. 建立专职、兼职结合的理论工作者队伍
			（七）加强党的基层组织建设	
			（八）增加适当的资金投入	

续表

时间	政策名称	项目	内容
2005年	《关于进一步做好社区组织的工作用房、居民公益性服务设施建设和管理工作的意见》	目标	力争3—5年时间，使全国工作用房和公益性服务设施有较大的改观，使管理服务水平有新的提高，逐步把必要的工作经费纳入财政预算
	《关于进一步做好新形势下社区志愿服务工作的意见》	要求	到2010年，力争实现10%的社区居民参与志愿服务，全国80%以上的城镇社区有志愿服务，再经过一段时间的努力，建成参与广泛、形式多样、活动经常、成效明显、机制健全、城乡互补，与政府服务、市场服务相衔接的社区志愿服务体系
2007年	《"十一五"社区服务体系发展规划》	目标	到2010年，全国每个街道基本拥有一个综合性的社区服务中心；每万名城镇居民拥有约4个社区服务设施，每百户居民拥有的服务设施面积不低于20平方米；70%以上的城市社区具备一定现代信息技术服务手段，初步建立起覆盖社区全体成员、服务主体多元、服务功能完善、服务质量和管理水平较高的社区服务体系
2009年	《民政部关于进一步推进和谐社区建设工作的意见》	基础保证	加强以党组织为核心的社区组织体系和社区工作者队伍建设
		领导机制	进一步健全党委领导、政府负责、民政牵头、有关部门配合、社会协同、居民参与的社区建设领导体制和工作机制
2011年	《关于加强社会工作专业人才队伍建设的意见》	目标	明确到2015年培养200万名社会工作专业人才、到2020年培养300万名社会工作专业人才
2012年	《民政部、财政部关于政府购买社会工作服务的指导意见》	工作原则	以城市流动人口、农村留守人员、困难群体、特殊人群和受灾群众为重点，有计划、有步骤地开展政府购买社会工作服务，逐步拓展政府购买的领域和范围

续表

时间	政策名称	项目	内容
2013 年	《民政部关于加强全国社区管理和服务创新实验区工作的意见》	实验区探索创新的重点内容	提高社区治理水平；增强社区自治功能；提升社区服务能力；创新社区党建工作
2015 年	民政部、中央组织部印发《关于进一步开展社区减负工作的通知》	具体要求	依法确定社区工作事项；规范社区考核评比活动；清理社区工作机构和牌子；精简社区会议和台账；严格社区印章管理使用；整合社区信息网络；增强社区服务能力；切实加强组织领导
2016 年	《财政部、民政部关于通过政府购买服务支持社会组织培育发展的指导意见》	主要政策	鼓励各级政府部门同等条件下优先向社会组织购买民生保障、社会治理、行业管理、公益慈善等领域的公共服务……要采取切实措施加大政府向社会组织购买服务的力度，逐步提高政府向社会组织购买服务的份额或比例。政府新增公共服务支出通过政府购买服务安排的部分，向社会组织购买的比例原则上不低于30%

建全国社区建设示范区"的活动。2002 年，民政部在吉林省四平市召开了全国城市社区建设现场会，命名 27 个"全国社区建设示范市"，148 个区为"全国社区建设示范区"。

在中央提出和谐社会的历史任务之后，民政部随即在全国推进和谐社区建设。2005 年，民政部在吉林省长春市召开全国社区建设工作会议，部署深化社区建设、推动和谐社区建设。时任民政部部长李学举做了题为"建设和谐社区　为构建和谐社会奠定基础"的讲话。2009 年，民政部发布《关于进一步推进和谐社区建设工作的意见》，明确"加强以党组织为核心的社区组织体系和社区工作者队伍建设"是社区建设的基础保证，要求"区（县、市）委书记要认真履行第一责任人的职责，街道办事处党工委书记要履行好直接责任人的职责"。

除了总体性的社区建设政策外，民政部等部门还根据不同时期的中央政策精神，针对社区建设的不同领域出台了相关政策：2005 年，民政部等颁布《关于进一步做好社区组织的工作用房、居民公益性服务设施建设和管理工作的意见》《关于进一步做好新形势下社区志愿服务工作的意见》；2007 年，国家发改委、民政部颁布《"十一五"社区服务体系发展规划》；2011 年，中组部和民政部等 18 部委颁布《关于加强社会工作专业人才队伍建设的意见》；2012 年，民政部、财政部印发《关于政府购买社会工作服务的指导意见》；等等。

2013 年，民政部颁发《关于加强全国社区管理和服务创新实验区工作的意见》，将原来的社区建设实验区改为"社区管理和服务创新实验区"，明确推进社区自治、社区服务、社区党建等工作内容；2014 年，民政部将其改为"全国社区治理和服务创新实验区"。从民政部确定的"全国社区治理和服务创新实验区"试验任务来看，"厘清组织关系、增强社会协同、政府市场社会互动合作"等成为高频关键词，这对于以"居站分设、政社合作"为核心的第二轮改革具有直接推动作用。

（二）“区级政府”是第二轮改革的制度实施主体

民政部牵头出台的具体政策，为各地探索社区治理模式提供了具体的指引。从民政部等出台的主要社区政策可以看出，落实政策和推动改革主体主要落在区级政府。

1999 年，民政部确定了首批 26 个试验区：北京市西城区，天津市河西区、和平区，石家庄市长安区，沈阳市沈河区、和平区，本溪市溪湖区，长春市朝阳区，哈尔滨市道里区、南岗区，上海市卢湾区，南京市鼓楼区、玄武区，杭州市下城区，合肥市西市区，厦门市开元区，济南市历下区，青岛市市南区、四方区，漯河市源汇区，武汉市江汉区，佛山市市区，海口市振东区，重庆市江北区，西安市新城区，克拉玛依市克拉玛依区。本书所选取的青岛市市南区、武汉市江汉区就是首批的两个。

2002 年，民政部命名北京市西城区等 148 个区为“全国社区建设示范区”，本书所选取的青岛市市南区、武汉江汉区、宁波海曙区在此之列。2009 年，民政部发布《关于命名表彰全国和谐社区建设示范单位的决定》，本书所选取的第二轮改革典型“宁波市海曙区、青岛市市南区、武汉市江汉区、广州市越秀区”在此之列。

2011 年至 2012 年，民政部先后批复确认了第一批 12 个全国社区治理和服务创新试验区。包括河北省承德市双桥区，辽宁省沈阳市沈河区、辽阳市白塔区，黑龙江省哈尔滨市道里区，江苏省南京市秦淮区、无锡市，浙江省杭州市，安徽省铜陵市铜官山区，福建省厦门市海沧区，山东省日照市，河南省焦作市解放区，四川省成都市锦江区等，主要是“破解社区治理体制机制难题，增强社区自治和服务功能”。

2014 年，民政部将北京市东城区等 31 个单位确认为“全国社区治理和服务创新实验区”，本书所选取的广州市越秀区的试验任务界定如下：围绕"三元治理、打造幸福家园"的主题，实验探索政府、社会与居民三元互动、良性运作的体制机制，对社区公共服务站与居委会关系模式进行比较实验，形成社区多元参与共治的模式和途径。

2015 年，民政部将北京市西城区等 40 个单位确认为全国社区治理和服务创新试验区；2018 年，民政部启动申报认定全国社区治理和服务创新试验区工作；2019 年又确认北京市石景山区等 31 个单位为全国社区治理和服务创新试验区。

在实验的过程中，城区政府成为第二轮改革的制度实施主体。这一点，在制度实施的过程中可以一览无遗。第二轮改革的具体政策，大多是在区级政府（或党委）层面出台和实施的。从各地社区模式的名称就可以看出端倪，它们往往是以城市区域命名的，比如盐田模式、江汉模式、南山模式、海曙模式等。

（三）区级政府自上而下的改革过程

中国城市社区治理的第二轮改革，其制度实施过程突出表现为区政府自上而下的改革，穿插部分社会组织自下而上的参与。

武汉市江汉区在推动社区治理改革之初，先由区委、区政府组成 3 个考察组分赴沈阳、上海、南京等地考察，总结各地社区建设经验；随后，区委书记和区长分别带队对辖区内街道和社区进行调研，并在此基础上形成江汉区社区建设的方案。

广州市越秀区的社区治理改革，也是在政府主导下展开的。2005 年，越秀区先是选取了 5 个社区试行"两委一站"社区管理运作模式，后在 2007 年 9 月，区政府正式下发了《越秀区关于推广社区两委一站运作模式指导意见》。2006 年，为加强社区居委会建设，进一步推进平安和谐社区，越秀区投入 4500 万元资金，要求全区年内 100% 完成社区居委会办公用房达标建设。越秀区陆续制定《越秀区社区建设"十一五"发展规划》《越秀区关于加快发展社区社会组织的实施意见》，在广东省率先实践政府购买服务的方式。

宁波市海曙区是中国第一个推行社区直选的城区。2003 年，海曙区在社区直选试点前，请了民政部专家组成员，花了近一年时间制定选举制度。随后，海曙区又先后出台了《关于进一步推进社区建设的实施意见》《关于加强社会工作者队伍建设　推进社会工作发展的意见（暂行）》《海曙区“十二五”时期社会组织发展规划》《部门工作进社区指导目录》等政策文件，构建起较为完善的社区建设制度框架。

地方政府在社区治理的第二轮改革中往往采取“由上而下”的工作过程，推动政府职能转变、推行“居站分设”，体现出“政府主导、政府执行、调动社会参与”的特性。

三　制度效果：有形建设提升与无形的短板

2000 年后，在民政部的具体推动下，各地积极探索社区治理新模式，力图在“基层减压”和“社区工作行政化”方面破题。经过改革，各地社区在硬件方面有了长足进步，更新了社区治理的形态，也存在一些有待解决的问题。

（一）硬件建设长足进步

第二轮社区治理改革伴随着经济社会大发展，各地普遍增加了对社区建设的资源投入，城市区域内社区硬件建设和服务机构的建设，几乎都能够得到官方的统一支持，凸显了政府方面的积极作为。一般而言，同一区域的社区服务经费和办公服务条件差别不大，而且往往是由市级或者区级政府统一规划、统一部署甚至统一标准、统一悬挂“中国社区”标识，社区办公场所日益现代化、便利化、人性化。

截至 2012 年底，全国共有各类社区服务机构 20 万个（见表 4－8），比 1999 年增长 4.3 万个，其中：社区服务中心（表 4－8 中数据含社区服务指导中心）16306 个，比 1999 年增加 7874 个；社区服务站87931个，比2007年增加37815个；其他社区专项服务设施9.6万个；城市社区服务中心（站）覆盖率72.5%。城镇便民、利民服务网点39.7万个。

表4－8　　2005—2012年全国社区服务机构发展情况①

（单位：万个、个）

指标	2005年	2006年	2007年	2008年	2009年	2010年	2011年	2012年
社区服务机构	20.3	12.5	12.9	14.6	15.3	16.0	20.0	—
社区服务中心	8479	8565	9319	9873	10003	12720	14391	16306
社区服务站	—	—	50116	30021	53170	44237	56156	87931
便民、利民网点	66.5	45.8	89.3	74.9	69.3	53.9	45.3	39.7

2016年，民政部等16部门发布的《城乡社区服务体系建设规划（2016—2020年）》中规定，按照每百户30平方米标准配建城乡社区综合服务设施。仅在2012—2014年，民政部会同国家发改委争取中央基建资金投入6亿元，带动地方配套投资8.8亿元，在23个省份和新疆生产建设兵团建成77.05万平方米的社区综合服务设施。特别是在发达地区或重视社区建设的地区，社区办公用房、公共场所、公用设施等有形建设焕然一新，空间开阔、设备先进兼具现代审美，为社区公共活动、社区交流提供了良好的基础。

北京市：2010年选择1000个社区开展社区规范化建设试点工作。政府在社区层面设立的综合性服务平台，统一命名为"社区服务站"。统筹承担相关工作任务，实行综合管理、一站多能服务，并逐步达到统一形象标识、统一项目设置、统一运行流

① 《2012年社会服务发展统计公报》，民政部网站（http：//www.mca.gov.cn/article/sj/tjgb/201306/201306154747469.shtml）。

程、统一服务规范、统一资源调配的标准化要求。

深圳市：市、区两级公共财政总投资数十亿元，已建、在建社区基础设施项目达2040个，全市大多社区户外文体广场面积达1000平方米以上。2014年，市福利彩票公益金投入经费达2.2亿元，主要用于社区服务中心、社区星光老年之家和老年人日间照料中心等社区养老机构建设。将社区党建经费、居委会、社区工作站的工作经费、办公经费、专职人员工资福利待遇、社区公共服务设施建设及后续管理专项经费均纳入各区年度财政预算。每个社区年均工作经费约280万元，有的大社区工作经费已经超过1000万元。

成都市：对全市社区活动场所进行亲民化改造。社区党群服务中心已经成为功能复合齐全、资源高效利用、环境亲民和谐的温馨家园，实现“社区和美有变化、居民亲近有感受”的新格局。武侯区优化升级后的社区党群服务中心，每个中心面积平均超过1000平方米，涵盖了家政、健康、安全、学习、托管、娱乐等便民服务功能，各类志愿者、专业社工与社会组织也集中在党群服务中心，服务于居民的生活需求与精神需求。

长沙市：2015年开始，市、区两级财政每年为每个社区安排惠民项目资金20万元。《长沙市社区党建和社区建设三年行动计划（2015—2017年）》规定，未来三年，市本级财政新增投入近1.5亿元，提升全市社区党建和社区建设水平，从2016年开始，市财政对每个城市社区的人员经费补助提高到8万元。到2017年，长沙市内五区的社区公共服务中心面积普遍达到600平方米以上。

武汉市江汉区：仅在2012年，就调剂价值2亿元、1.82万平方米的国有资产，投入1.2亿元购置建设1.3万平方米房产，用于全区社区党员群众服务中心“五务合一”（即强化党务、规范居务、优化服务、拓展商务、协调事务）建设。

武汉市在"883"计划提出来以后，以平均每年投入3亿元资金的力度加强社区软硬件建设；广州越秀区的社区综合服务中心面积普遍达到350平方米；宁波海曙区每年投入2000万元以上用于社区建设；青岛市市南区将社区管理服务用房建设列为区政府为民要办的实事，共建65个社区服务中心，平均面积达到1300平方米。

相比而言，我国台湾地区的"里长办公处"、社区协会办公室都需要里组织、社区协会自己承租，为了节省资金，很多里长办公室就设在自己家中。而我国大陆地区各处的社区办公用房，都是由政府财政保证的，社区办公用房和社区活动中心的硬件都有了较大提升。

（二）居民服务得到加强

社区治理第二轮改革的另一个成效是，社区服务的水平有了较大的提升。

其一，社区成为政府服务半径过大的"救济单元"。与国外相比，中国的基层政府管辖范畴大、人口规模大，单纯依靠政府工作人员无法有效满足居民的服务需求。加强社区服务供给，分担了基层政府的工作，社区（服务中心）成为政府服务职能延伸至居民家门口的"集散点"。有的城市还更进一步，出台举措要"打通公共服务的最后一百米"。不少城市规划"社区15分钟便民生活服务圈""社区一公里服务圈"，构建"一站式服务"，推出社区代办服务的形式。这样的操作，有利于缩小公共服务半径、拉近服务距离，把服务推至居民家门口。

其二，社区成为居民获取公共服务的"生活节点"。除了社区服务中心向社区延伸以外，政府还通过购买公共服务的方式，引入社会组织参与公共服务，引入现代化信息设备推进信息化服务，这些形式能够了解居民需求，有利于为居民提供多样化的服务。社区的公共服务内容一般涵盖社会保障、医疗卫生、养老育小、婚育服务，有的还包含禁毒、老年护理、婚姻介绍等，贴近居民需求。各级政府通过加大财政保障力度、统筹资源等方式，更好地为群众提供精准有效的服务。一些做得比较好的地方，已经将“分散服务”改为“集中服务”，将“被动受理”转变为“主动服务”，提升了居民的获得感。

（三）现代社区治理意识有所扩展

经过多年的发展，现代的社区治理意识已在大范围扩展，更新了城乡社区发展的价值。这突出表现在两个方面。

其一，理顺政府与社区关系的理念深入人心。“理顺政府与社区”“减轻社区负担”“政府行政管理与基层群众自治的有效衔接和良性互动”等已经成为决策共识，“居站分设”“议行分开”“社会组织参与”“购买公共服务”等概念已经被普遍使用，并且在实践中广泛推展。

其二，社区居民参与意识有所增强。社区服务志愿者组织从2000年的6.6万个，增长到2012年的9.3万个。截至2012年底，我国共有社会组织49.9万个，社会团体27.1万个，基金会3029个（见图4-3）。这些社会组织中主要分布在城市社区，承担了相当部分的社区公益服务。

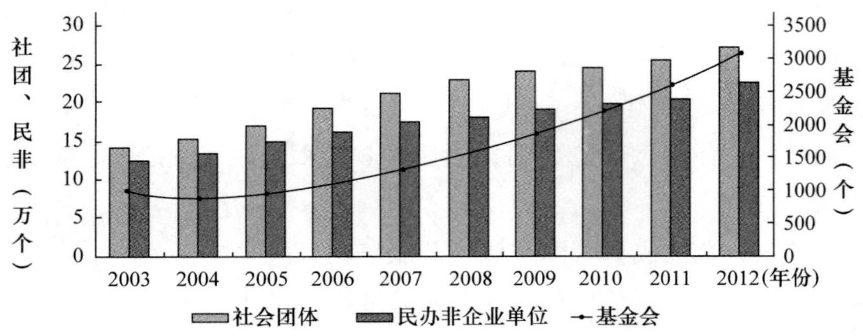

图4-3　中国社会组织发展情况（2003—2012年）

（四）社区发展仍然面临无形的制约

相对于看得见的现实效果而言，一些深层次的问题有待破解。

第一，"社区工作行政化"问题仍然未解。尽管在社区建设一开始，民政部就推广"社区社会化"的理念，但是这种理念并未得到深层贯彻。第二轮改革中的诸多做法，大多有"减轻居委会的压力"的意图，却无力从深层调整政府结构、职能，因而"为社区减负"往往得不到很好的执行。又因为社区矫正、戒毒、纠纷调解、社区养老等一些新的服务项目在基层没有组织"接兜"，只能沉积到社区机构中。一些地方名义上推行"居站分设"工作，居委会（或者党组织）成员需兼管社区工作站工作，因而仍疲于应付街道办交付的各种任务，承受着"社区工作行政化"的巨大压力。

第二，推动社区共建共治的社会基础薄弱。尽管官方大力宣导和推动社区共建共治，但是社会基础仍然薄弱。社区建设的目的、资源、方式都由官方设计，一旦官方组织缺少介入或减少资源注入，共建共治共享就难以维持；一些地方热衷于打造"点位""示范点"，却鲜在社会培育方面下功夫；不少社区社会组织停留在广场舞、书画爱好等文艺活动，对于参与社区治理则缺乏兴趣与能力；居民普遍缺乏参与热情，在一些公共事务的处理上"搭便车"心理严重，一个典型的例证就是商品房社区的"业委会"。一些研究揭示，业主组织凸显为"应激性共同体"而非"权利性共同体"[①]（见图4-4），以集体组织的外壳维护个人利益是一种普遍存在的现象，因而公共性不足，在商品房社区，很容易出现缺乏社会制约的"市场主导型"治理。[②]

---

① 吴晓林、李昊徐：《城市商品房社区的冲突与精细化治理——一个以业主行为为中心的考察》，《内蒙古社会科学》2019年第2期。

② Xiaolin Wu, Haoxu Li, "Gated Communities and Market-Dominated Governance in Urban China", *Journal of Urban Planning and Development*, Vol. 146, 2020.

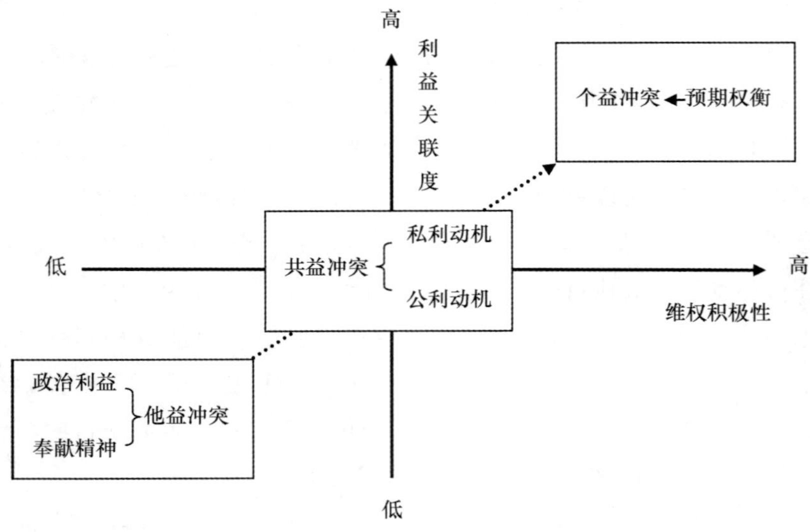

图 4－4　业主参与集体行动的动机

第三，不同地区的社区发展不平衡。受各地经济发展水平、社区发展基础和政府扶持力度等多重因素的影响，中国的社区存在较大的区域差异，在同一区域也存在发展的不平衡。在一些样板社区、明星社区周边就存在发展极不平衡的社区，居民会产生相对剥夺感，危及社区可持续发展，也冲击社区发展的精神。

第五章　生动的故事：政社合作的典型实践

第二轮社区治理改革的典型成果是，各地探索出政社合作的新模式。弄清社区治理背后的结构，是理解社区治理的关键。本章既讲各地政社合作的实践，又从中挖掘相应的治理结构。

第一节　武汉市江汉区的实践

江汉区，是武汉市 7 个中心城区之一，分别与武昌区、汉阳区隔江相望，总面积为 33.43 平方公里，下辖 13 个街道办事处。截至 2018 年，全区共设 108 个社区居委会，平均每个社区人口 6300 人。江汉区是全国首批"社区建设实验区"，经过改革和发展，形成了被誉为"江汉模式"的社区治理体制。

一　江汉区三轮改革的时序

从 2000 年起，江汉区以转变政府职能、理顺政府与社区关系为突破口，开启社区管理体制改革。主要是将行政事务与居委会工作分离开来，为居委会减负。改革虽然架构了社区体制，但体制并未完善。

从 2003 年起，政府依据"四进社区"为重点的"883"行动计划①，对社区事务进行重新分类，建立社区事务准入制度。原有的 40

① 2002 年，武汉市七个中心城区 883 个社区全部完成社区划分。武汉市委、市政府出台了《关于进一步加强社区建设的意见》（武发〔2002〕15 号），提出用三年时间，重点推进社会保障、城市管理、社会治安综合治理、社会服务"四到社区"，用三年时间将 883 个社区建设成人民安居乐业的和谐家园。

项工作被重新分解和划分，街道承担11项，街道承担并由社区组织协助的共13项，社区组织承担并由街道指导的有9项，街道与社区组织共同承担的有7项。

2008年，江汉区政府再度以“政府职能归位，社会中介组织功能归位，社区自治功能归位”为目标，着力推行“五个到社区”（人员配置到社区、工作重心到社区、服务承诺到社区、考评监督到社区、工作经费到社区），在社区成立社区服务中心（由街道社区服务中心管理），明确政府、街道办事处和各类社区组织的关系与职责，鼓励社区开展自治活动。

二　政府购岗，服务下沉

江汉区以转变政府职能、理顺政府与社区关系为切入点，经过改革，最终形成以“政府购岗、服务下沉”为特色的社区治理实践。

（一）政府购买岗位，推进服务下沉

江汉区社区治理的第三轮改革，主要是解决“八大员”工作低效的问题，采取政府购买岗位的方式，聘任“八大员”通过“一专多能”的形式进入社区服务。

“八大员”是社区“低保、劳保、医保、计生、信访、残疾人协理员、城管协管员、综治安保队员”专干的统称。以往，各个“条条”在社区设置专干承担本“口”任务，不但带来社区专干人员过多的问题，而且带来了一些重复性的工作，社区专干各自为政。

江汉区把“八大员”整合成两类：服务员和协管员。服务员主要负责各种社会保障资格的审核、办理、发放以及人口和房屋信息的收集、综合及相关管理工作；协管员主要负责社区范围内全方位的“保安、保洁、保绿、保秩序”等工作。“八大员”整合成立了社区服务站，实行“一门式服务”，承担政府延伸到各个社区的公共管理和服务。

此外，江汉区通过划片，将两类专干编入网格之中。2008年，

江汉区按照“街巷定位、规模适度、无缝覆盖、动态调整”的原则，在每300—800户设立一个网格。公共服务下沉到社区，由社区层面的人员执行。这种改革有效解决了资源分散，重复劳动以及各自为政等问题，提高了服务效率，方便信息采集，最重要的是为居民解决问题提供了便利。一位社区党组织书记讲道：

> 通过划片，每个人由原来的专干变成一专多能，变成由他们下到网格中处理所有事情。通过“八大员”整合，一个服务人员各种业务都要会。比如说小孩出生，服务人员从（服务对象）孕期起就要知道这个状况……这样，大家工作流程都掌握了，情况都熟悉了，居民来办事就不会推诿。而且入户的时候，每个人负责的这一片居民情况都要了解清楚。这样一来，既方便居民办事，也简化了我们的工作程序。（JSQ，2014年5月10日）

但是，随着城市人口的增加，按照每500户配置一个服务员的规定，“八大员”的人数比以前增多了。截至2014年，江汉区有“两委”成员627人、社区服务员993人、协管员1421人。

（二）一定范围的参与式治理

随着社会的发展，社区涌现了大量琐碎的、多样化、个性化的需求和问题，江汉区推出了社区服务项目制管理模式。

项目制是政府投资、社区居委会组织和管理、社会组织（社区民间组织）申报和运作的机制。项目以居民需求为导向，围绕“为民、利民、惠民”的主题，结合市区中心工作和居民群众迫切需要解决的热点、难点问题进行项目筛选；项目申报采取自下而上的社会化方式；项目实施坚持主体多元化，社区居委会、社区民间组织、社会组织、驻区单位组织都可参与实施。

以江汉区唐家墩街道为例。2013年，街道办事处对12个公益项目给予总额10万元的资金支持，借此培育、规范一批优秀公益社会组织和优质公益服务项目。项目制的推行，带动了由多元主体的参与，形成了“放学来吧”、电梯文化、“都市田园”、花艺社、乐邻绣庄、弘京剧社、香江文化艺术团、葛海剪纸工作室、阳光成长家长帮、社区QQ群换购等一批有特色、受欢迎的服务项目。在这些社会组织的协助下，唐家墩街道基本做到了“每周有安排、每天有活动”。

三　江汉区的社区治理结构

（一）街道仍然在社区治理中承担“控制和指挥”职责

经过改革，街道办仍然在社区治理中占据主导地位（见表5－1）。从职责上来看，街道办要承担9个大项、42个小项的社区建设工作，并且通过监督考核等工具指挥社区（居委会）落实或达成社区治理的目标。

表5－1　**武汉市江汉区街道职能科室指导社区建设的工作**

类别	内容
组织建设	①负责全街社区党建工作的总体规划； ②指导社区加强基层党组织建设； ③研究、制定加强街居离退休、下岗、待业人员的党员组织管理措施和办法； ④做好社区党建和基层组织建设的检查、考核工作； ⑤做好入党积极分子培养和发展工作
社区自治	①负责全街社区建设的组织协调，指导街居开展社区建设； ②做好社区建设指导委员会办公室的日常工作； ③负责社区服务的规划、指导和考核；指导社区基层民主政治建设； ④会同有关部门搞好对社区服务工作人员和社区干部的培训和考核工作
社区文明建设	①负责全街精神文明建设、创建文明社区等工作的规划、指导和考核； ②参与社区建设先进单位的评比、推荐和考核工作； ③组织宣传社区建设中的典型； ④指导社区共驻共建

续表

类别	内容
社区公共服务	①负责指导社区开展计划生育工作； ②组织建设计划生育服务网络； ③抓好社区内包括流动人口在内育龄人群的计划生育管理与稽查； ④负责贯彻落实社区劳动和社会保障管理服务的规划和有关政策； ⑤指导社区劳动保障服务组织为社区居民开展工作； ⑥落实社会保障、大病救治、住房保障工作社会化管理服务职能
社区治安	①负责制定社区管理综合治理的工作规划、指导和考核； ②组织开展创建“平安社区”等活动； ③负责组织、协调、指导社区普法教育、管理工作； ④指导社区加强人民调解组织建设，依法化解各类矛盾纠纷； ⑤指导社区法律服务机构为居民开展工作； ⑥指导社区做好刑释解教人员的安置帮教工作； ⑦指导社区做好社区矫正工作
社区群团组织建设	①负责社区内工会、团委、妇联的组织建立，指导社区群团组织开展工作； ②组织社区群团组织学习科学文化和技术知识，积极参与社区社会事务的民主管理； ③维护各类人群的合法权益，参与、督促落实社区内特困人群享受的有关帮扶政策； ④组织群团组织人员踊跃参加社区志愿者活动
社区文化	①负责制定全街社区文化事业发展规划并组织实施； ②协调社区建立社区图书室，向社区居民开放辖区的文化设施； ③组织社区居民开展形式多样的文化活动； ④负责制定社区体育健身计划的总体规划； ⑤帮助社区建立社区体育活动场所和体育健身设施； ⑥指导和帮助社区开展健康向上的体育活动； ⑦负责全街社区教育工作的规划、指导和管理
社区环境	①积极宣传环境卫生管理规定，增强广大居民卫生意识，共创国家卫生城市； ②积极开展爱国卫生运动工作，开展灭鼠灭蟑，消除“四害”行动； ③绿化环境美化社区，管好环境设施，确保社区外环境清洁干净； ④开展社区健康教育，普及居民健康知识
经费保障	根据区、街关于社区建设的有关意见，及时拨付社区建设相关资金；会同有关部门积极探索社区财力投入新机制

从资金方面来看，街道办事处控制着社区治理资金的配置权。街道办事处通过资金配置影响着社区活动与项目的选择，掌控着社区发展的方向。江汉区的社区财务，实行“收支两条线”的管理制度，社区编制财务收支预算表，街道统一核算和管理，社区的上级拨款、上级补助收入、经营收入、募捐收入和其他收入等统一接受街道办事处管理。社区办公经费，也是采取先审批再拨付的方式进行管理。

一般经费的使用，都要经过街道办事处的审批。2014 年，街道办事处给每个社区居委会 4 万—6 万元的工作经费。社区规模 2000 户以下每年 4 万元，2000—3000 户是 5 万元，3000 户以上是 6 万元。这些经费为平常的办公经费，包括水电费、日常慰问、小项目等费用。社区工作人员的工资也是由政府发放。

> 我们的工资收入是向街道办事处主任领。市民政局承担了居委会主任的工资……公共服务站的人员是市区各一半，其他社区工作者由区里发工资。除此之外，还有一年的四个节气有过节费；再就是办“五险”，“五险”除了个人承担 20% 之外，其他的由市、区、街三级承担。（JSQ2，2014 年 5 月 11 日）

此外，2012 年，武汉市开始实施“惠民工程”项目，平均向每个社区拨付 20 万元资金。2013 年，江汉区投入 2140 万元推进 107 个社区 1382 个惠民项目，为群众解决实际问题。这笔经费的使用同样是由社区统一申报，经街道办事处批准后，由市、区财政按 1∶1 比例分摊并列入财政预算。政府规定，这些资金主要用于解决社区居民最关心、最直接、最现实的利益问题，使用范围涵盖服务类、活动类、环境类、管理类四大类，包含关爱、救助、帮扶、帮教、特色文化活动、志愿服务活动、传统节庆活动、社区绿化硬化亮化美化、开展民主评议、民主协商等。但是，“惠民工程”资金的分配、使用，还要受到街道办事处及其他政府行政部门的控制。一位街道办事处负责人讲道：

为了使财务管理更加规范，惠民资金没有拨付到社区，是统一在街道里面进行开支。像街道里面有200万元（上级政府）也不是全部拨给街道和社区的，它是按照项目需要，哪些拨给街道，哪些是由区里做，做出预算，总数上能够达到200万元。

我们街道是平均每个社区有3万块钱左右可以用来搞项目，这一块都是社区自己在搞，只要通过我们审批就可以。有些长远性的活动，街道要把它掌握下来，做一个统筹安排。（JHJDB，2014年5月12日）

（二）居委会仍在“街—居”的链条上工作，缺乏治理的自主性

理论上，江汉区在2004年实行社区事务的准入制之后，街道办事处与居委会保持着指导与协助、服务与监督的关系。但是在实践中，江汉区的居委会仍然没有从根本上脱离“街道办—居委会”为主轴的传统治理结构。

江汉区将居委会的职责分为两种：“居委会主管、政府部门指导的工作”和“行政部门主管、社区居委会协助的工作”，前者包括3大类、19项工作，后者包括五大类、23项工作（见表5－2、表5－3）。从工作内容来看，居委会的工作仍然是无所不包的。

表5－2　**江汉区社区居委会主管、政府部门指导的工作**

类别	内容
社区民主自治建设	①按《居委会组织法》规定，定期召开居民代表会议； ②制订社区自治工作计划，发挥居委会及各专业委员会和社团的作用，积极开展自治活动； ③定制社区居民自治章程或居民公约，并发动居民群众执行和监督； ④扩大基层民主、建立协调会、评议会和听证会等民主自治制度； ⑤实行居务公开、财务公开、接受群众监督； ⑥组织对社工的选聘、评议和考核； ⑦建立居委会成员和社区工作者联系居民的制度，向有关方面及时反映居民的意见、要求和建议； ⑧培养社区社会组织，支持社区社会组织参与社区管理服务

续表

类别	内容
社区公共事务、公共事业	①掌握社区各类人员和成员单位的基本情况，健全基础资料档案； ②加强与业主委员会、物业管理公司、社区卫生服务中心、社区警署等部门及社区单位的沟通与协调，办理社区公益性事业； ③开展便民利民的社区服务，组织社区成员开展志愿者服务及形式多样的服务活动，为居民排忧解难； ④关心居民群众公共福利，开展有福救济、扶弱济贫工作，维护居民合法权益； ⑤办理居民会议决定的公共事务； ⑥调解民间的一般纠纷，维护社区稳定
社区精神文明建设	①宣传党的方针、政策和国家的法律、法规，对居民进行民主法制、思想道德、行为规范教育； ②发动群众开展文明楼组、文明家庭等多种形式的社会主义精神文明创建活动，普及科学知识，开展健康教育，创建文明小区和安全小区； ③培育和发展群众文体团队，组织开展各类有益身心健康和融洽人际关系的社区活动； ④发动社区单位，开展共驻共建共创社区精神文明活动； ⑤壮大志愿者服务队伍，开展各类志愿者服务活动

表 5－3　　江汉区行政部门主管、社区居委会协助的工作

类别	内容
社区环境	①发动居民开展以除“四害”为主要内容的爱国卫生工作； ②协助做好社区环境卫生管理的协调、监督，保持环境整洁优美； ③开展整治“六乱”、改善市容环境的宣传教育和说服劝阻工作； ④做好防台风、防汛、防灾的宣传和疏解
社区服务	①关心社区各类优抚对象，配合兵役登记和征兵政审； ②协助募集衣物，救济灾祸、评残助残等慈善工作； ③协助做好居民各类生活保障金申请的登记调查、核实初审和部分救济金的发放工作； ④提供再就业咨询服务和就业机会
社区治安	①做好各类民政对象基础资料的收集、归档工作； ②协助调解疑难复杂和群体性纠纷以及“110”出警的部分纠纷，并进行动态跟踪； ③做好社会管理综合治理工作，及时掌握和反馈影响稳定的信息和情况； ④协助做好刑释解教人员、失足青少年的帮教工作，关心偏差、单亲青少年成长； ⑤协助做好流动人口的教育、管理、服务工作； ⑥开展防火、防盗、防煤气中毒、安全用电的宣传、检查工作； ⑦协助做好节庆日以及重大活动的治安防范工作； ⑧掌握“四小”场所治安动态，预防“六害”违法犯罪活动； ⑨做好治保、调解工作基础资料的收集、归档工作

续表

类别	内容
社区文化	①开展科教文卫体法“六进”社区活动，发展学习型社区； ②利用各类文体设施，组织群众开展文明健康、喜闻乐见的文化、娱乐、体育活动
人口与计划生育	①制订计划生育工作计划，落实目标管理责任制。掌握育龄妇女的动态情况，做好育龄妇女的基础资料收集、归档工作，协助计生工作管理和执法； ②协助做好独生子女证的换领、补办工作； ③协助做好外来流动人口的婚育验证工作； ④协助做好各类避孕药具的发放和生殖健康服务工作

街道办各科室均有要求社区居委会“协助”的工作，居委会各项工作需要接受街道办的检查和考核。街道办对居委会的指导关系，变成事实上的“领导”关系。在实际运行过程中，居委会受到各种制约，在自治领域发挥的空间较少。

在上级政府的压力下，社区居委会呈现出诸多困境，造成居委会超负荷运转，有几个“多”可以形容社区居委会的工作压力：

第一个“多”，工作多。社区居委会成立7个专业的组，对口联系街道办卫生、计生等科室。

第二个“多”，检查考核多。全市的文明城市创建、公共卫生、创模范城市（城区）的检查等工作，最后的落脚点都在社区，需要社区来落实。

第三个“多”，台账多。因为各个口对社区的检查，都要求有一些相应的台账。尽管武汉市发布了创建电子台账的文件——文明创建的检查不需要纸质台账只需要电子台账，但是社区层面的台账仍然繁多。仅仅劳动保障这一口的工作，就是十几本台账。在具体检查和考核过程中，由于存在工作上的“形式主义”和刚性约束，容易出现“重做台账”的重复性工作。例如，有的社区就反映，年初的计划和年底检查的时候发生了变化就要重新调整；有些部门本身并未进行很好的整合，比如在志愿者服务这一块，志愿者服务就分为“为老志愿者服务”和“为残疾人志愿者服务”，社区就需要为此建立不同的台账。

第四个“多”，盖章多。基层的社区工作者反映，很多事情都需要社区居委会来盖章。例如，湖北省发了一个规范规定：在居民区可以办理工商执照，但是需要社区居委会盖章，这些工作本身并非社区居委会的工作范围；又如，公积金的提取需要居委会盖章证明，但政府单位并未说明要证明什么。这样的情况既非居委会职责范围，又容易造成居民与居委会的矛盾。[①]

（三）社区服务站在街道领导下承接公共服务

2008年开始，江汉区在街道层面设立街道社区服务中心，同时在社区设立社区服务站。“一专多能”与“一门式服务”使社区事务收集集中后再进行归口管理，实现“出门一把抓，进门再分家”。

整合了“八大员”的社区公共服务站，在业务上接受街道社区服务中心管理，接受其下达的任务和人员的统一安排调配，同时接受社区党组织的统一领导和社区居委会的日常监督与建议。街道办事处通过购买公共服务的方式，将公共服务的任务委派给社区服务中心。

社区服务站从性质上讲是民办非机构，工作人员采取聘用制，通过考核等方式择优录取，与街道办事处签订公益岗用工协议。服务站的考核方式采取末位淘汰制，推行绩效工资管理，工作人员受到社区服务中心、居委会和居民的监督。

（四）被分离出去的职能被党组织重新整合起来

理顺政府与社会的关系，提升社区自治功能是江汉区第三轮改革的重点。随着改革的推进，“三个归位”（政府职能归位、社会中介组织功能归位、社区自治功能归位）的社区治理结构已经基本形成。但是，各治理主体的职责划分及过程仍与目标有所偏差。调查发现，

---

① 笔者根据访谈资料整理。

由社会组织承担的一些职能，被重新整合回“街居制”。

1. 居委会被分离的工作被党组织“旋转回来”

一般情况下，居委会主任兼任社区党组织负责人。尽管街道办事处尽力避免直接命令居委会，但是街道党工委则有足够的权力去领导或指挥社区党组织。在这个意义上，居委会被分离出来的职能被党组织又重新整合起来。街道党工委，一般在年初就将各个社区党组织的工作目标定下，并且要求党组织完成（见表5－4）。

表5－4　　江汉区某社区党组织书记年度目标任务承诺书

序号	工作项目	目标要求	措施办法	完成时限	备注
1	落实社区党建八项重点项目	落实规范化建设八项重点，深化区域党建，发挥社区党员群众服务中心服务功能，落实“三会一课”，关心党员的政治生活	结合群众路线教育活动，深化“五级管理”，在党员中开展“生根基础、服务群众”活动，依托“一门六岗”开展优秀党员评比活动	12月	
2	实施民生工程	自下而上收集居民意见，拟定“十件实事”，对高龄老人、残疾人、低保困难户、留守儿童关爱服务全覆盖	制定完成进度表，责任到人，落实完成时间，跟踪完成情况。以网格化为基础，落实社区网络服务员分片包干，每月走访，了解需求，结对帮扶	12月	
3	文明城市建设	开展“邻里守望、情暖唐蔡”志愿服务，提升居民文明素质，共建文明社区	开展“爱心帮扶”“爱心超市”“爱心餐桌”“爱心铃”等系列学雷锋服务活动，利用市民课堂、道德讲堂、青少年学校和社区广播，对居民群众进行遵道守礼教育，组织志愿者开展服务	12月	
4	和谐社区创建	按照和谐社区的有关规定狠抓落实	成立创建工作小组，根据创建工作要求和推进时间进度表，稳步推进工作进程	11月	

续表

序号	工作项目	目标要求	措施办法	完成时限	备注
5	社会组织培育	培育一个社会组织	在巩固现有六家社区社会组织的基础上，利用开放式空间技术和卡片工作法，培育社区花友社	9月	
6	大城管工作	创建卫生城市，环保模范城市	社区联合辖区单位，协调和相关职能部门，发挥“一门六岗”联系、发动居民的作用，带动大家共同参与	11月	
社区（村）党组织书记		签名	街道（乡镇）党（工）委书记	签名	

根据“年度目标任务承诺书”的内容，社区党组织的工作几乎包含社区治理的方方面面，与居委会的工作职责重叠。街道党工委对社区书记（一般兼任居委会主任）进行“一岗双责”的考核，经此，居委会仍需遵从街道办事处的部署。

此外，社区服务站要接受社区党组织的领导，因而，很多事情在无法解决的时候，又得通过社区组织来承担。上级要求在社区公共服务站单独建立党支部，其负责人还是所在社区党委、总支或支部委员，这就相当于为社区承担行政事务增加了组织化的色彩。正如一名社区居委会的负责人所言：

> 公共服务站跟我们就是一家人。武汉市有专门出了文件，社区的公共服务站是在党委的领导下。居民对服务站和居委会分不清，他们觉得服务站是社区领导下的，像他们办低保等什么事情，仍然要找我。（JXQSQ，2014年5月13日）

在改革的过程中，居委会被赋予了五大职权，这些事项虽然名义上是增强居委会的协调监督权力，但是并未减轻基层社区组织的工作压力：第一是人事建议权，街道的服务中心根据居委会的建议对服务站的人员进行任免或者聘用，社区服务站站长由社区居委会来提名；第二是评议监督权，居委会定期召开民主评议会，对街道社区服务中心管理人员和公共服务站的工作人员进行评议，评议结果作为奖金、评先和人员去留的重要依据之一；第三是事务协调权，是指一些全局性的、比较应急性的工作，都是由居委会来牵头、整合资源、统筹和协调，社区工作站要协助、参与，一般情况下，每半个月要召开一次会议，社区服务站遇到重大的事情要向居委会汇报；第四是困难群众救助保障资格初审权，就是困难群众救助保障的资格的评审，居委会对低保、廉租房等各种救助者进行资格的初审，必要时居委会也要参与调查；第五是经费使用的把关权，凡是涉及社区公共服务站的经费开支，站长签字以后还必须由居委会主任签字，然后才能够报销。

2. 社区组织和服务站被“网格化”机制整合起来

江汉区在其社区治理的第二轮改革中，推行网格化管理，网格被分为单位类、物业类和自治类三类，社区的服务员、“两委”成员，都兼任网格员。

网格员需要根据居民的需求，深入居民群众家中，开展“党的相关政策的宣传、民意调查、居民基本情况的信息采集”等工作。居民反映的情况，被分到社区居委会或公共服务站、协管站等组织处理。

面对日益增多的公共事务和社会治理问题，网格化管理成为各地应对基层社会矛盾、提高行政效率、提升公共服务效能的高招。但是，名义上政府事务与自治事务的分离，又由“居委会成员”与网格员的重合，被重新整合起来了。

总体而言，武汉市江汉区现有的社区治理结构，主要由三个体系交叉结合构成（见图5－1）：一是街居体系，仍然是社区治理的主轴；二是社区公共服务体系，社区服务站受街道办社区服务中心管理，承接政府公共服务；三是有限的社区自治体系，通过社区协商议事会和社区成员代表大会等机制，实现社区共建。

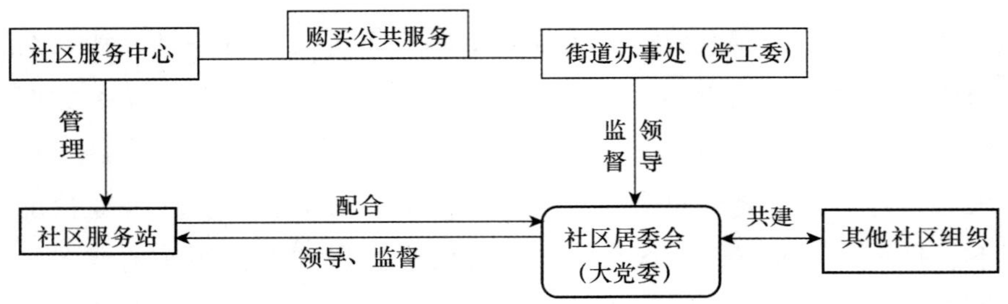

图5－1 武汉市江汉模式的社区治理结构

四 江汉模式的进步与局限

“江汉模式”是中国城市社区治理中的典型，历年来广受学界、新闻界的关注。在社区治理结构方面的改革有一定的改进，也存在相应的不足。

其特点在于：第一，延续了既有的“两级政府、三级管理、四级落实”的治理结构，并且发展出“五级落实”的网络，在居委会以下，社区网格被构建起来了；第二，整合“八大员”，将政府的工作触角通过社区工作站延伸到社区，直接送到社区居民家门口，这种结构能够有效地提升政府公共服务的能力和效率。

其局限在于：第一，这种模式仍然没有突破原有的社区治理结构，继续加密行政化手段，动用体制资源来解决问题的初衷虽好，但社会力量参与社区治理的积极性没有被充分重视；第二，街道办事处和居委会的权责界定仍然模糊，即使是被社区工作站分离出来的职能，也再次通过党组织、网格化等机制将其整合进来，居委会工作行政化的问题仍然没有得到有效解决，社区的自治空间在一定程度上被压缩，居委会仍然不堪重负。

第二节　宁波市海曙区的实践

海曙区是宁波市的中心城区，下辖7个镇、1个乡、9个街道办事处、167个行政村、98个社区、5个城镇居委会。2018年末，常住人口为92.9万人。

一　宁波市海曙区的改革时序

2001年，宁波市在海曙区拨款56万元开通了一个由政府、社区自治组织和企业合作共建的“81890”（谐音，“拨一拨就灵”）全天候免费电话网络，向全市600多万人口提供计18个大类、170多种的社区服务，几乎涵盖了市民生活的方方面面。2014年后，“81890”日均受理3000余件，拥有850多家加盟企业、4000多家社会组织、85万名志愿者。

2002年，海曙区委、区政府发布《关于开展转变作风年和调查研究年活动的实施意见》，要求“要按照‘全国看宁波，宁波看海曙’的高标准和‘全市第一、全省闻名、全国有影响’的创建目标，加快推进社区建设实践，确保跨入全国首批社区建设示范区行列”。2003年，海曙区成为中国第一个社区全面、直接选举的城区，全区推进“选聘分离”。

2008年，海曙区在社会工作领域实行政府购买服务，推行“公益创投”项目，引入社会组织承担公共服务。2012年，海曙区实施社区准入制，规范各项进入社区的事务。2013年，确立“一委一居一中心”（社区党委、居委会和便民服务中心）社区管理服务新框架，并建立社区居委会专职委员制度，根据社区规模和工作需要，每个社区可设置居委会专职委员1—3名，专职从事社区居委会办公室的日常工作。经过改革，社区治理的“海曙模式”享誉全国。

2002年，海曙区跨入了“全国首批社区建设示范城区”的行列。

2007 年海曙区“政府购买居家养老服务”获得第四届“中国地方政府创新奖”。2009 年被民政部命名为“全国和谐社区建设示范城区”。2014 年，被民政部命名为“全国首批社会组织创新示范区”。

二　选聘分离，项目合作

海曙区不同于其他地方的地方在于，推进居委会“选聘分离”，引入市场企业资助、通过“项目制”撬动社会组织参与社区治理，实现“花少钱、办实事”的效果。

（一）推进“选聘分离”，撬动“政府社会不分”的格局

2003 年，时任海曙区副区长的许义平推动了社区直选试点，基本的操作思路是：社区居民差额直接选举社区居委会，居委会成员除居委会主任以外都是不拿工资的“义工”，居委会负责社区大事的讨论、决策；同时成立社区办公室，由街道招收“社工”。

根据海曙区出台的《社区专职工作者管理办法（试行）》，自 2003 年起，海曙区按照每 300 户配 1 人的标准配备社区专职工作者，主要承担居委会交办的自治性工作以及政府下达的公共管理和服务工作，其工作职责包括六条：（1）带头拥护党的领导，认真执行党的路线、方针、政策和国家法律、法规；（2）认真执行社区成员代表大会、社区居委会的各项决议、决定，做好社区各项事务工作，加强与辖区单位的沟通和联系，自觉接受社区居委会和社区成员的监督；（3）加强与社区居民小组长、居民骨干的沟通，充分调动和发挥居民小组长及居民骨干的作用，积极完成各项任务；（4）经常开展政策和业务学习，熟悉掌握相关政策和业务知识，提高自身的整体素质；（5）认真听取并及时向社区居委会反映居民的意见、要求和建议；（6）认真完成应当协助政府部门完成的各项工作任务。

社区专职工作者由居委会委托与各街道社区服务中心签订劳动合同，其年度考核由区民政部门牵头、街道党工委组织、社区党组织和社区居委会实施。

（二）实施“社区准入制”，进一步减轻社区工作负担

2012年4月27日，海曙区召开全区规范社区工作会议，出台《关于进一步规范社区工作加强社区建设的若干意见》，以规范社区工作，让社区工作者“轻装上阵”。2012年5月，海曙区印发《社区工作准入制实施细则》，规定：“凡涉及2012年《意见》内已经明确的社区工作，党委政府部门、群团组织要将组织机构、工作任务、网络信息平台、创建评比、考核检查、普查调查等延伸到社区的，全部实行准入制度。”

2012年，为减轻社区和社工负担，海曙区成立了由区委书记、区长直接领导的规范社区工作领导小组，各部门对进入社区的各项事务向规范社区工作领导小组提出申请，规范社区工作领导小组吸收社区居委会主任、书记参与，评议各部门进入社区的事务，而后制定进入社区事务的目录，各个部门进入社区的工作还接受社区的监督。社区准入实施两种准入申请程序：一是集中性申请，各部门拟进入社区的工作，必须向区规范社区工作领导小组提出书面申请，申请准入实行集中办理，原则上一年申请一次（每年第一季度进行集中申请，在第三季度进行调整补充）；二是临时性申请，根据上级要求和实际需要，对未能集中申请且临时需要进社区的项目，采取即时审批的办法，提前5个工作日提出申请。

据此，海曙区出台了《部门工作进社区指导目录》，规定了严格执行工作准入、统筹各项考核检查（采取集中人员、集中时间、集中考核的方式进行，不得单独对社区工作进行考核）、精简创建活动开展、规范普查调查活动、整合网络信息平台、统一档案台账管理、规范社区机构挂牌七项措施。

经过改革，来自部门各线的工作事项削减56项，创建活动由41项减并至5项，统计调查由36项减少至4项，档案台账由47套合并至6套，各政府职能部门落到社区工作事项由95项减至24项。各部门落到社区里的工作事项，由原来的近90个大项减至2012年的33项，2013年又减少到24项（见表5－5）。

表 5-5 海曙区 2013 年部门工作进社区指导目录

类别	序号	工作名称	部门	内容	创建	需要维护的网络平台	档案（台账）	检查考核
党建群团	1	社区组织工作	组织部	1. 组织领导社区换届选举工作，推进社区居民自治； 2. 做好党员教育管理和发展工作； 3. 协助街道党工委做好“两新”组织党建工作	无	宁波市党员全员动态管理系统	纳入社区综合档案	纳入大党建考核
	2	社区纪委工作	纪委	1. 做好社区“三务”公开工作； 2. 做好社区便民服务中心标准化建设	无	无	纳入社区综合档案	纳入大党建考核
	3	社区宣教工作	宣传部（文广新局）	1. 协助开展时事政治、法律法规、公益道德和生产生活知识的宣传； 2. 组织开展社区文化活动	无	无	纳入社区综合档案	纳入大党建考核
	4	社区统战工作	统战部	1. 做好辖区统战成员基本情况调查以及联谊、服务工作； 2. 开展与台湾基层社区结对交流工作	无	无	纳入社区综合档案	纳入大党建考核
	5	社区人武工作	人武部	协助做好适龄青年兵役登记、兵员征集宣传、征兵政审走访工作	无	无	纳入社区综合档案	无
	6	社区工会工作	总工会	1. 做好联合工会所辖企业的工资集体协商工作； 2. 做好辖区内失业、退休职工的住院医疗互助保障参保办理工作	无	无	纳入社区综合档案	纳入大党建考核
	7	社区共青团工作	团委	做好已建党组织的非公企业团建工作，发挥团组织和团员青年作用	无	无	纳入社区综合档案	纳入大党建考核

续表

类别	序号	工作名称	部门	内容	创建	需要维护的网络平台	档案（台账）	检查考核
党建群团	8	社区妇女儿童工作	妇联 关工委 教育局	1. 开展母亲素养工程，做好妇女扶贫帮困、就业培训、创业指导、维权、文体活动； 2. 做好关心下一代工作，开展暑期未成年人主题教育活动	家庭文明创建	无	纳入社区综合档案	纳入大党建考核
平安建设	9	综治信访维稳工作	政法委 信访局	1. 组织开展“网格化管理、组团式服务”工作，推进和谐促进工程； 2. 开展反邪教活动； 3. 畅通社情民意，及时收集上报各类涉稳信息，化解矛盾纠纷； 4. 做好代理上访和陪访工作	无	浙江省基层社会管理综合信息系统	按照海曙区2013年度街道社会治安综合治理目标管理责任制考核评分细则要求制作	1. 平安大区考核每年市抽查海曙区2个街道，每个街道再抽查1—2个社区考核，由市联合考核组进行考核； 2. 区对街道考核由政法委牵头，公安分局、信访局、司法局、安监局、消防大队等部门共同考核
	10	治安和社区矫正工作	公安分局 司法局	协助做好社区矫正、社区戒毒、重点人口监管等工作	无	浙江省公安厅禁毒总队吸毒人员社会化管理信息系统		
	11	安全生产工作	安监局	1. 排查整改社区安全隐患； 2. 协助开展全国安全社区创建工作	无	海曙区安全生产综合监管平台		

续表

类别	序号	工作名称	部门	内容	创建	需要维护的网络平台	档案（台账）	检查考核
社区文明	12	文明城市创建	文明办	1. 组织开展志愿服务活动； 2. 协助做好辖区小区的环境整洁美化工作	文明城市创建	无	按照市文明城市创建要求单独制作	每年接受全国和省文明城市检查，以及市级的不定期检查
	13	社区教育工作	教育局	开展青少年、妇女、新市民和老年等人群的法律知识、安全生产、文明素养等教育培训工作	无	无	纳入社区综合档案	无
民生服务	14	社会救助工作	民政局	1. 做好居民家庭经济状况核对工作； 2. 协助办理最低生活保障、社会扶助证、重度残疾人基本生活保障、残疾人基本生活保障、医疗救助、临时救助	无	海曙区社会救助信息平台	纳入社区综合档案	无
	15	老龄工作	民政局	1. 协助发放高龄津贴、81890 话机、老年优待证； 2. 协助做好居家养老服务、老年电大教育、老年维权等工作	无	1. 浙江省老龄事业统计年报平台； 2. 海曙区高龄津贴发放平台	纳入社区综合档案	无
	16	社区建设	民政局	1. 做好社区社会工作室建设； 2. 协助做好社区社会组织培育工作	无	无	纳入社区综合档案	无
	17	社区残疾人服务工作	残联	1. 做好《残疾人证》申请材料的初审工作； 2. 协助开展残疾人基本生活保障、康复、托（安）养、教育就业、维权等服务工作	无	浙江省残疾人实名制调查管理系统	纳入社区综合档案	年底以电话、问卷或入户形式抽查

续表

类别	序号	工作名称	部门	内容	创建	需要维护的网络平台	档案（台账）	检查考核
民生服务	18	社保和就业服务工作	人社局	1. 做好就业服务基础工作； 2. 做好企业退休人员社会化管理服务； 3. 协助办理和落实居民养老（医疗）保险及相关证卡服务	无	1. 宁波市户籍人员养老保险参保信息登记系统； 2. 宁波市就业与失业保险管理	纳入社区综合档案	无
	19	社区卫生工作	卫生局	1. 协助开展病媒生物防治工作； 2. 协助社区卫生服务中心做好社区卫生属地化相关工作； 3. 协助做好迎接国家卫生城市复评工作	无	无	填写爱国卫生工作记录册并纳入社区综合档案	无
	20	社区人口计生工作	人口计生局	1. 开展人口计生一级随访工作； 2. 做好计生奖扶对象初审工作	无	省、市、区三级人口计生信息平台	纳入社区综合档案	1. 随机抽查； 2. 年底全市抽查
	21	智慧社区建设工作	经信局	做好智慧社区管理服务平台建设工作	无	海曙区智慧社区管理服务平台	无	无
	22	社区物管工作	房管处	1. 组织和指导业主大会、业主委员会成立（换届）活动； 2. 做好小区退管维稳工作； 3. 协助街道物管站做好无物业（业委会）小区物业专项维修资金的管理工作	无	无	无	无
统计调查	23	千分之五人口变动暨“平安浙江”	统计局	抽中的7个街道10个社区选派1—2名人员参加区统计局业务培训并开展入户（全数选取约100户和等距抽取25户）调查工作	无	无	无	无
	24	经济普查	统计局	按照全国经济普查的要求开展	无	无	无	无

（三）培育社会组织，推进项目制合作

海曙区在培育社区社会组织的基础上，撬动市场为社区治理注资，通过项目制带动社会组织参与。

1. 健全三级孵化组织网络，推动社区社会组织成长

2003 年，海曙区出台《社区民间组织管理办法（试行）》，拉开了海曙区社区社会组织发展的序幕。2010 年 12 月 23 日，浙江省首个社会组织服务中心在海曙区成立。海曙区社会组织服务中心，按照“政府扶持、民间运作、专业管理、三方受益”的运作模式，由政府提供政策支持并以购买服务形式给予补贴；由民间专业机构负责日常管理；向社会各界募集运作经费；与自主型组织建立公益创投合作伙伴关系；受理居民、社会组织、企事业单位的求助事项。2011 年初，海曙区出台规定，符合登记条件的公益性社会组织可以直接在民政部门注册登记。

海曙区健全了区、街道、社区三级服务网络（见图 5－2），海曙区社会组织服务中心负责全区社区社会组织发展的研判、指导和服务工作；街道社会组织联合会对区域内社区社会组织进行摸底、备案，进行分类管理和指导，加强培育交流，促进社区社会组织提升和转型；社区社会工作室挖掘社会组织骨干，帮助解决发展问题。

到 2019 年 6 月，海曙区各类备案社会组织 2629 家，在街道备案的社区社会组织 1044 家相比于 2010 年，社区社会组织总量增长 177.4%，社区社会组织数量增长 173.9%。

2. 企业认购、公益创投，向社会组织购买公共服务

2008 年 5 月 8 日，海曙区印发《海曙区关于在社会工作领域开展政府购买公共服务的实施意见（试行）》的通知，面向有资质的社会组织或市场主体购买社会发展和人民日常生活的服务事项。政府购买服务事项主要有四项：老年人心理调适、青少年心

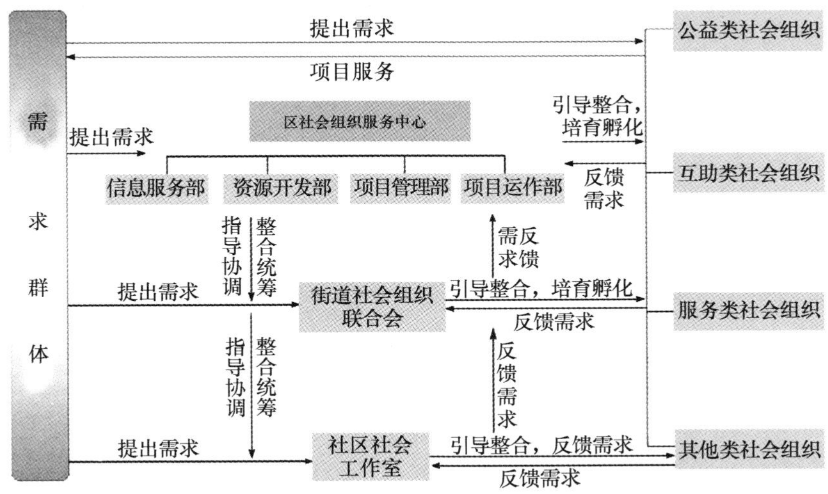

图 5－2 海曙区社会组织工作网络和流程

理调适、社区矫正、残障康复。2009 年 6 月，海曙区制订了《社会工作领域政府购买服务项目绩效评价实施方案》，在全国范围内率先对政府购买社会工作服务项目进行全定量的绩效评价（见表 5－6）。

2010 年，海曙区民政局推出社区居民公益服务项目评审会。35 个社区居民的公益服务项目在评审会上激烈竞争，经过两轮评审，最后决出 14 个项目，分享来自福彩公益金的总额为 30 万元的资助款。2011 年 4 月，海曙区率先出台《海曙公益创投项目管理试行办法》，决定将这种探索性资助升级为常态化资助，海曙区社会组织服务中心进行公益创投。凡愿意在海曙区实施公益服务的社区居民组织，包括经各级民政部门登记的社会团体、民办非企业单位、基金会和已在各街道备案的社区民间组织，均有资格获得资助。

表5－6　**海曙区社会工作领域政府购买服务项目绩效评价体系**

服务大类	项目名称		目标实施情况	标准	权重	得分
业务指标	专业支撑		专业资格（学历）拥有率	100%	5	
			继续教育培训次数	4次	5	
	目标完成情况		个案工作完成率	100%	10	
			小组工作完成率	100%	10	
	目标完成质量		服务人次	≥300	10	
			服务对象的满意率	100%	10	
	社会效益情况	社会评价	市级以上新闻报道次数	≥2次	5	
			服务知晓率	≥50%	5	
			服务对象无正当理由上访率	≤5%	5	
		社会资源集聚程度	义工人数	20	5	
			义工参加活动人次数	≥50	5	
			义工接受培训人次数	≥50	5	
	合计得分				80	
财务指标	资金落实情况		实际收到该项拨款金额	100分	5	
	实际支出情况		专项资金具体使用情况	100分	5	
	财务信息质量		财务报表等信息质量	100分	5	
	财务管理状况		财务管理水平	100分	5	
	合计得分				20	

为了扩大公益创投的资金来源，海曙区政府引导企业和社区组织参与“出资认购”公益创投项目。在民政局和工商联的牵线搭桥下，2011年有6家爱心企业认购公益项目，2012年则增长到了68家企业。2013年上半年，宁波市31家“爱心企业”认购62个重点项目，资助103万元“爱心款”。2014年9月，百家爱心企业对接百个公益项目，61家单位出资155.1万元，资助131个公益项目。企业等社会力量与公益的直接对接，充实了社区社会组织参与治理的资金，政府实现了“少花钱、办实事”。海曙区民政局负责

人讲道：

有公司一下子认购了10个项目，还有15家单位认购了2个以上的公益项目，天港集团、中习集团、台州商会都是连续两三年认购公益项目。有单位主动参与认购项目的相关活动，宁波住建集团资助的“王姐工作室项目”，受益对象是外来人员的子女，农民工可以安心工作了，也可以让他们感受社会的关怀。有公司资助了义务红娘项目，不仅为社区的优质剩男剩女们牵线搭桥，也为公司的员工提供了更多的交往空间。（HSMZJ2，2014年6月2日）

社会组织承担公共服务的优势在于，能够灵活掌握居民需求，提供多元化服务。海曙区主要是引导社会组织面向扶老、助残、救孤、济困、青少年、维稳、教育、环保、文化等服务领域。精神病患守护、临终慰藉、失独家庭关爱服务、戒毒、农民工医疗救助等，平常不被关注却有社会需求的项目受到资助。相关民政局负责人讲道：

例如我们资助剪指甲项目，面向海曙区60岁以上老年人，尤其是孤寡老人、高龄老人、失能老人，每月定期为服务对象免费修理指甲、推拿按摩等，资助金额仅为3800元。（HSZ1，2014年6月2日）

为了推动公益创投的合理发展，海曙区确立了“公开征集公益项目——组织专家评审项目——签署项目合作协议——监测评估项目实施——总结分享项目经验”的程序，规范了公益创投流程（见图5－3）。

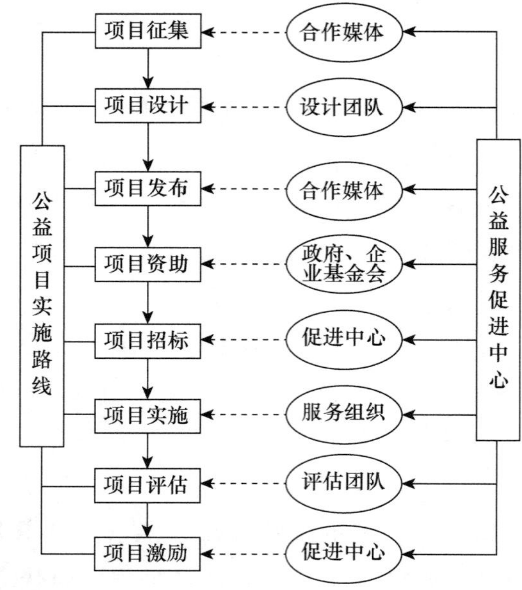

图 5－3　海曙区公益项目运作流程

三　海曙区的社区治理结构

（一）政府在社区治理中发挥主导作用

其一，政府为社区治理注资。政府是社区治理资金的主要供给者，海曙区按照每千户 28 万元资金（市、区、街道投入比例为 10∶10∶8）的标准，用于社区人口和办公经费，并且自 2014 年起每年增加 5% 社区资金，这些资金的使用均由街道办事处予以统筹。其使用由社区居委会提出申请，街道办事处审批。

与此同时，区政府财政每年投入 2000 万元以上用于社区建设，做到社区基础设施建设与城市建设同步规划、同步改造、同步实施；采取一次性奖励的办法，鼓励各街道通过调剂、租赁、购买等方式加快改善社区工作服务用房条件。2012 年，海曙区共新建社区一站式平台 4 个，改扩建社区办公用房 1500 平方米。另外，政府支付社区社工等人员的薪酬，保证“选聘分离”的资金供给。

其二，政府培育社会组织培育。政府在培育社会组织的过程中，组建三级社会组织服务体系，这些组织的办公场所和办公设备全部由政府免费提供。社会组织服务体系集“服务、协调、管理、预警”功能为一体，大力培育社会组织。

例如，2010 年 7 月，海曙区南门街道社区民间组织联合会成立，联合会会长由街道办事处工作人员担任，街道办事处为联合会提供了 400 平方米的办公场地，投资 30 余万元进行了装修，并承担办公费用。联合会致力于培育、发展街道内各类公益性社会组织和服务项目，提供项目孵化、培训交流、场地支持、服务对接等政策指导和扶持。该街道还专门出台了《社会组织培育和发展规划纲要（2012—2014 年）》，对社会组织的整体发展进行科学性、前瞻性的统一规划。同时，建立和完善社会组织内部信息公开制度、为民服务诚信制度、民主议事制度、财务管理制度、重大事项报告制度等一系列自律机制，促进社会组织自主管理和规范运作。截至 2014 年，南门街道有社区组织 199 个，其中公益类组织 89 个、参与管理类社会组织 43 家、文体娱乐类 63 家、其余类 4 家，共有会员 1.8 万余人。

（二）“两委一中心”承担社区治理一线工作

海曙区在社区设有社区党委、居委会和便民服务中心，其中社区党委发挥领导作用，并且协调驻区单位资源。2013 年，海曙区全面推行社区“大党委”制，以兼职副书记或兼职委员的形式，吸纳辖区共建单位人员进入社区党组织领导班子。“大党委”的成立，使得社区资源整合和工作协调具有了平台。以下举两个社区的例子：其一，A 社区有在册党员 100 多位，社区范围的幼儿园和物业公司都有党支部。因为小区老化，物业管理的难度加大，问题很多。社区党委作为中间人，可以有效解决物业和业主之间的矛盾纠纷。其二，B 社区范围内有大单位，社区党委充分发挥驻区单位的功能，服务于社区发展。特别是社区在举办活动时，社区党委会督促协调驻区单位衔接好、提供资源帮助。例如，协调医院给居民做义诊，为健康、饮食、心理等方面有问题的居民提供指导性帮助。

尽管海曙区推出了社区准入制度，但社区仍然承担了大量的行政事务，有 24 大项工作、5 项创建需要社区居委会（社区服务中心）去做。各部门延伸至社区的工作，已经让社区负担沉重。与此同时，社区居委会主任还要兼任服务中心主任，很难顾及“自治事务”，有社区负责人就反映：

> 计生工作是一年到头做；统计的工作是阶段性的……像是去年承担的全国经济普查，也是我们社区在做的。今年是政治普查，现在什么东西都很高级，都是用 iPad，感觉都有点跟不上了。需要我们做的台账耗费的精力相当大。每个部门都说自己的工作很重要，都要求制度上墙。（HSQ2，2014 年 6 月 3 日）
>
> 我们更想多做实际工作，但往往到居民中去的时间少……（社区准入制度实施以后）还是有很多工作任务，规定动作一样不能少。小社区比大社区被占用的时间更多（大社区社工多）。比如计生工作、民政工作、社保、老龄、卫生、统战、工会、妇联、侨联、科普等每条线都很多，每个人承担一条线，社区要承担更多的线。小社区也是 300 户 1 个社工，任务反而比大社区更多。（HSQ1，2014 年 6 月 3 日）

（三）社会组织通过“公益创投项目”参与社区治理

海曙区社会组织服务中心以居民需求为导向，孵化了多种类型的社会组织，为社区居民提供多种多样的服务。

2011 年，海曙区投入 100 万元资助了 61 个社会组织的公益项目，2012 年后每年投 200 万元资金用于资助公益项目。从 2011 年到 2014 年，海曙区的公益项目共吸引了 951.46 万元社会和政府的资金支持。到 2019 年，海曙区已举办九届公益创投项目，累计资助 1074 个项目，投入资金超过 1600 万元。

社会组织承担公益服务项目的一个好处，在于服务项目更加精细。社会组织在原有基础上，能够探索更人性化的服务方式，同时提升服务项目的精细化程度。在社区范围内，一批社区组织参与了公益创投，成为社区治理的重要参与者。

> 比如说我们街道有一个暖情俱乐部，申报了一个项目就叫爱心黄丝带，主要是跟辖区里一些独居空巢老人结对。还有一个“626”的禁毒俱乐部，是一个退休书记组织的……固定会员有 64 个人，主要是劝诫人戒毒，原来有许多吸毒的现在都戒掉了，而且都成家了。前两年，有 7 个人戒毒很好的，生活很美满的，就组成了一个小分队，报了一个公益创投的项目叫携手迎阳光，在各个地方辗转演讲，用自己的切身体会来讲毒品的危害。（HJDSZX，2014 年 6 月 3 日）

再如，南门街道柳锦社区的“康伯红线”志愿者组织，有 10 人左右，主要开展单身男女牵线、心理咨询，引导建立正确的择偶观，宣传有关保障妇女权益的法律法规，维护妇女儿童权益等。

海曙区社区治理的主要特点在于，居委会与专业社工“选聘分离”，三级组织网络推动社会组织孵化，在此基础上向社会组织、社区组织购买服务，这种“项目制”具有居民需求导向，利于带动居民参与社区治理。其治理结构如图 5－4 所示。

四 海曙模式的进步与局限

海曙区自 2003 年开始的社区治理改革，有着独特的理念。从“选聘分离”到“项目制”，体现了从依靠体制内力量到“吸引社会参与治理”的进步。

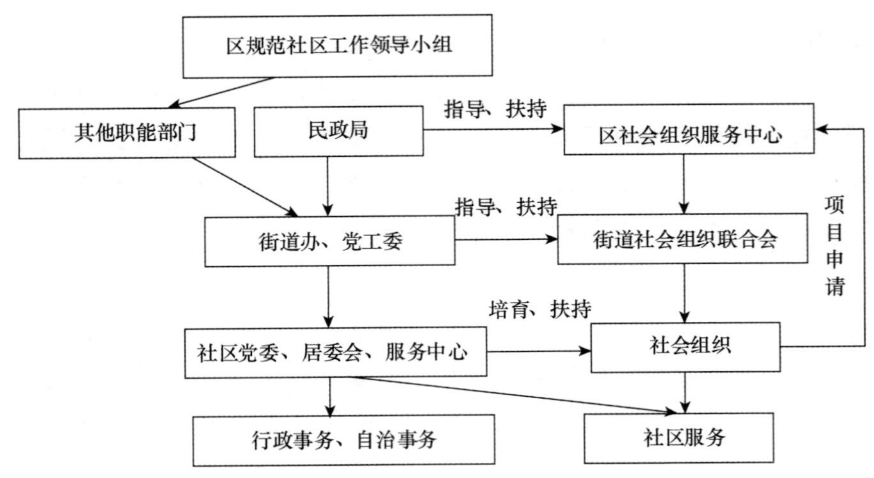

图 5－4　海曙区“街居为体、项目合作”的社区治理结构

其进步表现在：第一，选聘分离使得基层“社区自治”与“政府服务”适当分离，利于减轻社区居委会的工作负担，专职社工的进驻也促进了社区服务的“专业化”；第二，从严格实施“费随事转”、社区工作人员专业化，到“政府社会合作治理”，体现出向“社会治理社会化”转变的努力；第三，吸收社会组织参与社区治理，为社会组织成长和发育提供了良好的条件，夯实了社会组织参与治理的基础。

尽管海曙区在社区治理改革上有所突破，但是还是有几个方面的局限：第一，项目制的实施范围仍然较小，全年 200 万元的投入，几乎就是 7 个社区办公经费的总和，在社区治理的总支出中所占比例还较小，仍有进一步拓展的空间；第二，项目制主要是由有竞争力的跨社区的社会组织来承担，这些组织有专业的社工和志愿者，社区层面社会组织的参与数量较少，居民参与还没有得到很好的重视；第三，社会组织参与社区治理内容有限，为社区提供支持、发掘社区精神、推动居民自主参与较少；第四，社区组织还不具备可持续发展的能力，不少社会组织的负责人年龄老化，还存在“不想放权”的老想法，参与公益项目的申请书都需要社区人员负责，社区社会组织没有健全的制度。

第三节　广州市越秀区的实践

广州市越秀区是广州市的老中心城区，截至2018年，越秀区下辖18个街道，222个社区，常住人口为117.89万。越秀区社区治理的主要特点是政府向社工组织购买公共服务。

一　广州市越秀区的改革时序

2005年6月，越秀区分别选取了5个社区试行“两委一站”（即社区党委、社区居委会、政务工作站）的运作模式。社区党委落实上级党组织布置的各项工作，领导和协调居委会、政务工作站工作；居委会收集民意，处理辖区内居民事务；政务工作站完成社区“两委”及政府职能部门交办的工作。2007年9月，越秀区下发《越秀区关于推广社区两委一站运作模式指导意见》，计划用三年的时间，在全区逐步推广“两委一站”模式。

2008年，越秀区在学习香港、深圳、东莞等地经验的基础上，开始向社工组织购买服务。2010年，广州市在20个街道开展家庭综合服务中心试点工作，在前期的服务探索基础之上，越秀区有4条街道被列为家庭综合服务中心。2011年后，广州每个街道都开始推动家庭综合服务中心建设。

2011年，广州市委、市政府下发《关于全面推进街道社区服务管理改革创新的意见》，做了五项具体要求：（1）在不改变街道现有机构编制、领导职数和人员身份的情况下，建立街道政务服务中心、综治信访维稳中心、家庭综合服务中心和街道综合执法队（“一队三中心”）；（2）完善社区治理结构，建立以社区党组织为领导核心，社区居委会、社区服务站分工协助、交叉任职、合署办公的社区治理结构；（3）在街道构建“条块结合、以块为主”的服务管理模式，强化属地化管理，推行网格化服务管理模式；（4）积极推广政府购买社会服务；（5）大力培育和规范社会组织发展。

2012 年，越秀区开始试行网格化服务管理工作，每名网格员要负责社区治安、出租屋管理等 12 大项 121 小项城市管理类事务，以及民政、计生、人社等社会管理类 10 大项 78 小项事务。

2013 年 10 月，广州市民政局、财政局出台了《广州市社会组织公益创投项目管理办法》。2014 年开始推行公益创投项目，2014 年、2015 年分别立项 1600 万元，确定 216 个资助项目，撬动社会配套资金 2428 万元。2016 年，第三届广州市社会组织公益创投活动政府资助金额由往届的 1500 万元提高到 1850 万元。

2014 年，民政部确认 31 个全国社区治理和服务创新实验区。广东省广州市越秀区入选，其试验任务为：实验探索政府、社会与居民三元互动和良性运作的体制机制，形成社区多元参与共治的模式和途径。

越秀区是广州社区治理的代表，经过多年探索，广州市形成了带有改革开放先行地区特色的模式。越秀区先后被命名为全国社区治理和服务创新实验区、全国和谐社区建设示范城区，公共服务总体满意度连续五年名列广东省第一。

二　向社工购买家综服务

同其他地方一样，越秀区实现了“居站分离”，由社区服务站承担政府的部分事务。相较而言，其最有特色的社区治理形式是，在街道层面向“家庭综合服务中心”购买公共服务。

（一）政府成立“家庭综合服务中心”

越秀区政府向社工购买服务开始于 2008 年。之前的社区服务更多是依靠社区居委会和街道的力量来提供。随着社会工作事务的日趋繁杂，基层管理服务逐渐面临“不断增长的对管理和服务的需求与基层单位有限资源之间的矛盾”。因此，探求一种新的治理方式成为当务之急。

2008年，广州市委、市政府出台《关于学习借鉴香港先进经验推进社会管理改革先行先试的意见》，指出未来社区建设主要突出五个方面：创新和完善政务服务管理体系、社区及家庭服务体系、人力资源管理体系、社区自治体系和信息服务管理体系。文件出台之后，越秀区民政局的相关人员前往中国香港地区和新加坡学习社区管理经验，尝试引进政府购买服务的做法。

从2008年到2009年，广州市主要推进的是专项服务。越秀区实行了六项专项服务内容：（1）老人院的院舍服务质量提升；（2）建立长者综合服务中心，建立一站式服务；（3）社区自治能力提升；（4）由残联建立的针对残疾儿童家长的社会支持；（5）协助贫困大学生就业的社工服务；（6）社区矫正。

此外，越秀区根据实际情况，建立了两个服务项目：在少数民族聚居的街道建设民族服务中心，推进民族融合；“家庭个案服务项目”，按照每年一次签约（续约）的方式，由政府提供资金向社会组织购买服务。

在此基础上，2010年广州市开始尝试建立“社区综合服务中心”，2011年改名为“家庭综合服务中心”（简称“家综中心”）。家综中心按照项目运作的方式，通过招投标程序，选取社会工作服务机构，向居民提供服务。截至2016年9月底，广州市家庭综合服务中心数量已达到188个。

越秀区在每个街道成立一家家综中心，全区共22家。每个家综中心有专职工作人员20人，其中14个是专业人员，包括10个社会工作专业人员，4个心理咨询、社会学等相关专业的人员；另外6个是辅助类的人员。家综中心一般与社工组织签订

3 年服务合同，3 年后重新招标（2018 年改为 5 年一个周期）。

（二）政府向社会组织购买“4 + N”服务

在广州市，政府既向市场组织购买服务，如购买环卫服务、安全服务等，也包括向社会组织购买公共服务，负责该工作的是民政部门。

政府为每个家庭综合服务中心提供 1000 平方米的办公场地，每年向社工组织支付服务资金为 200 万元。2018 年，广州市印发《广州市社工服务站（家庭综合服务中心）管理办法》，将经费由每年 200 万元提高到每年 240 万元，采购周期由原来的 3 年延长至 5 年，并规定社区工作站人员费用及服务质量保障费用，不低于项目经费总额的 85%，运营管理费用不高于项目经费总额的 15%，其中，人员薪酬预算和支出不低于项目经费总额的 65%。

服务内容采取“4 + N”模式，即 4 个必须具备的专项服务内容以及根据实际情况选择的专项服务内容。4 个必备的专项服务项目包括：长者服务、青少年服务、义工服务和家庭服务。关于青少年服务的范围，越秀区把“非就学已就业”的青年人囊括进来了，理由是“35 岁之前不结婚的人越来越多了”；义工服务是延续的香港地区的叫法，实际上就是志愿服务。

专项服务项目就是根据不同街道面临的情况，选择适合本辖区的服务内容。例如，一个位于城中村区域的街道，有 10 万“村转居”人口，10 万流动人口，还有大量的拆迁安置人口，这个街道就要求社工组织提供“社区共融”的服务；再如，越秀区一个财政相对困难的街道，就提出了“社区资源整合”项目，家综中心每年能够整合 40 万元到 50 万元的资源进入社区。

（三）对公共服务购买进行管理与监督

越秀区民政局专门成立社区服务中心，在其之下成立“越秀区政府购买公共服务工作部”（简称“工作部”），具体推动社区购买服务。工作部成立后，在每个家庭综合服务中心设立专员，进行对应管理。

越秀区对家庭综合服务中心的评估，由专业的评估机构——广州市社工协会来进行，这也是政府向行业协会购买的服务内容，评估的标准由民政局与社工协会协商制定。评估一年中有两次——中期评估和末期评估，两次评估标准不同，并且随着服务年份的增加，每一年的评估标准也会发生变化。在工资待遇方面，家庭综合服务中心主任月工资为5000—6000元，下设部长的月工资为4000元左右，大专毕业的社工实习期工资是2300元，本科毕业的实习期工资是3500元（2014年的数据）。具体评估内容见表5-7。

表5-7　广州市越秀区社工服务第三方评估内容与结果[①]

第三方评估		具体内容
评估内容	运营管理	有没有制度、制度是否完善等基本的运营条件
	人力资源	①考察其提供社工服务的人次，每个月是20人次，全年是240人次。每少10人次，则社工机构需要自费增加一个月的服务时间； ②人力成本也是家庭综合服务中心运作的主要成本，基本上其成本占到了每年拨款（200万元）的60%以上； ③所有正式社工都有社工资格证
	监督、督导	对社工的能力进行测试
	权益保障	对居民反映问题及时、有效反馈，隐私保密义务
	财务	通过会计师事务所来进行评估
	专业领域	居民的具体需求以及具体服务领域
	满意度	通过问卷方式、随机抽取已经服务的居民进行评价
	知晓度	考察家庭综合服务中心的覆盖面，在其周围500—1000米范围内，进行随机访问
	购买方访谈	街道作为购买方对其进行评价

① 笔者根据2014年的访谈资料整理。

续表

第三方评估		具体内容
评估结果	评估报告	报告中会给出评估等级：优秀、合格、基本合格、不合格；评估结果关系到机构是否能够继续拿项目。不合格直接取消资格，财务不合格就是一票否决
	评分结构	（1）运营管理：5%；（2）人力资源：16%；（3）权益保障：4%；（4）财务：10%；（5）专业领域：45%；（6）满意度：7%；（7）知晓度：3%；（8）购买方访谈：10%

三　越秀区的社区治理结构

越秀区的社区治理，凸显出向社工组织购买服务的特点，传统的治理主体仍然发挥重要作用。

（一）“街道—居委会”在社区治理中处于主导地位

广州越秀区的社区治理改革，仍运行在“两级政府、三级管理、四级落实”的轨道内，在此基础上引入社会工作组织，在结构方面有部分变化。社工服务仅仅是政府公共服务和管理中的一小部分，社会组织在很大程度上还依赖政府的支持。

在社区治理过程中，居委会一方面将发现的问题转交给家综中心，另一方面需要将精力投入街道办事处分派的各类任务，家综中心只是发挥着补充性的作用。

越秀区虽然在社区进行了“居站分离”，但是“上面千条线，下面一根针”的局面仍然未得到根本改变。根据2012年的统计，社区居委会承接的任务是130—140项，后来又有增加，特别是推行网格化管理之后，居委会的负担加重。有街道办负责人讲了“费随事转”和“网格化”带来的压力：

各个部门既然给了社区资源（主要是经费），就要求社区一定要配够人员数量。我们说是“十九路军”啊。就是说原来居委会就那么七八个社工应付那么多条线，还是应付不过来。

网格化管理，它是一个精细化的管理，要做出成效，上级一定要增加资源、增加人员。如果不这么做的话，推进工作还是有很大的压力。现在居委会的任务已经很重了，举一个例子，在网格化管理中，居委会发现一个问题，要用照相机照一个像，然后解决后再照一个像，前后要有一个对比。这些很细致的工作，实际上就是加重了居委会负担。（YXJDB，2014 年 5 月 7 日）

此外，为了推进政府工作，区政府各个“条条”还会对街道办事处进行考核，街道办事处又需对居委会进行考核，从而推动工作的完成。街道对居委会的考核主要分两条线：一是由群众打分；二是向街道汇报、由街道各部门考核。有居委会的负责人诉苦道：

社区网格化和“一队三中心”（街道政务服务中心、综治信访维稳中心、家庭综合服务中心和街道综合执法队）的建设，对社区的减负影响有一点，不大。“一队三中心”主要是综治维稳……居委会主要为居民服务，比如说工商登记啊、救助啊、维稳啊，这些工作压力也越来越大。（YXSQ，2014 年 5 月 7 日）

（二）“专业社工组织”部分地参与治理

按照广州市的统一标准，越秀区对每个家庭综合服务中心每年投入 200 万元（2018 年改为 240 万元），采取市区两级 1∶1 配套的方式。

在培育和指导社会组织方面，越秀区重点扶持专业社工组织，目的是更好地承接政府公共服务。2011 年 8 月，越秀区在民政局的社会服务中心建起一个“越秀区社会组织孵化基地”。在培育社会组织上主要做了五个方面的工作：第一个是降低社工组织的准入门槛，公益类、社工类的民办机构可以直接登记，到 2014 年，全区注册的社工类组织有41家，社会互助组织有85家。第二个是资金支持，政府还给社会组织提供了一些培育资金。2009年广州市民政局就出台了《广州市民办服务机构公共财政基本扶持办法》，规定社工类的机构可以向市政府申请资助，一个机构如果有5个持证的社工，就可以申请5万元的资助，有10个持证的社工就可以申请10万元，有15个持证的社工可以申请15万元，有20个以上持证的社工可以申请到20万元。到2014年，越秀区已协助18家机构进驻培育基地，共批复了305万元资助。第三个是加强社会组织的培育，给予社会组织场地的支持，还给以政策咨询、培训服务等。第四个内容是能力建设，越秀区民政局会针对社会组织机构的内部管理等方面做工作，帮助其争取政府项目资金支持。第五个是资源链接和共享的工作，除了提供资讯以外，越秀区主要是链接李嘉诚基金会、《南方都市报》的一些公益基金等资源，加强对社会组织支持。

到2014年，有33家机构进入越秀区社会组织培育基地，17家社会组织承接政府服务项目。

（三）社区治理主体之间的协调

越秀区在社区治理中"冒出"的新主体，又被相应的机制整合起来。家综中心与其他主体的协调，主要有两种方式。

1. 社区居委会与政务服务站的整合

越秀区政府在社区成立政务服务站（也称社区服务站），服务站负责人由社区党组织、社区居委会负责人兼任，社区居委会还要负责相应的管理工作，社区党组织书记（兼居委会主任）、副主任等成为专职的社工人员。

社区服务站需要承担"宣传贯彻党的路线、方针、政策，完成社区党组织、社区居民委员会、社区公共服务站布置的工作任务，协助基层人民政府或其派出机关做好与社区居民利益有关的工作，组织协调辖区内机团单位开展区域性共建活动，参与并组织居民群众开展社区自治活动"等诸多任务。虽然有年度工作计划，居委会还做不到

“战略层面的规划”。

2. 社区与社会组织之间的协调机制

社区组织与社会组织，主要通过转借和三方协调会的方式沟通、合作。

其一，所谓转借机制是指，街道或居委会发现社区问题后，可以转借到家综中心，然后由家综中心来进行跟进，这有利于家综中心利用专业知识解决问题。一位居委会负责人讲了本社区的一个转借个案：

> 社区里有一个拾荒户，两个老人没有子女，喜欢把垃圾都整理到屋子里。但是这个房子是木结构的，整个房子有很大的味道，而且形成很大的火灾隐患，这个事情都成了一个越级上访的事件，但是居委会没办法彻底处理好。后来，居委会就转借给社工。社工接到了这个个案后，一是经常探访这个阿婆、拉近感情；二是用一些专业的方法，比如最近火灾发生了、怎么去防火等与阿婆沟通。半年以后，阿婆主动提出来，要把垃圾清除掉。
>
> 社工就是在长期的跟进过程中把阿婆的观念给改变了。（如果像原来那样）依靠居委会的那种方式是没有办法解决的，或者说是因为他政府雇员的身份，限制了他难以用第三方的身份来解决。（YMZJ1，2014 年 5 月 9 日）

其二，三方协调会议制度，最早是指越秀区民政局、街道和服务承接机构的协调会议制度，参会单位每个月召开一次一把手协调会，家综中心全面推开以后，则是根据问题需要召开，演进成街道办、居委会和社工机构三方。但是因为这种协调机制的层级过低，有时一些服务和资金难以协调、到位。

由上可见，越秀区培育和引入社会组织成为新的社区治理主体，但是社会组织限于特定的领域发挥作用；街道办—居委会（社区工作站）仍然是社区治理的最主要主体（见图5－5）。

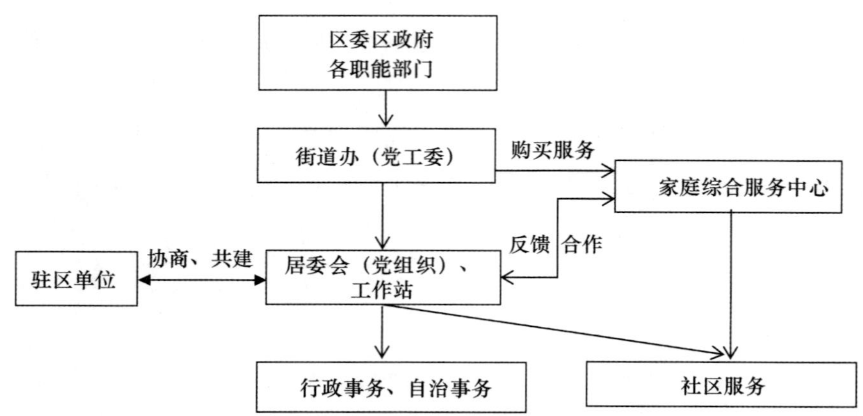

图5－5　广州市越秀区社区治理结构

四　越秀模式的进步与局限

越秀区在继续沿用"两级政府、三级管理、四级落实"的治理网络的同时，在特定领域改进了原有的治理结构。

其进步在于：在既有社区治理结构不变的情况下，在街道办事处层面进行部分"政社分离"，由街道办支持专业的社工组织，承担部分社会工作服务项目。这与依靠自上而下体制内转移任务的思路不同，一定范围内引入社会力量来承担部分治理任务，实现了社工组织的参与式治理。从"职能下移"到"职能外移"，不能不说是一个突破。

但是，这种改革方式也存在相应的局限：其一，政府购买服务的面向过于依赖专业社工，且对社工组织参与治理的门槛设置较高，导致进驻家综中心的社工组织容易一家独大；其二，向社工组织购买服务，凸显出社会组织市场化运作特征，社工组织虽然比市场组织具有公益精神，但是，整个运行过程更类似于市场行为，特别是对当地居民参与精神、志愿精神的发掘不足，限制了社区治理社会化的意义。

第四节　青岛八大湖街道的实践

八大湖街道是青岛市市南区社区治理改革的典型，其特色在于成立社会组织，并向其购买服务。

一　八大湖街道的改革时序

青岛市市南区是青岛市委市政府所在地，也是青岛市最发达的城区。到 2018 年，区级一般公共预算收入累计完成 92.18 亿元；区级税收收入累计完成 83.11 亿元，居全市十区市首位。全区共有 50 个社区，常住人口 53.83 万，平均每个社区超过 1 万人。

八大湖街道位于青岛市市南区东北部，辖区面积 4.27 平方公里，常住居民近 10 万人，辖 8 个社区。辖区面积大、人口多；困难家庭多；下岗失业人员多；退休老人多；商贸林立、各类企业单位上千家，流动人员多；社会治安情况较为复杂，维护社区稳定任务较重。为了解决街道办与居委会职责膨胀的问题，八大湖街道开始探索通过社会组织来承接公共服务工作。2005 年 5 月，在街道党工委的设计和主导下，八大湖街道成立和谐社区促进会，街道通过和谐社区促进会等社会组织服务居民，减轻政府负担。

2007 年，八大湖街道成立了居家养老服务社。2012 年，成立了幸福中心和养老互助服务点，在社区建立日间照料中心，全部实现社会化运营。

2010 年，市南区在山东省首设社区工作站，选派 70 余名处级干部担任工作站站长常驻社区办公，实现社区党委、社区居委会和社区工作站“两委一站、三位一体、合署办公”。

2008 年，八大湖和谐社区促进会被评为“青岛市先进社会团体”。2010 年 2 月，和谐社区促进会被民政部评为“全国先进社会组织”。2014 年 1 月，青岛市市南区八大湖街道的“社会组织伴生模式”获得第七届“中国地方政府创新奖”提名奖。2019 年，市南区入选山东省城乡社区治理创新实验区。

二　向社会组织购买服务

2005 年，八大湖街道社区促进会成立，吸收了驻街理事会员单位 78 家，吸引了 500 多家驻区单位和个体业户加盟。政府通过购买公共服务的形式，由社会组织为居民提供相应服务。八大湖街道将这种方式概括为“社会组织伴生模式”，即政府为主、社会组织为伴。

和谐社区促进会组建了 10 个分会和 12 个功能各异的服务社、1 个综合服务队、12 支义工和志愿者队伍（见图 5－6），拥有专业服务人员 130 多人、社区义工和志愿者队伍 30 支，人数达到近 3000 人。

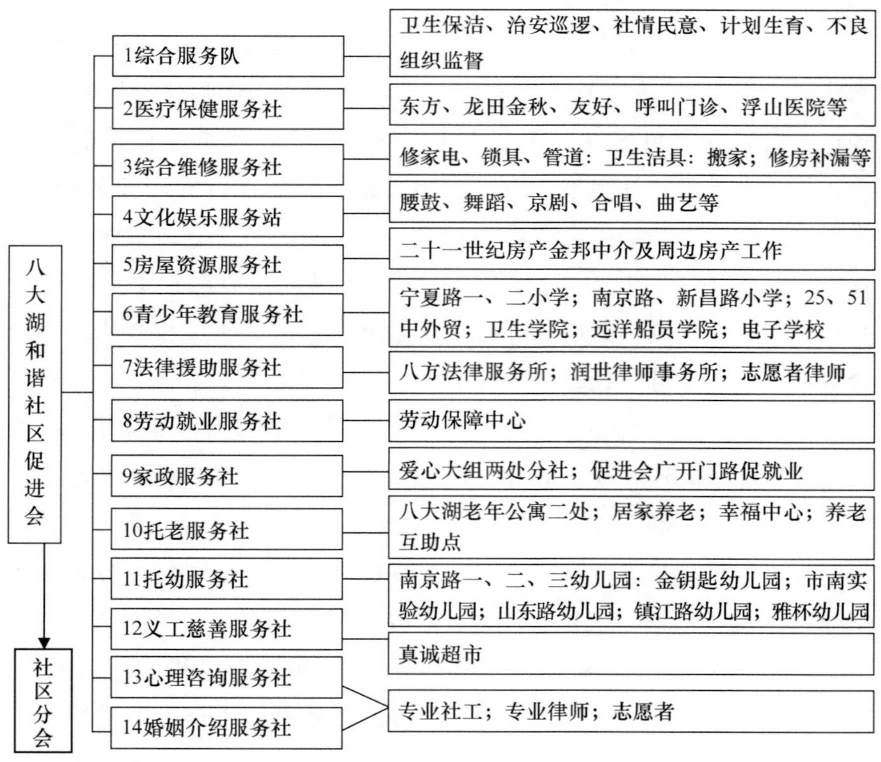

图 5－6　八大湖街道和谐社区促进会服务网络

八大湖街道主要通过购买服务的方式，让和谐社区促进会承担了街道、社区计划生育、医疗保健、社区养老、社区再就业等20多项社会性事务服务。截至2014年，和谐社区促进会为居民办实事16000多件，并为失业、残疾、低保户等各种人员找岗、送岗1000多人次。

（一）社会组织在承担就业服务方面发挥了重要作用

八大湖街道拥有庞大的失业人群和退休人群，有2万流动人口和大量社会闲散人员，街道办事处在人力资源与社保方面只有9个工作人员，很难依靠政府自身的力量提供就业服务。和谐社区促进会发挥协调能力强的优势，一方面，联系驻街单位找岗位，安排下岗失业人员从事物业管理、保洁人员、炊事员等工作；另一方面，组织社区闲散人员，承担服务居民的工作，例如在社区打扫卫生、巡逻等。

社会组织承担公共服务的优势在于，第一，可以减轻政府的工作负担；第二，比政府更加灵活，贴近居民需求。和谐社区促进会的工作人员放弃休息时间，通过多种方式为下岗失业的人员找工作，经过努力，八大湖街道的很多企业主动送岗位给促和谐社区进会，“企业承诺只要居民不挑不拣，找到促进会马上就可以上岗”。同时，居民在本区域就业可以降低企业用工成本，这激励了企业在社区用工。一位物业企业负责人讲道：

> 用工这一块占物业管理很大一块成本，如果住的离小区远的话，就牵扯到坐车和管饭问题。所以我们就近找人，促进会确实给我们帮了不少忙。不管是保安还是绿化方面，给我们帮助很大。促进会对家庭比较了解，谁家有合适年龄段的人，就向我们推荐。久而久之，只要一缺员工，我们就跑促进会这来沟通了，他们确实给我们帮了不少忙。（QDW3，2014年11月2日）

（二）承接养老服务是社会组织的另一项重要工作

八大湖街道的老龄化非常严重，有些社区的老龄化程度超过

30%，社区养老的压力非常大。对于经第三方中介机构评估核实，建设、管理、服务达标的日间照料中心，市政府分别拨付 5 万元、7 万元、9 万元运营补助，区政府再按照评定等级给予 3 万元、5 万元、8 万元补助。对于开展居家养老服务的第三方机构，区政府按照 1 个年度内服务 1 名老人满 720 小时补助 2000 元的标准付费。

在硬件方面，八大湖街道建成 1000 平方米的区级示范性日间照料中心 1 处、社区日间照料室 18 处、养老互助点 79 家。在服务内容方面，居家养老服务社主要开展上门送服务的活动，幸福中心则关注老年人的精神需求。

居家养老服务社每天为 80 余名空巢独居老人送免费爱心奶并上门探视，询问老人的身体情况，帮助行动不便的独居老人买菜倒垃圾、陪同老人打针买药，解决老人生活中的各种实际需求。街道在服务社内建立了“老年食堂”，每周根据老年人的需求制定食谱，每份午餐 10 元钱，市场差价由街道贴补。

政府通过向社会组织购买养老服务，减轻了养老服务的压力。另外，政府通过居家养老服务社、养老中心提供的养老服务更具人情味，更能满足老年人多元化的需求：

> 老年人需要的服务层面是不一样的，老年幸福中心有专业的服务队伍，辅导画画、手工、按摩、理发或者别的什么，就是为了满足老年人不同方面的需求。（QJD2，2014 年 11 月 2 日）

（三）介入社区纠纷调解，促进社区稳定和谐

社会组织在化解社区矛盾、维护社会稳定方面也具有积极的作用。截至 2014 年，和谐社区促进会化解各种矛盾 57 起，成为社会矛盾的缓冲器和减压阀。促进会主动介入社区纠纷，对劳资双方、社区居民与物业公司等进行协调商谈和解，维护双方的利益。

仅 2013 年下半年，和谐社区促进会就调解邻里纠纷 22 户次。由

于和谐社区促进会延伸至各个社区，掌握社区居民情况，了解居民的利益关系和需求，能够通过组织活动、矛盾调解等工作，拉近居民距离、促进邻里和谐。

在一些没有物业管理的老旧社区，很多日常的生活服务缺乏承接主体。政府通过购买服务的形式，由和谐社区促进会进行日常的服务和管理，促进会的工作人员讲道：

> 我们维修服务队有五六十个人，如果居民有需求，家电、自来水的杂活、脏活、累活，（我们）安排一步到位，对残疾人、特困家庭、低保户一般都是免费，对（其他）家庭半价或仅收取维修成本费。（CJH3，2014 年 11 月 4 日）

和谐社区促进会还帮助居民开办居民课堂，讲课主题包括社区安全、消防、安全等，安排卫生安全整治、为小区安装消防器材，为居民办保障性住房，为困难户办理临时住房等，一定程度上发挥了物业管理服务的职能。

三　八大湖的社区治理结构

八大湖街道办事处（党工委）仍然在社区治理中发挥主导作用，社区居委会、社区工作站是其在社区中的延伸，和谐社区促进会等社会组织承担了一定的公共服务功能。

（一）街道办事处在社区治理中发挥主导作用

1. 政府是社区治理资金的主要供给者。

2013 年，市南区在前期投入 8 亿元、推动社区基础设施建设优化升级的基础上，又投入约 4000 万元，新建 1 处街道级和 2 处社区级服务用房，社区级用房全部达到 1000 平方米以上。按照每个社区 20 万元的标准拨付社区党组织服务群众专项经费，按照每千户 1 万元的标准拨付居委会工作经费，社区服务用房面积达到 1000 平方米以上每年再增加 2 万元。2018 年后，市南区将社区服务群众专项经费增加到 100 万元，并将工作人员增配到 10—15 名。

街道办事处为和谐社区促进会及其分会、居家养老服务社（2007 年成立）、老年服务中心（2012 年成立）等社会组织免费提供办公场所。政府通过以奖代补的形式，购买社会组织的服务。

八大湖街道办事处对和谐社区促进会工作人员每年拨付工资补贴 5.6 万元、救助项目经费 6 万元、日常会务支出 2 万元左右，为和谐社区促进会综合服务队的队员发放基本工资，每年支出 400 万元；此外，居家养老服务社办公人员的工资由街道办事处发放，居家养老服务社如果在促进就业困难人员上岗的工作中有所贡献，政府会给予其一次性奖励。

2. 街道办事处对社会组织培育和监管

和谐社区促进会是在八大湖街道党工委的培育和指导下成立的，在促进会的发展过程中，街道党工委和街道办提供了人员、资金等方面的支持，同时对促进会承担政府服务进行监管，保证服务的质量。

街道办事处作为业务主管单位，每年与市南区民间组织管理局共同对促进会进行考核，对于综合服务队人员，则联合社区一同对他们进行考核；在人事安排上，促进会在换届之前先由街道办事处和理事会进行人事考察，然后提交理事大会进行表决。按照街道办事处的要求，会长要由德高望重的人来担任。和谐社区促进会成立以来的两任会长都是由从市南区人大、政协退下来的老干部担任的，街道辖区范围内的社区居委会主任则兼任促进会的分会会长。

政府发挥部门监管职责，对社区日间照料中心的日常运营进行动态监督检查，将日常监督管理情况和老年人满意度作为指标，考核社区日间照料中心工作，并且将考核结果作为拨付运营补助资金的重要依据。

（二）“两委一站”承担大量行政工作

政府通过向社会组织购买社会服务的形式，确实给居委会释放了一部分空间。但是，居委会仍然要承担大量的行政事务。

1. 社区工作站从名义上的分离到专职化

2010 年 11 月，青岛市市南区八大湖街道在每个社区成立工作站，根据市南区的统一要求，选派街道办事处工作人员担任工作站专职工作人员，专职工作人员全天候坐班社区。

社区党委书记（兼工作站站长）由街道办事处副处级干部（党员）担任。在 2017 年之前，尽管各个社区都建有“两委一站”（社区党委、居委会和社区工作站），居委会仍然要承担 200 多项工作。2017 年之后，市南区进行了相应改革，社区工作站工作人员增配到 10—15 名，由街道行政、事业编制人员及“三支一扶”大学生、社区工作者等组成，全部人员在社区党群服务中心办公。

改革之后，社区工作站设立综合管理、区域党建、社会福利、公共安全、城区发展等服务窗口，承接党委、政府延伸至社区的社会管理和公共事务职能。

2. 居委会仍然被整合在行政工作网络之中

其一，居委会主任担任社区党委副书记、社区工作站副站长，仍要承担相应的政府工作。

其二，街道办事处还将居委会整合进以社区促进会为主体的网格化机制，促进会在每个社区成立了分会，居委会主任同时兼任分会会长。由此，八大湖街道形成了与“街居制”平行的“促进会—社区分会”网络。

其三，八大湖街道以青岛市的数字管理平台为依托，形成了和谐社区促进会与居委会共同参与的网格化管理体系，街道通过促进会全面掌握社区情况，联合社区工作站、社区促进会、居委会及时处理社区事务。

（三）社区单位共建制度发挥一定作用

在八大湖街道的社区治理中，和谐社区促进会是一个枢纽型的社会组织。在横向上，八大湖和谐社区促进会在成立之初，就吸收了 78 个驻区单位为理事单位。社区促进会调动各方面参与文化、体育等生活化活动，这为街道整合服务社区的资源和能量提供了条件。

例如，八大湖街道辖区内有一所民营的专科妇产医院，院长是和谐社区促进会的副会长，这所医院就承担着八大湖街道失业人口和流动人口、妇女的免费查体，每个周日还会为孕妇举办免费公益课堂，对于家庭困难的孕妇还会减免一定费用。再如，辖区内的青少年学校也是和谐社区促进会的会员单位，学校经常组织学生看望、慰问孤寡老人，参加志愿活动，为社区居民免费维修家电等。

综上，街道办事处和居委会仍然是承担社区治理的主体，政府向社会组织购买服务，一定程度上改进了传统的社区治理结构（见图5－7）。

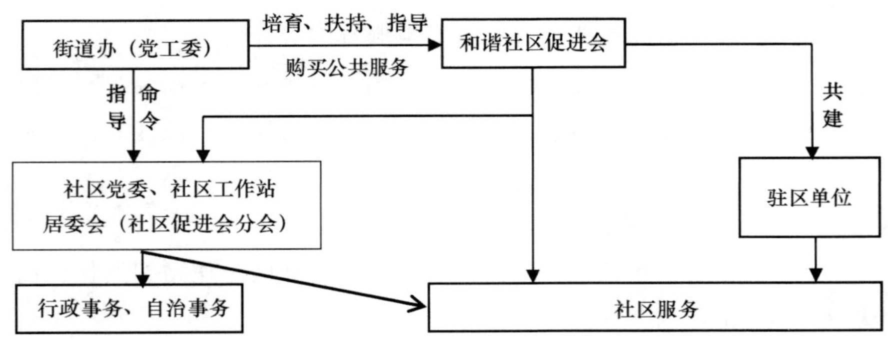

图5－7　青岛市八大湖街道社区治理结构

四　八大湖实践的进步与局限

经过多年的发展，青岛市市南区八大湖街道社区治理的“社会组织伴生”模式基本成型，在特定领域展现出良好的效果。

其进步在于：第一，在传统的“街—居”治理主轴之外，政府通过培育社会组织并向社会组织购买服务，部分减轻了传统治理主体的工作负担；第二，与政府直接提供公共服务相比，社会组织提供的服务更具有主动性、针对性和灵活性，更能满足社区居民的需求。

但是，随着社会的进一步发展，这种结构也将面临困境：第一，和谐社区促进会“一会独大”，几乎垄断社区公共服务外包机会，成为政府购买公共服务时的“定式人选”，在缺乏竞争的环境下，实际上将促进会转变成了“官办民间机构”，在社区公共事务越来越多的情况下，希望通过一个促进会网络应付大多问题，可能并不现实；第二，政府向社会组织购买公共服务的领域仍然有限，对于总体解决街道办事处和居委会职责超载的效果并非十分明显，因而不得不依靠社区工作站专职化的手段解决问题；第三，这种模式通过官方认可的组织网络延伸、网格化管理等机制，将群众自治组织纳入另一种社会组织网络，承担其他社会组织的工作并成为其下属组织，并不利于群众自治功能的发挥。

第六章　新时代的新定向：社区治理体系化

党的十八大召开以后，特别是党的十八届三中全会召开以后，中国进入全面深化改革的时期。在这个背景下，社区治理改革有了新的方向，一些地方也开始了新的探索。只是这种改革还刚刚冒头，还不好讲社区治理改革进入第三个阶段，暂时可以称为“一个定向”。

第一节　体系化：新时代社区治理的新要求

2012 年，党的十八大首次将“社区治理”写入大会报告。此后，社区治理话语全面主导社区实践领域。2013 年，党的十八届三中全会提出“国家治理体系和治理能力现代化”的目标，社区治理在党和国家战略中的地位更加突出，社区治理体系建设被提上议程。

一　从生活共同体到治理共同体

中国对社区治理的探索，经历了社区服务、社区建设、社区管理、社区治理的政策话语变迁。几经演进，“治理共同体”替代原来的“社会生活共同体”成为新时代社区治理的方向。

2000 年，在全国推进社区建设之初，社区被界定为“社会生活共同体”。由民政部倡议的社区建设理念虽然具有引领性，却不得不面对现实条件的约束。其他部门对社区的介入以及基层行政资源的匮乏，使得社区成了基层行政管理的“救济单元”，甚至成为派出机构的“派出机构”；基层社会自我发育的无力，使得内生性的共同体理想不断萎缩。伴随中央对社会建设和基层管理问题认识的成熟，社区治理超越局限在民政领域的“部门意义”，获得了党和政府工作之基础的“全局意义”。借由治国理政战略的新发展，社区治理政策在理想牵引和问题驱动之间调和，更加具有中国化的特征。

2007 年，党的十七大首次在党的大会报告中提出“实现政府行政管理与基层群众自治有效衔接和良性互动”。2012 年，党的十八大报告提出“形成党委领导、政府负责、社会协同、公众参与、法治保障的社会管理体制”的目标。2013 年，党的十八届三中全会通过的《中共中央关于全面深化改革若干重大问题的决定》中有 5 处提到社区，要求“统筹城乡基础设施建设和社区建设”，“促进群众在城乡社区治理、基层公共事务和公益事业中依法自我管理、自我服务、自我教育、自我监督”，重点培育和优先发展“城乡社区服务类社会组织”等。

2017 年，中共中央和国务院发出《关于加强和完善城乡社区治理的意见》（简称“中央 13 号文”），这是中国第一次以中共中央和国务院的名义发布关于社区治理的政策文件。“中央 13 号文”提出“促进城乡社区治理体系和治理能力现代化”的目标，同时，将社区建设为“幸福家园”的提法取代此前“社会生活共同体”的提法。同年，党的十九大报告强调：“加强社区治理体系建设，推动社会治理重心向基层下移，发挥社会组织作用，实现政府治理和社会调节、居民自治良性互动”。

2019 年，党的十九届四中全会提出“构建社会治理共同体”的命题，指出要完善社会治理体系，“建设人人有责、人人尽责、人人享有的社会治理共同体”，建设社区治理共同体成为题中之意。经过历史演进，社区治理共同体成为新时代社区治理体系建设的新说法。

从“生活共同体”到“治理共同体”提法的转变，展示出党对“基层管理与社区管理不可割裂、互为依存的关系”有了新的判断，也反映出其对基层社会共同体发育路径有了新的认识。

二　社区治理体系的具体内容

社区治理体系是国家治理体系的基础内容，但是国家层面对于社区治理体系还未有完整的论述。“中央13号文”提出了“四大主体”（基层党组织领导核心作用，基层政府主导作用，基层群众性自治组织基础作用，社会力量协同作用）、“六大能力”（社区居民参与能力，社区服务供给能力，社区文化引领能力，社区依法办事能力，社区矛盾预防化解能力，社区信息化应用能力）以及“补齐五个短板”（社区人居环境，社区综合服务设施建设，社区资源配置，社区减负增效，社区物业服务管理）的部署，但对社区治理体系的概念并无明确界定。

根据党的十八大以来党中央的相关论述，可以总结新时代社区治理体系建设的要求。除了十分重视的“人民中心价值”以外，社区治理体系在操作层面还包含五个内容。

（一）党建引领

党的十八大以后，中央更加强调发挥党建引领的作用。党建引领被视为贯穿社会治理和基层建设的一条红线。

《中共中央办公厅、国务院办公厅印发〈关于深入推进农村社区建设试点工作的指导意见〉》（2015年）和《中共中央、国务院关于加强和完善城乡社区治理的意见》（2017年）都强调充分发挥基层党组织的领导核心作用。

2017年，党的十九大报告指出“党政军民学、东西南北中，党是领导一切的”，并且将“坚持党对一切工作的领导”写入党章。2019年，中央办公厅印发《关于加强和改进城市基层党的建设工作的意见》，明确“加强和改进城市基层党建工作的重要性、紧迫性”。同年，党的十九届四中全会提出要“建立健全以党的政治建设为统领，全面推进党的各方面建设的体制机制”，健全党组织领导的自治、法治、德治相结合的城乡基层治理体系。党建引领成为新时期社区治理的重要指针。

（二）重心下移

党的十八大以后，社区治理被提升至党的执政基础的高度审视，与“基础不牢，地动山摇”的政治要求紧紧连接在一起。在这种语境下，党中央要求治理重心下移，充实基层（社区）的人力、物力、财力。

习近平总书记在多个场合强调，城市治理的“最后一公里就在社区”，“社区虽小，但连着千家万户，做好社区工作十分重要”，“社会治理的重心必须落到城乡社区”。2015 年 3 月 5 日，习近平总书记在参加全国“两会”上海代表团审议时讲道：“要推动管理重心下移，把经常性具体服务和管理职责落下去，把人财物和权责利对称下沉到基层，把为群众服务的资源和力量尽量交给与老百姓最贴近的基层组织去做。”

2017 年，党的十九大报告提出，推动社会治理重心向基层下移，发挥社会组织作用，实现政府治理和社会调节、居民自治良性互动。2018 年，党的十九届三中全会强调，推动治理重心下移，尽可能把资源、服务、管理放到基层，使基层有人有权有物，保证基层事情基层办、基层权力给基层、基层事情有人办。同年，习近平总书记在上海考察时，对深化社会治理创新提出要求：坚持重心下移、力量下沉，着力解决好人民群众关心的就业、教育、医疗、养老等突出问题，不断提高基本公共服务水平和质量，让群众有更多获得感、幸福感、安全感。2019 年，党的十九届四中全会指出：“推动社会治理和服务重心向基层下移，把更多资源下沉到基层，更好提供精准化、精细化服务。”

（三）社会协同

社会协同主要指的是，驻社区各类企事业单位、社会组织和市场主体参与社区治理，各主体形成相互支持的协同合作。在实践中，社会协同较多地表现为“三社联动”（社区、社会组织、社会工作）、社会组织承接公共服务等形式。

2004 年，党的十六届四中全会首提“党委领导、政府负责、社会协同、公众参与”的社会管理体制。此后，“社会协同”成为社会管理（治理）的重要要求，党的十七大到十九大均延续了这种提法。

2016 年 10 月，习近平总书记在中共中央政治局第三十六次集体学习时强调，社会治理模式正在从单纯的政府监管向更加注重社会协同治理转变。2017 年 3 月 5 日，习近平总书记在参加全国人大上海代表团的审议时讲话指出：“要发挥社会各方面作用，激发全社会活力，群众的事同群众多商量，大家的事人人参与。”2018 年，习近平总书记在上海考察市民驿站时指出：“加强社区治理，既要发挥基层党组织的领导作用，也要发挥居民自治功能，把社区居民积极性、主动性调动起来，做到人人参与、人人负责、人人奉献、人人共享。”2019 年，党的十九届四中全会指出，要“发挥群团组织、社会组织作用，发挥行业协会商会自律功能，实现政府治理与社会调节、居民自治良性互动”。

（四）基层群众自治

在中国，居民委员会是一个法定的自治组织，它被界定为“居民自我管理、自我教育、自我服务的基层群众性自治组织”。2018 年 12 月 29 日，十三届全国人大常委会第七次会议表决通过修改《城市居民委员会组织法》的决定，该法第一条就规定了立法目标——加强城市居民委员会的建设，由城市居民群众依法办理群众自己的事情。

发挥群众积极性，调动群众参与基层治理，是新时代社区治理的重要方向。

2007 年，党的十七大将“基层群众自治制度”首次写入大会报告。2012 年，党的十八大提出，在城乡社区治理、基层公共事务和公益事业中实行群众自我管理、自我服务、自我教育、自我监督，是人民依法直接行使民主权利的重要方式。2016 年，习近平总书记在庆祝全国人大成立60周年大会上发表重要讲话指出："基层群众自治制度是我国的一项基本政治制度……促进群众在城乡社区治理、基层公共事务和公益事业中依法自我管理、自我服务、自我教育、自我监督，切实防止出现人民形式上有权、实际上无权的现象。"

2017年，党的十九大报告指出："有事好商量，众人的事情由众人商量。"同年，"中央13号文"指出的社区治理体系的四大主体之一就是"要注重发挥基层群众性自治组织基础作用"，界定了基层群众性自治组织规范化建设、社区民主选举制度、群众性自治组织开展社区协商、"法治、德治、自治有机融合"等具体机制。

2019年，党的十九届四中全会指出要"建设人人有责、人人尽责、人人享有的社会治理共同体"。这都体现出新时代党中央对群众自治的重视。

（五）治理机制创新

伴随时代的发展，新的技术、方法被越来越多地应用于社区治理领域。这种创新既包括物理技术的应用，也包括采用社会创新的手段。

2014年3月5日，习近平总书记在参加全国人大会议上海代表团审议时强调："加强和创新社会治理，关键在体制创新。"党的十八大以来，自治、法治、德治相结合，智能化、精细化等治理创新不断被强调。

从科技创新的角度来看，党中央强调大数据、网络技术等在社会治理中的应用。2017年12月8日，中共中央政治局就实施国家大数据战略进行第二次集体学习，习近平总书记强调，要运用大数据提升国家治理现代化水平，要建立健全大数据辅助科学决策和社会治理的机制，推进政府管理和社会治理模式创新，推进"互联网+教育""互联网+医疗""互联网+文化"等，让百姓少跑腿、数据多跑路，不断提升公共服务均等化、普惠化、便捷化水平。2019年，党的十九届四中全会将之前社会治理制度的提法完善为

“党委领导、政府负责、民主协商、社会协同、公众参与、法治保障、科技支撑的社会治理体系”，补充了“民主协商”和“科技支撑”，不但强调自治、法治、德治相结合，还强调网格化管理和服务、精准化、精细化服务。

从社会创新的角度来看，中央陆续强调协商民主、网格化、精细化等治理手段。2013 年，党的十八届三中全会提出要推进基层协商制度化，建立健全居民、村民监督机制。2015 年，中共中央办公厅和国务院办公厅印发《关于加强城乡社区协商的意见》，指出要“拓宽协商范围和渠道，丰富协商内容和形式……结合参与主体情况和具体协商事项……开展灵活多样的协商活动”。同年，党的十八届五中全会提出，要推进社会治理精细化。2017 年，党的十九大强调“提高社会治理社会化、法治化、智能化、专业化水平”。

三治融合、四化提升、网络化、智能化、精准化等，成为新时代社区治理机制创新的高频词汇。

第二节　新时代社区治理体系化的新探索

党的十八大之后，在新时代国家治理、社会治理的要求下，国家层面和地方层面对社区治理体系建设进行了新的探索。

一　国家层面的体系整合与政策推动

国家层面成立了部级联席会议制度，以便整体推动社区治理的政策部署。国家民政部还通过全国社区治理和服务创新试验区的机制，推动社区治理体系的探索。

（一）国家层面推出“部际联席会议制度”

国务院于 2014 年 7 月批复“同意建立全国社区建设部际联席会议制度”，部际联席会议由民政部、中央组织部、中央综治办、工业和信息化部、公安部、司法部、财政部、人力资源和社会保障部、住房和城乡建设部、农业部、文化部、国家卫生计生委、国家体育总局13个部门组成。2016年7月，会议成员单位增加了国家发展改革委、教育部、中国残联，成员数增加到17个，主要负责贯彻落实党中央、国务院关于社区建设的方针、政策以及统筹推进社区建设工作，协调抓好社区建设有关政策措施的落实。

全国社区建设部际联席会议制度建立后，协调各部门共同推进社区治理的工作，通过了《城乡社区服务体系建设规划（2016—2020年）》，编制了《全国农村社区建设示范单位指导标准》；而且制定了年度工作要点，共同研究了社区建设的政策问题，开展了城乡社区治理工作督查。联席制度一定程度上强化了部门之间的协调与配合，成为新时代整体推动社区治理的一项新机制。

2015年6月2日，全国社区建设部际联席会议第一次全体会议召开，要求进一步“完善党政主导、民政牵头、部门配合、社会支持、群众参与的领导体制和工作机制”，确定了成员单位的职责分工和2015年工作要点。

2016年7月28日，第二次社区建设部际联席会议召开，主要任务是研究部署2016年全国城乡社区建设工作。

2018年3月1日，全国社区建设部际联席会议全体会议召开，会议通过了《全国社区建设部际联席会议2017年工作总结》和2018年工作要点，要求“各成员单位要深入贯彻落实习近平新时代中国特色社会主义思想和党的十九大精神，进一步贯彻落实中共中央和国务院《关于加强和完善城乡社区治理的意见》，推动党中央关于城乡社区治理的决策部署有效落实”。

（二）民政部推动社区治理体系化试验

2011—2019年，民政部先后批复确认了4批114个全国社区治理和服务创新实验区。从试验的主要任务来看，自2015年开始，“社区治理体系化”建设成为民政部主推的试验内容之一（见表6-1）。

表 6－1　民政部确认的四批全国社区治理和服务创新实验区

批次	数量	确认时间	主要任务
第一批	12 个	2011—2012 年	破解社区治理体制机制难题，增强社区自治和服务功能
第二批	31 个	2014 年	多元参与、提升社区公共服务水平
第三批	40 个	2015 年	为推进社区治理体系和治理能力现代化提供鲜活样板
第四批	31 个	2019 年	为推进城市社区治理体系和治理能力现代化提供鲜活样板

2015 年 7 月，民政部发布《关于同意将北京市西城区等 40 个单位确认为全国社区治理和服务创新实验区的批复》，实验时间为 2015 年 7 月至 2018 年 6 月。2018 年 12 月，民政部发布《关于确认第三批全国社区治理和服务创新实验区结项验收结果的通知》，在通过验收的 40 个试验区中，有 30 个试验区（占 75%）的实验内容涉及“三社联动”“多元共治”“组织体系”等治理体系的内容，“联动、协同、融合、体系、合作”成为高频关键词。

2019 年，民政部同意将北京市石景山区等 31 个单位确认为全国社区治理和服务创新实验区，实验时间为期两年。在 31 个试验区中，有 16 个（占 51.6%）涉及“组织化”“共建共治共享”“三社联动”等体系化建设的内容。

民政部推动建设的第三批、第四批全国社区治理和服务创新实验区，凸显出对社区治理体系的重视。

二　地方层面社区治理体系化的探索

党的十八届三中全会以后，在中央全面深化改革方向的指引下，一些地方推出了社区治理体系建设的新实践。

（一）上海市：市委 1 号课题，为基层减负增能

2015 年，上海市在 2014 年市委 1 号课题调研成果的基础上出台《中共上海市委上海市人民政府关于进一步创新社会治理加强基层建

设的意见》，形成“1 +6”系列文件，涉及街道改革、居民区治理体系完善、村级治理体系完善、网格化管理、社会力量参与、社区工作者6个方面的工作。上海市的改革重点是给基层组织“减负增能”。

第一，上海市明确将街道工作重心转移到公共服务、公共管理和公共安全等社会治理工作上来。一方面，精简街道办事处机构，街道办事处内设机构统一按照“6 +2”设置。“6”即党政办公室、社区党建办公室、社区管理办公室、社区服务办公室、社区平安办公室、社区自治办公室，“2”是由各区根据实际需要增设的工作机构。另一方面，通过立法的形式确定街道办职权，2016年，上海市修订《上海市街道办事处条例》，明确街道主要面向社区治理的9项职能：（1）统筹落实社区发展的重大决策和社区建设规划，参与辖区公共服务设施建设规划编制，推动辖区健康、有序、可持续发展；（2）组织实施与居民生活密切相关的卫生、文化体育、社区教育、为老服务等社区公共服务，落实人力资源社会保障、民政、计划生育等领域的相关政策；（3）综合协调辖区内的城市管理、人口管理、社会管理、安全管理、住宅小区和房屋管理等地区性、综合性工作；（4）组织开展对辖区内各类专业执法工作的群众监督和社会监督；（5）动员社会力量参与社区治理，整合辖区内社会力量，形成社区共治合力，为社区发展服务，推动社区公益慈善事业发展；（6）指导居民委员会等基层群众性自治组织建设，健全自治平台，组织社区居民和单位参与社区建设和管理；（7）承担辖区社会治安综合治理工作，反映社情民意，化解矛盾纠纷，维护社区平安；（8）做好国防教育和兵役等工作；（9）法律、法规、规章规定的其他职能和区人民政府交办的其他事项。可见，街道主要承担其范围内的“公共管理、公共服务、公共安全”。此外，街道办事处被赋予“对相关职能部门及其派出机构统筹协调、考核督办”之权，“擅自将职责范围内的行政事务委托、交由街道办事处承担”的行为将被严格限制并追责。

第二，上海市为居委会减负增能，发挥居委会在区域内的综合作用，形成社区层面的治理体系。

其一，明确居委会在辖区内的综合权力，基层党组织在社区发挥领导核心作用。2017 年 4 月，上海市人大常委会通过的《上海市居民委员会工作条例》规定，居民会议是居民区自治的权力机关，居委会则是执行机关，居委会还要指导和监督业委会，组织居民做好无物业（无业委会）小区的物业管理，除此以外，“可以依法调解业主、业主委员会、物业服务企业之间的物业管理纠纷”。其二，引入“清单制”，明确政府与居委会职责，明确市、区人民政府应当建立居委会协助行政事项的准入管理机制，制定居委会依法协助行政事项清单，对清单以外的协助行政事项，居委会有权拒绝办理，而且居委会可以组织居民进行评议，评议意见应当作为考核街道和职能部门（包括水电气、环卫、园林绿化等服务单位）工作人员的重要依据。其三，明确多元参与，国家机关、社会组织、企业事业单位应当支持所在地的居民委员会的工作，通过多种形式共同参与居民区建设和治理。其四，引入社区、街镇、区三个层面的“自治、网格、约请”治理制度，社区层面以居民自治解决问题，“网格”重点解决群租、违法搭建等顽症，社区发现上报问题、街镇网格化管理中心明责派单，职能部门具体处置，“约请”重点解决涉及多部门的复杂性、疑难性问题，由居（村）委会通过“约请函”，约请政府职能部门到居（村）现场办公。

经此，上海初步明确了以基层党组织为领导核心，居委会为主导，业委会、物业公司、驻区单位、社会组织等共同参与的社区治理体系。

（二）武汉市：出台党内法规，统合社区治理

2015 年，武汉市委、市政府出台《关于进一步创新社会治理加强基层建设的意见》等“1 + 10”系列文件，“10”为“中心城区街道行政管理体制改革、完善社区治理体系、完善村级治理体系、组织引导社会力量参与社区治理、拓展网格化服务管理、社区工作者管理办法、加强住宅小区综合管理、完善区—街道（乡镇）行政执法体制机制、村干部队伍建设、加强街道（乡镇）和社区（村）精神文明建设”10 个配套文件。

第一，明确街道办事处职责，将街道履职重心从抓招商、抓项目向社会管理和民生服务转变。比如，一方面，武汉市将中心城区街道办事处职责确定为“加强基层党建、统筹区域发展、组织公共服务、实施综合管理、监督专业管理、动员社会参与、指导社区自治、维护公共安全”八个方面，赋予街道“参与辖区建设规划和公共服务设施布局、对区域内各类专业执法工作组织开展群众监督和社会监督”权力，街道由直接承担招商引资、财税增长等经济发展任务转向为经济发展提供服务和营造有利环境。武汉市还增加街道办对“条条”部门的管理权限，对派到街道的行政执法机构，实行双重管理。另一方面，精简街道办机构，武汉市中心城区的街道改为“4＋2＋2”的组织架构，即统一设置党建办公室、公共管理办公室、公共服务办公室、公共安全办公室4个内设机构，可因地制宜再设置2个街道内设机构，还可设置2个面向基层、贴近群众的网格化管理平台、政务服务平台。

第二，在完善社区治理体系方面的具体措施是架构党组织领导下的多元合作机制。2015年，武汉市出台的《关于进一步创新社会治理加强基层建设的意见》中规定了“完善社区治理体系”的三个内容，即“建立健全社区治理运行机制、深化社区减负增能、推进居民自治深化发展”。另外，还规定了“培育社会组织承接政府购买服务、健全网格化管理机制”等内容。2017年，武汉市市委出台《关于实施“红色引擎工程”推动基层治理体系和治理能力现代化的意见》，2018年，武汉市出台《武汉市社区党组织领导社区治理若干规定（试行）》，主要是健全党组织领导下的“1314”治理体系：建强一个基层党组织；构建党组织领导下的社区自治、法治、德治的有效路径；打造一套全面、精准、精细的信息化社区服务体系；建立“工作力量全进入、群众需求全收集、分类分级全解决、服务过程全评价”的“四全”服务机制。

在社区层面，武汉市成立大党委统一领导居委会、社区工作站，指导和监督业委会，推选本社区书记或“两委委员”为业委会主任；建设“红色物业”，向物业企业派驻党建指导员、建立单独党支部或联合党支部、招聘党员大学生当物管员，深化社区居委会、业委会、物业服务企业“三方联动”机制。

（三）成都市：成立社区治理委员会，推动社区营造

党的十八大以后，成都市成为社区治理改革的先锋城市。成都市成立了统筹协调社区治理的机构、推出了社区总体营造政策，体现出“高位推动、整体联动”的特点。

第一，成立全国第一个市级社区治理委员会，统筹城乡社区治理。社区工作千头万绪，几乎每个职能部门都与社区有关系，成都市在改革之前的情况与此类似。2017 年 9 月，成都市召开城乡社区发展治理大会，在市、县两级党委序列设立“城乡社区发展治理委员会”，由党委常委、组织部部长兼任负责人，改变过去“九龙治水”的局面，总体统筹城乡社区治理。

成都市委编制委员会批复设立市委社区治理委员会时提出，要坚持党委领导的指导思想、坚持统筹协调的职能定位、坚持职责边界清晰，要求解决城乡社区发展治理职责分散、多头管理的问题，坚持法定事项部门负责，综合性、协调性、改革性事项统一集中，要厘清与各部门的职责边界，避免职能交叉、权责不明，构建党委领导下市委社区发展治理委员会牵头抓总，相关职能部门分工落实的工作机制。

总的来说，成都市城乡社区发展治理委员会承担 5 个方面（牵头指导、资源整合、统筹推进、组织落实、其他）的 8 项职责（见表 6－2）。

表 6－2　**成都市委城乡社区发展治理委员会基本职能**

牵头指导	①牵头制定城乡社区治理体系建设的中长期目标和阶段性任务，负责统筹推进城乡社区发展治理体制机制改革，构建以党组织为核心的新型城乡社区治理体系； ②指导编制城乡社区发展规划；负责统筹推进城乡社区有机更新和城乡社区公共服务供给能力建设

续表

资源整合	牵头建立城乡社区发展治理资源统筹机制和人、财、物投入保障机制；负责统筹推进城乡社区资源优化整合；指导城乡社区区域化资源共享工作
统筹推进	①统筹推进街道（乡镇）综合管理体制改革、城乡基层行政事项准入制度改革和城乡基层治理人才支撑体系改革； ②统筹推进城乡社区多元治理体系建设，承担城乡社区区域化党建工作，指导推动社会组织、集体经济组织参与城乡社区治理，指导基层群众性自治组织规范化建设
组织落实	①牵头制定城乡社区发展治理考核标准体系、城乡社区发展治理评价体系，推动建立评价结果公开机制；组织实施城乡社区发展治理考核评价工作； ②负责城乡社区发展治理工作理论政策实践研究；组织协调城乡社区发展治理宣传工作，总结推广经验做法
其他	完成市委交办的其他事项

资料来源：《中共成都市委城乡社区发展治理委员会2019年部门预算说明书》，2019年2月26日。

第二，构建“1+6+N”政策体系，在全市总体推动社区总体营造。“1”即成都市在2017年9月出台的《关于深入推进城乡社区发展治理　建设高品质和谐宜居生活社区的意见》（简称“城乡社区发展治理30条”），这是成都市推进城乡社区工作的纲领性文件；“6”是指陆续出台的社区发展治理中的6个配套文件，主要涉及街道（乡镇）和社区（村）优化调整、转变街道（乡镇）职能、社区专职工作者管理、社区总体营造、社区发展规划、高品质和谐宜居生活社区标准体系；“N”是主要用于指导具体工作的配套文件，主要涉及“五大行动”①、“一核五体系”②、社区志愿服务、政府购买社会组织服务、提升物业服务管理水平、改革社会组织管理制度、培育社会企业、社区工作者职业化岗位薪酬体系8个方面。

① “五大行动”指老旧城区改造行动；背街小巷整治行动；特色街区创建行动；社区服务提升行动；平安社区创建行动。

② “一核五体系”指以党组织领导为核心；构建科学的组织动员体系；构建法治的管理运行体系；构建精准的引领服务体系；构建专业的人才支撑体系；构建严格的权责约束体系。

2019 年，成都市出台全国首个市级城乡社区发展治理总体规划，明确了“1”套城乡社区发展治理总体模式，指出要着力完善“一核三治、共建共享”社区治理机制，打造社区发展治理服务、文化、生态、空间、产业、共治、智慧“7”大场景。

2016 年，成都市在全市范围内大力推行社区总体营造。社区总体营造遵循“居民主体、过程导向、权责一致、可持续化”四大原则，在市级层面推行“专业社会组织、居民自组织提出项目申请方案”的自下而上的社区营造。当年，全市有 100 个项目获得成都市民政局总计 820 万元的资金资助。

2018 年，成都市发布《关于进一步深入开展城乡社区可持续总体营造的实施意见》，明确成都市 2018 年不低于 60%、2019 年不低于 80%、2020 年不低于 90%的城乡社区可持续总体营造行动。2018 年，成都市市级层面投入 1120 万元，资助 110 项社区可持续总体营造行动项目。2019 年，成都市市级层面安排 5500 万元，资助成都市城乡社区可持续总体营造行动项目 100 个以上，其中，由社会组织单独申报的项目立项资金原则上控制在 30 万元（含）以内，由社区（村）作为主体、联合社会组织共同申报的项目，立项资金原则上控制在 15 万元（含）以内。

除了市级层面的财政投入以外，成都市各区县层级也都有类似的资金投入。例如，2019 年成都市锦江区政府购买社会组织服务暨社区营造项目 260 个，金额达 9730 万元；武侯区向社会公开发布的社区发展治理项目涉及政务服务、公共服务、社区营造、志愿服务、能力提升等多个方面，涉及资金近 9000 万元。

（四）北京市：“街乡吹哨、部门报到”

党的十八届三中全会以后，北京市将社区治理放在“街乡吹哨、部门报到”的总体部署中推进。

第一，深化街道管理体系改革。2018 年 1 月，北京市出台《关于党建引领街乡管理体制机制创新实现“街乡吹哨、部门报到”的实施方案》，赋予基层更多权力，将“条条”部门职能下沉至基层。

在机构设置上，街道办事处原来“向上对口”的25个科室和4个事业单位，被综合设置为“一对多”的“6办1委1队4中心”，即综合保障、党群工作、社区建设、民生保障、社区平安和城市管理6个办公室；纪工委1个；以街道城管执法队为主体包括公安、工商、食品药品监管、交通、消防等部门执法人员的街道综合执法队1个；党建服务中心、社区服务中心、政务服务中心、综治中心4个中心。根据改革方案，街道办事处各机构工作作风从向上负责转到向下为民服务。此外，北京市还全面推行“街巷长制”，分别由街道处、科级干部担任街长或巷长，把干部推到第一线。

在职权设置上，根据2019年底北京市人大常委会通过的《北京市街道办事处条例》，街道办事处要“加强社区治理，以到基层一线解决问题为导向，统筹协调、指挥调度区人民政府工作部门及其派出机构、承担公共服务职能的企业事业单位等，围绕群众诉求、重点工作、综合执法、应急处置等反映集中、难以解决的事项，共同做好辖区服务管理工作”。具体职责：（1）组织实施辖区与居民生活密切相关的公共服务工作，落实卫生健康、养老助残、社会救助、住房保障、就业创业、文化教育、体育事业和法律服务等领域的相关法律法规和政策；（2）组织实施辖区环境保护、秩序治理、街区更新、物业管理监督、应急管理等城市管理工作，营造辖区良好发展环境；（3）组织实施辖区平安建设工作，预防、排查、化解矛盾纠纷，维护社会和谐稳定；（4）组织动员辖区单位和各类社会组织参与基层治理工作，统筹辖区资源，实现共建、共治、共享；（5）推进社区发展建设，指导居民委员会工作，支持和促进居民依法自治，完善社区服务功能，提升社区治理水平；（6）做好国防教育和兵役等工作；（7）法律、法规、规章及市、区人民政府做出的决定、命令规定的其他职责。

另外，街道办事处被赋予了七项权力：（1）参与辖区有关设施的规划编制、建设和验收；（2）对涉及辖区的全市性、全区性重大事项和重大决策提出意见和建议；（3）指挥调度区人民政府工作部门开展联合执法；（4）统一领导、指挥调度区人民政府工作部门派出机构，对其工作考核和人事任免提出意见和建议；（5）对涉及多个部门协同解决的综合性事项进行统筹协调和考核督办；（6）统筹管理和安排下沉人员、资金；（7）统筹协管员日常管理。这意味着，街道办事处可统一领导区政府派出机构。

在行政过程中，强化街道（乡镇）党工委的领导作用，充分发挥统筹协调功能，由群众“吹哨”表达呼声诉求，党组织和政府职能部门到一线报到、解决实际问题。

第二，围绕社区治理出台系列政策。党的十八大以后，北京市出台了关于街道管理体系改革、社区减负、社区服务社会化、以德治理城乡社区工作、城乡社区协商等的系列文件。北京市于2015年7月印发《关于深化街道、社区管理体制改革的意见》，随后又配套出台《关于加强城乡社区协商的实施意见》《关于深入推进社区服务社会化的指导意见》《关于深入推进农村社区建设试点工作的实施意见》《关于进一步开展社区减负工作的意见》等文件，形成基层治理政策体系。

2018年，北京市印发《关于加强和完善城乡社区治理的实施意见》，提出建设活力社区、品质社区、人文社区、法治社区和智慧社区“五大社区”，出台《关于进一步规范社区工作者工资待遇的实施办法（2018年修订）》。根据规定，社区工作者年人均应发工资达到10万元，月人均应发工资增长约3000元。

除了上述城市以外，天津市、浙江省、江西省、深圳市、杭州市、长沙市、佛山市等地，也在城市社区或乡村治理方面构架了类似“1+N”治理政策体系。总体来看，各地对社区治理体系建设有了相应的重视，出台了社区治理的政策体系。

在体系化的促动下，有的地方在深层的政社关系上做出了相应的改革，但有的则是强于既有政策的集成，还不及于深层考虑。

第三节　新时期社区治理的特点与议题

社区治理体系建设绝非止于既有政策的简单整合，要推动社区治理体系化建设还需要破解一些核心问题。党的十八大以后，社区治理呈现新的特点，还要破解三大难题。

一　党建引领、高位推动与技术支撑

党的十八大以后，社区治理更加得到重视，各地社区治理实践展现出新特点。

第一，社区治理更加突出党建引领。2015 年，中共中央办公厅、国务院办公厅印发《关于深入推进农村社区建设试点工作的指导意见》，要求“完善在村党组织领导下、以村民自治为基础的农村社区治理机制”。2017 年，中共中央、国务院发布《关于加强和完善城乡社区治理的意见》，对发挥基层党组织在城乡社区治理中的领导核心作用进行了顶层设计。2019 年，中共中央办公厅印发《关于加强和改进城市基层党的建设工作的意见》，指出“充分发挥街道社区党组织领导作用”。

从各地的实践来看，党组织在城乡社区治理的作用更加突出，一些地方探索出社区大党委制、区域化党建等经验，进行了“党支部书记与（村）居委会主任一肩挑”、红色物业、党支部建在小区里等探索，通过党的组织动员、资源链接、服务链接等机制，引领社区治理。

第二，社区治理更加突出高位推动。党的十八大之前，社区治理领域涌现出沈阳模式、江汉模式、上海模式、盐田模式、海曙模式等，这些模式大多在“行政导向”和“自治导向”之间做选择。与党的十八大之前问题驱动、聚焦于居委会去行政化问题[①]的改革不同，

① 严志兰、邓伟志：《中国城市社区治理面临的挑战与路径创新探析》，《上海行政学院学报》2014 年第 4 期。

党的十八大之后，国家层面不但推出了部级联席会，典型城市也更加重视在社区治理的“政策体系建设”，体现出“主动改革、建构体系”的特点。各地推动的社区治理改革，打破了以往由区级党委政府主导的局限，提升至市级党委政府层面（见表6－3）。

表6－3　中国“两个阶段、一个定向”社区治理改革的情况

改革顺序	模式	代表地	实施范围	政策实施层次	体制环境
第一轮改革（1995年起）	“两级政府、三级管理”	上海市、北京市	普遍	市级	地方探索、中央推广
第二轮改革（2000年起）	“街道社区化”	北京市鲁谷社区、贵阳市、铜陵市	很小	市级、区级	民政部社区治理试验
	“组织下沉”	北京市、深圳市	较普遍	区级	
	“居站分离”	深圳市盐田区等	较大	区级	
	“政社合作”	宁波市海曙区、武汉市江汉区、广州市越秀区等	较大	区级	
一个定向（2017年起）	“社区治理体系化”	上海市、北京市、成都市、武汉市、杭州市等	较小	市级	中央定向、民政部推动

第三，城乡社区治理更加突出技术支撑。党的十八大以来，各地陆续引入和推广网格化管理、智慧社区、大数据、社区治安防控网等新技术，现代技术在城市社区治理过程中的应用更具普遍性。这些新技术的引入，在发现社区问题以及一些问题的解决方面有效率优势，在信息统计方面和公共服务方面便捷、高效，利于提升群众的安全感、幸福感和获得感。

二　打破“新瓶装旧酒”与“三大主义”

尽管一些城市推出了社区治理体系建设的新探索，但是这样的实践还并不多。而且，在理想类型探索、政策性整合的初期，有的是

“刚搭起台子等唱戏”，有的则是“临时拼凑队伍”。总之，各地的社区治理体系化建设大幕还刚刚拉开，效果如何还要由实践来检验。新时期的社区治理体系建设不是“新瓶装旧酒”、将各类已有政策做形式上的归并集合，要深刻理解体系化的意涵。

（一）破除本位主义

尽管一些地方开始了社区治理体系建设的探索，但是对社区治理体系化建设理念不清、认知错位、定位模糊的现象仍然存在。各地与社区治理的相关部门仍然单兵作战，社区治理体系建设的精神还并未在相关部门推广，各单位仍然从本部门的专业而非全局出发推出本位主义策略；社区治理仍然存在缺乏协调、运动治理、行政全能主义倾向等问题，对于市场组织和社会组织如何定位、如何参与治理等关键问题缺乏统筹考虑。

各地普遍的情况是，社区治理涉及党委部门、民政部门、国土部门、规划部门、建设部门、房管部门、综治部门、教育部门、群团等40多个单位（见图6-1），除了民政部门对于社区治理的精神和走向有所把握外，其他部门并未充分重视社区居民参与的过程，社区在一定程度上沦为执行部门政策的配合角色。因而，很容易出现各部门“各唱各的调、各吹各的号”的现象，传导到社区就容易造成角色错乱、工作重复甚至政策冲突打架。

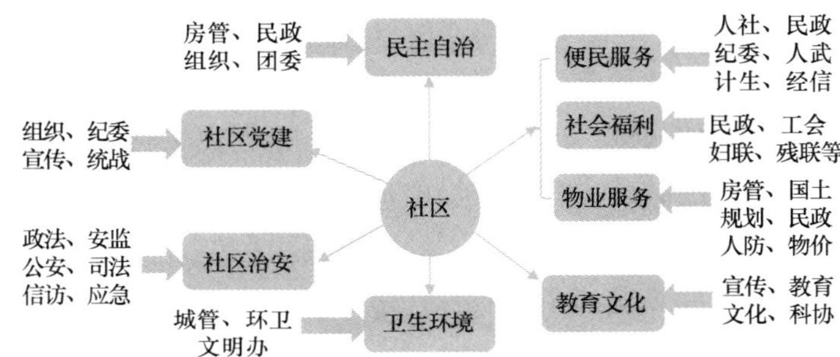

图6-1　社区治理涉及的部门

需得明白，体系化建设并非对原有治理形态的一种简单修补，不是对既有治理要素的简单排列组合，而是各种主体和要素的结构性重建。社区治理体系化，是社区治理的全面、系统改革，包括理念价值、主体结构、微观行动等各领域的联动和集成，涉及体制机制、法律法规的制度安排。这就需要厘清对体系的深层认知，破除部门本位主义，从过去零散实践的状态走向体系化的建构。

（二）破除包办主义

以社区为终端自上而下载入各类政策、资源，是社区治理出效果的一种捷径。强大的行政体系在依靠自身力量取得效果时，往往会对自身更加自信乃至自负。在强力加持下，传统的治理主体不怯于承担社区的所有服务、责任，不断彰显自身的作为。表现在具体的政策层面则是“口号喊满、力量用足、服务到位”，名为为民服务，实则伴随了“包办主义”，并且可能会在无意中滋养出一个处于被动地位的“巨婴社会”，养成居民强烈的依赖心理。

由此，社区建设的目标由官方设计，社区治理政策由官方推动，一旦官方资源撤出或者资源紧张，社区发展就无力持续。典型的例证在于，在不少社区，居民稍有不合意，就会通过投诉、举报等方式要求社区、政府部门介入解决问题，政府为了彰显为民服务的力量或出于息事宁人的考虑，不得不全程介入。一些地方的社区党建和党建引领，党组织和党员冲在一线无可厚非，但是什么领域都要发挥作用、什么事项都要为居民服务，就成了党建包办。长此以往，居民会对党介入社会事务形成依赖，党可能就要直面公共或个体的诸多问题，处理不当则会对党的权威造成冲击，而且这种依赖也会抑制居民的自治意识，影响共治、共建、共享格局的形成。

需得明白，政党领导和政府主导绝不等于包办，应当明确不同主体在社区治理不同领域的角色和责任边界，既有关于主体关系价值的宏观战略，也要有具体的行动方案。

（三）破除代理主义

过往的社区政策与社区需求的衔接存在诸多不适的环节，忽略了民众的需求和社区意识的生长。一些地方的社区治理忽略居民需求侧的真实问题，替代性地出台治理方案，展现出突出的代理主义的逻辑（见图6－2）。

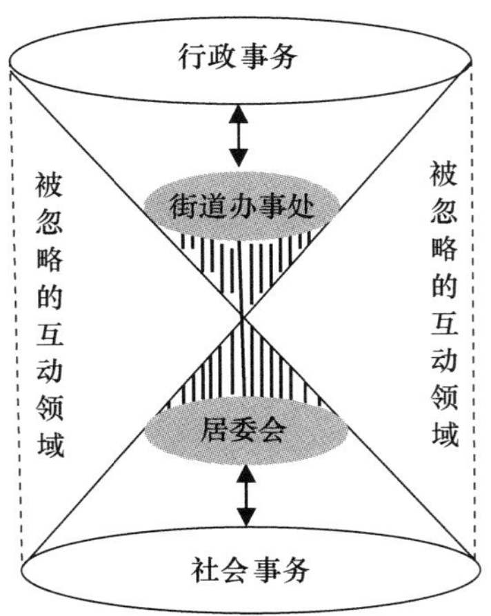

图6－2　代理主义下“沙漏形”的社区治理结构

代理主义治理逻辑容易形成沙漏型的社区治理结构：其一，上级党政组织的各类事务下沉，街道办事处成了各类行政事务的“接兜者”；街道办事处总体代理社区居民的需求，这种需求可能并非直接源于居民，而是政府部门做出的主观判断。其二，街道办事处通过自上而下的方式，将居委会锻造成社区治理的直接责任人。无论是意见表达还是资源获取，社区居民处于被代理的地位；居委会疲于应付来自街道办事处的各种指令，承担各种事务，无暇主动关注居民需求。

代理主义治理逻辑，事实上维持了“街居制”的单向治理轨道，既绑缚了居委会处理社会事务的手脚，又强化了居委会依赖行政权威、垄断治理权力的代理地位，使很多社会事务处于治理盲区；非但容易用力过猛和产出单边主义行动，还可能造成资源错配，不利于社区的可持续发展，更不利于解决经济社会发展的深层问题。如果对社区需求、社区复杂性缺乏足够的认知，会使得社区治理体系建设失焦、失聪，做无用功。

只有打破代理主义，真正了解居民对社区的真正需求才能对症下药，才能改进社区治理体系，实现治理目标。

第七章　政党在社区：政治建设与社会建设

在社区治理研究中，政党的作用没有得到很好地聚焦。很长一段时期，人们对政党的作用避而不谈，国家、市场与社会是治理话语中的三元主体。受西方治理理论的影响，一些人有一种不加条件分析的认识倾向——政府的管理边界太广，“小政府、大社会”才是标尺。由此，政府的积极作为往往被负面标签化，政党的积极作为则更加不会被客观评估。

熟悉中国历史的人知道，中国共产党从革命时代就重视群众路线。1928 年 7 月，党的六大通过的决议指出，“党的总路线是争取群众”。从群众中来、到群众中去，[①] 是中国共产党的基本工作方法，甚至被视为党的生命线。多年来，除了强调社区党建、党建引领以外，“党群沟通到家、服务居民无小事”等成了社区治理常见的话语。

社区连接着亿万家，被强调作为党的群众工作的基点，也是维持党与群众血肉联系的广阔场域。在中国的现实政治中，中国共产党是唯一的执政党，也是政权建设与国家治理的重要主体。特别是在强调“党是领导一切的”情境中，不理解中国共产党、不正视党的作用，就不能理解中国社区治理，不能理解中国政治。

第一节　中国共产党与社区党建

成长自革命进程中的中国共产党，具有“支部建在连队上”的传

---

① 《毛泽东文集》第 8 卷，人民出版社 1999 年版，第 324 页。

统，重视基层党建与党的发展相伴相生。自社区建设展开之初，政党就一直在城乡新空间中不断成长和发挥作用。

一　起源于上海的社区党建探索

1921 年 7 月 23 日，中国共产党第一次代表大会在上海秘密召开。习近平总书记曾经评价过："上海党的一大会址、嘉兴南湖红船是我们党梦想起航的地方。"上海，不但是党的一大召开所在地，而且在基层党的建设方面有多个首创，树立了示范典型。

在 1997 年之前，还没有社区党建这个概念。与"两级政府、三级管理、四级落实"的探索相呼应，上海是首个将社区与党的建设结合起来的城市，"社区党建"这一概念首创于上海。

1996 年，当时的社区建设还在倡议阶段，中央组织部发布《关于加强街道党的建设工作的意见》，重点是强化街道党的建设，附带指出"部分居民区没有以居委会辖区为单位建立党支部"，明确"居民区党支部是居民区各种组织和各项工作的领导核心。努力把居民区党支部建设成为政治坚定，团结务实，为群众办实事，受到群众拥护的战斗堡垒"。彼时，居民区党的建设还主要是指"居委会的支部建设"。

1997 年 6 月，上海市出台《中共上海市委关于加强和改进社区党建工作的若干意见》，首次明确提出"社区党建"的概念，标志着上海城市基层党建从街居党建开始向社区党建全面转变。[①] 文件指出："社区党建工作是以街道党工委和居民区党支部为主体的，由街道辖区内各机关、企业、事业单位基层党组织共同参与的区域性党建工作。"

1999 年 8 月，上海市委召开上海市社区党建工作会议，会议指出："加强社区建设和管理，基础和关键在于要加强社区党建工作。"

① 周鹤龄：《社区党建诞生的始末》，载《口述上海系列——社会建设》，上海教育出版社 2015 年版，第 99 页。

1999 年 9 月 25 日，时任中共中央总书记江泽民考察徐汇区康健街道康乐小区时，讲道："社区党建和社区精神文明建设结合起来，为居民办实事、办好事，就会有生命力。"同年 9 月 27 日，上海市委组织部下发了《关于进一步推进社区党的建设工作的意见（试行）》，首次提出要扩大党的工作覆盖面，切实提高党领导社区工作的能力。同年 10 月 27 日，中共中央组织部在上海召开全国街道、社区党的建设工作座谈会，充分肯定"社区党建"概念，对全国开展社区党建工作进行部署。

2000 年 5 月 14 日，时任中共中央总书记江泽民在上海主持召开党建工作座谈会时，讲道："在党政事业机关和国有企业之外，出现了新的经济组织和社会活动领域……要切实加强街道社区党的建设。搞好社区党的建设，实质就是打牢党在城市工作的组织基础和群众基础。"[①] 他要求社区党建工作，"首先要做到凡是有党员的地方，就有党组织的教育管理；凡是有居民的地方，就有党组织服务群众的工作，就有党员在发挥作用"。

2002 年 12 月，新华社内参以"支部建在楼上，党建落在实处"为题，报道了上海加强楼宇"两新"党建的经验，时任中共中央总书记胡锦涛做出批示，肯定上海依托社区抓好"两新"党建的做法，并要求"要总结带有规律性的经验，指导面上工作"[②]。

2003 年 9 月，时任中央政治局委员、中组部部长贺国强同志在上海调研后，中组部写了《关于上海市社区党的建设工作的调研报告》，一是肯定上海"支部建在楼上"的经验，二是肯定上海社区党建以服务群众为重点，探索区域内各类党组织和在职党员参与的大党建工作格局和协调机制。胡锦涛批示肯定，中组部向全国推广上海的经验。

---

① 《江泽民文选》第 3 卷，人民出版社 2006 年版，第 21—22 页。

② 冯小敏：《城市基层党组织的运行轨迹》，澎湃新闻网（https://www.thepaper.cn/newsDetail_forward_2507235，2018 年 10 月）。

二　社区党建在全国的广泛发展

进入21世纪，随着城市形势变化和社区建设的全面推开，社区党建工作在全国深化发展。

2000年6月，胡锦涛在天津考察时指出，要“根据形势的发展变化，切实把城市社区党建提到重要位置上来……凡是有党组织的地方就有党的工作和活动，通过党的工作和活动把广大群众团结凝聚起来”，坚持以党组织为核心才能协调各方形成建设社区的合力。2000年10月，江泽民提议在每个社区设置一个党支部。[①]

2000年，中共中央办公厅、国务院办公厅《关于转发〈民政部关于在全国推进城市社区建设的意见〉的通知》要求“加强社区党组织建设，要按照《中国共产党章程》的有关规定，结合社区党员的分布情况，及时建立健全社区党的组织，开展党的工作”，并且明确社区党的组织是社区组织的领导核心。

江泽民、胡锦涛等中央领导人在不同场合强调“加大对非公有制经济组织、街道社区、社团和中介组织党的建设的工作力度，不断拓宽党的工作的覆盖面”，“要健全企业和街道、社区党的组织，把所有党员置于党组织的有效管理之中”。截至2001年底，全国99.9%的街道、87%的社区居委会建立了党组织。[②]

2002年9月2日，胡锦涛在中央党校秋季开学典礼上的讲话中，提出社区党建是党的建设的几大主要任务之一，并且指出：“社区建设是新形势下城市工作的重要基础。随着各项改革深入，加强社区党的建设越来越重要。要探索如何加强以党组织为核心的社区组织建设；如何建立健全社区党组织和社区内其他基层党组织及群众性自治组织的协调机制，发掘资源、形成合力。”

---

① 潘小娟：《中国基层社会重构——社区治理研究》，中国法制出版社2004年版。

② 董宏君：《十三届四中全会以来社区党建成就综述》，《人民日报》2002年10月22日第1版。

2002 年 11 月，党的十六大首次明确社区党建的方向，指出要“高度重视社区党的建设，以服务群众为重点，构建城市社区党建新格局”。党的十六大修改的党章，首次载入了社区党建的内容，指出：“企业、农村、机关、学校、科研院所、街道社区、社会团体、社会中介组织、人民解放军连队和其他基层单位，凡是有正式党员三人以上的，都应当成立党的基层组织……街道、乡、镇党的基层委员会和村、社区党组织，领导本地区的工作。”

2004 年 10 月，中组部在上海探索“区域化党建”和“支部建在楼上”经验的基础上，发出《中共中央组织部关于进一步加强和改进街道社区党的建设工作的意见》，该意见由中共中央办公厅转发，要求“进一步明确街道、社区党组织的主要职责；不断扩大党在城市工作的覆盖面”，明确指出“各级党委要将街道、社区党的建设作为基层党建工作的重点之一，纳入当地党建工作的整体布局”。

表 7-1　　2000 年以来有关加强社区党建的重要表述

年份	文件	相关内容
2000	中共中央组织部《关于加强街道党的建设工作的意见》	居民区党支部是居民区各种组织和各项工作的领导核心；及时建立健全社区党的组织，开展党的工作
2000	中共中央办公厅、国务院办公厅《民政部关于在全国推进城市社区建设的意见》	结合社区党员的分布情况，及时建立健全社区党的组织，开展党的工作
2002	党的十六大报告	要高度重视社区党的建设，以服务群众为重点，构建城市社区党建工作新格局
2004	中共中央组织部《关于进一步加强和改进街道社区党的建设工作的意见》	街道、社区党建工作，是党的基层组织建设的重要组成部分
2006	党的十六届六中全会《中共中央关于构建社会主义和谐社会若干重大问题的决定》	做好企业、城市社区、机关和学校、科研院所、文化团体等事业单位党建工作

续表

年份	文件	相关内容
2009	党的十七届四中全会《中共中央加强和改进新形势下党建若干重大问题的决定》	发挥党组织在建设文明和谐社区中的领导核心作用
2010	民政部《关于加强和改进城市社区居民委员会建设工作的意见》	进一步健全、完善以社区党组织为核心的城市社区组织体系
2012	党的十八大报告	要落实党建工作责任制，强化农村、城市社区党组织建设
2014	中共中央办公厅、国务院办公厅《关于创新群众工作方法解决信访突出问题的意见》	进一步加强乡镇（街道）、村（社区）、机关、企事业单位、社会组织党组织建设
2014	中共中央办公厅《关于加强基层服务型党组织建设的意见》	在社区居民中按照志向相投、兴趣相近、活动相似的不同群体建立党组织；由街道、社区党组织与辖区内单位党组织共同组建区域性党组织
2016	中共中央、国务院《关于进一步加强城市规划建设管理工作的若干意见》	进一步强化街道、社区党组织的领导核心作用，以社区服务型党组织建设带动社区居民自治组织、社区社会组织建设
2017	中共中央、国务院《关于加强和完善城乡社区治理的意见》	加强党对城乡社区治理工作的领导，推进城乡社区基层党组织建设
2017	党的十九大报告	把街道社区、社会组织等基层党组织建设成为宣传党的主张、贯彻党的决定、领导基层治理、团结动员群众、推动改革发展的坚强战斗堡垒
2019	中共中央办公厅《关于加强和改进城市基层党的建设工作的意见》	充分发挥街道社区党组织领导作用，有机联结单位、行业及各领域党组织，构建区域统筹、条块协同、上下联动、共建共享的城市基层党建工作新格局

2008 年，习近平同志在全国组织工作会议上提出："增强党在城市基层的执政基础，就需要加强社区基层党组织建设，积极构建区域化党建格局。"截至 2008 年底，全国城市"一社区一支部（总支、党委）率"达到 99.6%。

2014 年 5 月，中共中央办公厅下发《关于加强基层服务型党组织建设的意见》，要求“城市在依托街道、社区设置党组织的同时，在片区、楼宇和流动党员集中点建立党组织，在社区居民中按照志向相投、兴趣相近、活动相似的不同群体建立党组织”。截至 2018 年底，全国 8561 个街道、102555 个社区（居委会）已经建立起了党组织。

三　社区党建向“纵横联动”的拓展

中国共产党在社区的存在，不但强调社区范畴内的组织建设，而且在空间上“横向扩展、纵向延伸”，构建了纵横联动的党建网络。

（一）横向上，从居委会党建到区域化党建

区域化党建就是发挥街道和社区党组织的领导作用，协调驻区各类单位的党组织，整合资源、动员党员参与党建、社区建设的机制。经过实践探索，社区党建从原来的居委会内部党建向区域化党建扩展。

2004 年 10 月，中共中央组织部召开全国街道社区党的建设工作座谈会，首次提出构建区域性大党建的工作要求。2004 年 11 月 21 日，中共中央办公厅转发《中共中央组织部关于进一步加强和改进街道社区党的建设的意见》，要求“按照条块结合、资源共享、优势互补、共驻共建的原则，建立健全街道、社区党建工作协调机制，组织、动员社区内各方面力量，共同推进社区建设”。

2004 年 12 月，上海市率先通过了第一个地方社区党建法规——《中共上海市委关于加强社区党建和社区建设工作的意见》，[①] 要求“要坚持和完善由社区（街道）党组织牵头、驻区有关单位党组织参加的党建工作协调机制。社区（街道）党组织要增强为各类驻区单位服务的意识，以共同需求、共同利益、共同目标为纽带，调动驻区单位参与社区建设的积极性”。2005 年，上海市委下发《关于进一步加强区域性大党建工作的若干意见》，指出：“以社区（街道）为网

---

① 《率先通过社区党建工作〈意见〉上海走在全国前列》，《领导决策信息》2005 年第 1 期。

格，以‘两新’组织、居民区自治组织为主要对象……整合与党建工作相关的各种资源，明确各部门、单位、群众组织、社会组织等在党建工作中的职责，形成区域性大党建的合力机制，促进基层党建工作不断取得新进展。”经过探索，上海市形成了区域性大党建格局，得到中央领导的充分肯定，随后在全国其他地方推广。

2008 年 2 月 18 日，习近平同志在全国组织工作会议上指出，要“积极探索构建以街道党组织为核心、社区党组织为基础、驻区单位党组织和社区内党员共同参与的区域化党建格局……夯实党在城市基层的执政基础”①。2009 年 11 月 11 日，全国街道社区党的建设工作经验交流会在郑州召开，会议指出：“要按照条块结合、优势互补原则整合党建资源，着力构建城市基层区域化党建格局。”

2011 年 12 月 20 日，《国务院办公厅关于印发社区服务体系建设规（2011—2015 年）的通知》要求，把社区服务体系建设与推进街道社区党的建设“三有一化”（有人管事、有钱办事、有场所议事，构建区域化党建工作格局）工作，与加强社会管理、维护社会和谐稳定结合起来。2014 年，中共中央办公厅印发的《关于加强基层服务型党组织建设的意见》强调党的基层组织是党全部工作和战斗力的基础，提出“推行区域化党建，可以由街道、社区党组织与辖区内单位党组织共同组成区域性党组织，也可以依托居民区、商务区、开发区等组建区域型党组织”。

2015 年 3 月 5 日，习近平总书记在第十二届全国人大三次会议上海代表团审议时讲话强调，“要把加强基层党的建设、巩固党的执政基础作为贯穿社会治理和基层建设的一条红线，深入拓展区域化党建”。2019 年 5 月，中共中央办公厅印发《关于加强和改进城市基层党的建设工作的意见》，要求“增强城市基层党建的整体效应。街道党（工）委抓好社区党建，统筹协调辖区内各领域党建工作；社区

① 《十七大以来重要文献选编》（上），中央文献出版社 2009 年版，第 224 页。

党组织落实上级党组织部署的各项任务，兜底管理辖区内小微企业和社会组织党建工作”，同时要“推进街道社区党建、单位党建、行业党建互联互动”。

在中央的指导下，各大城市结合本地实际，开展了区域化党建工作。有的城市出台“推动城市基层党建互联互动的工作方案”，建立社区大党委、楼宇党组织，推动区域化党建与社区治理对接。社区大党委通过吸收各类驻区单位、企业、非公组织等参与党组织建设，整合资源、协调公共事务，推动社区共建、共治、共享。

但是，在区域化党建的实践中，也存在组织“悬浮化”、执行率不高等问题，由于组织性质不同、共同利益少、结合点少，一些区域化党建存在形式化、非机制化、封闭化（停留在文件学习）等难题，这降低了党建工作和社区建设的连接度和效用。

（二）纵向上，从社区党建到小区化党建

党向来有“三人建支部”的要求。在加强党的组织建设的大背景下，不少地方探索党组织的纵向延伸，“街道党工委—社区党委—小区党支部—楼栋党小组”成为社区党建纵向延伸的形式。

2014 年 5 月，中共中央办公厅下发《关于加强基层服务型党组织建设的意见》，要求“城市在依托街道、社区设置党组织的同时，在片区、楼宇和流动党员集中点建立党组织，在社区居民中按照志向相投、兴趣相近、活动相似的不同群体建立党组织”。从类型上来看，可以将党建向小区的延伸划分为三类。

第一类，在小区或网格成立支部。2016 年下半年开始，厦门市湖里区全面推行“党支部建在小区上”和“小区党支部与业委会深度融合”，不断提升社区治理水平。2018 年，深圳市宝安区、龙岗区、大鹏新区等，由街道办党工委向小区选派科级干部担任第一书记，赋予居民小组党支部书记决策权、参与权、监督权，按照党章和有关规定做好发展党员工作，扩大居民小组长中党员的比例，明确小区党建经费。2019 年 7 月，深圳市宝安区出台《关于进一步推进党建引领住宅物业小区治理工作方案》，规划区分商住小区、村改居、小产权房等类型，用2—3年时间在符合条件的商住小区100%成立党支部。2019年，成都市在全市党建引领社区发展治理示范街道、社区推行“五好小区”建设，按照“找党员、建组织、优机制、抓服务、植文化”五步法，在全市建立200个党建引领的示范小区，而后在全市推广。成都市武侯区在条件成熟的小区成立党支部，条件不成熟的则依托社区网格，成立网格党支部，由邻近的小区共享一个党支部。

第二类，在小区物业成立支部。不少地方加强了商品房小区的党建，力图协调小区主体关系、维持小区秩序。2018年开始，上海市闵行区、杨浦区、长宁区等推动物业小区党建，建立红色物业联盟，采用单独建、联合建或由居民区党组织选派党建工作指导员的方式实现党的组织全覆盖。石家庄市在2018年试点探索“红色物业”，在物业公司成立党支部或者向小区内物业公司派驻党建指导员，建立党员职工服务中心，建立全覆盖的基层组织体系。杭州市、武汉市、郑州市等要求物业服务企业建立党组织，对于不符合条件的企业选聘党建指导员帮助开展党建，构建社区党委领导下的三方联动机制，社区居委会、业委会、物业服务企业明晰各方责任，定期沟通，强化监管落实责任。

第三类，在业委会成立支部。珠海市以城市党建引领基层治理，推进“红色业委会”建设，在业主委员会建立党的组织、开展党的工作。2017年11月22日，珠海市人大常委会审议通过《珠海经济特区物业管理条例》（2018年3月15日实施），提出“在业主组织中，设立中国共产党的组织，开展党的活动，支持业主组织依法行使职权”，这是全国首个对党建引领做出规定的物业管理法规。2019年，天津市委办公厅、市政府办公厅印发《天津市社区物业管理办法》，规定“要在业主委员会设立党支部或者党的工作小组……业主代表、业主委员会成员中党员比例不低于50%；推动符合条件的社区党组织成员或者居民委员会中的党员成员通过法定程序兼任业主委员会主任”。同时，“业主委员会、物业服务企业（项目）主要负责人要每季度向社区党组织报告开展物业服务工作相关情况”。杭州市在2019年出台《杭州市加强住宅小区物业综合管理三年行动计划（2019—2021年）》，提出“推动社两委班子成员、网格党支部委员会成员与业主委员会成员的双向进入、交叉任职。进一步提高新组建或新换届业主委员会中的党员比例，原则上党员比例要达到50%以上，最低不少于30%。已有3名以上党员的业主委员会应当建立党支部”。

配合党组织向下延伸的是在职党员“双报到”，各地探索党员向社区报到的方式，通过党员承诺践诺、志愿服务等做法在居住小区发挥服务和监督作用。党建网络向小区延伸，既是中国共产党应对社区变化推进基层建设的要求，也是打破社区治理盲点的需要。在一些党组织发挥作用比较好的地方，小区内“物业纠纷、拆除违建、垃圾清运、环境美化、安全监控”等问题确实有较好的改进。

但是，小区党建也在刚刚起步探索的阶段，还面临诸多问题需要解决：第一，还没有明确的党内法规确定小区党支部的职责、定位，容易发生“党组织包办”，一些小区党支部职责模糊、边界不清，小到居民间的矛盾，大到与物业、开发商谈判，各种事务面面俱到，有的小区居民甚至表示，其不成立业委会的原因是因为党支部的作用足够，业委会能做的事情党支部都能完成。第二，小区党组织的可持续发展问题，小区党组织构成面临“隐形党员多、老年党员多”的困境，年轻党员有知识、有法律意识，但不愿意投入小区活动，老年党员比例偏高，在组织活动的吸引力上有所欠缺。第三，小区党建面临党建经费、场地的问题，这都对小区党建的可持续发展带来挑战。

第二节　走向政治取向与社会取向“两维均衡”

历史来看，党组织在社区的存在，由街道而向社区，由社区而向小区。伴随经济社会的变化，政党在社区中的功能和作用都有所变化。

笔者筛选了 2000 年后历次党代会修订的《中国共产党章程》《江泽民文选》《胡锦涛文选》《习近平关于社会主义社会建设论述摘编》《习近平谈治国理政》《建国以来重要文献选编（20 册）》、从党的十四大到十八大以来的重要文献选编，以及党中央、中央部委发布的文件、党建工作的会议纪要等，挑选出与社区党建相关的文件、讲话等记录 87 条（个），摘录相关的文字 4.8 万字，在此基础上进行 Nvivo 统计分析，并且结合具体史实展开分析。

根据对社区党建文本的阅读，可以将社区党建的功能分为政治、经济、社会三种取向。其中，政治取向涵盖“领导监督、思想建设、政治运动、拨乱反正、党政分开、提高覆盖”；经济取向对应“经济建设”；社会取向涵盖“联系群众、提供服务、治理引领、联动共建”（见表 7－2）。

表 7－2 **社区党建节点关系**

工具 / 目标	政治取向	经济取向	社会取向
工具手段	领导监督、思想建设、政治运动、拨乱反正、党政分开	经济建设	联系群众、提供服务、治理引领
组织设置	提高覆盖	领导经济发展	联动共建

总体来看，政治取向与社会取向是社区党建的两个主要面向。这一点从中央领导人在各地视察社区工作时的讲话可见一斑。如 2016 年 2 月，习近平总书记在南昌市光明社区讲道：“社区工作很重要，一是要抓好党的建设，使党组织真正成为社区的领头人，把各方面工作带动起来。二是要抓好服务，人民群众的事情就是我们的牵挂，要以问题为导向，力争实现各种服务全覆盖，不断满足百姓提出的新需求。”

一　政治取向特别强调党的核心领导功能

政治取向是社区党建的主要面向，这符合政党最本质的属性。在2000年到2020年的所有政策文件中，关于政治取向的文本覆盖率达到53.63%（见图7－1）。

取向	功能面向	文本
政治取向 53.63	提高覆盖 11.8	不断扩大党在城市工作的覆盖面。及时调整、健全社区党组织。凡有3名以上正式党员的社区，都要单独建立社区党组织。尤其要重视及时在城市新区、开发区和新建居民区建立社区党组织的工作。在调整社区设置时，要同步调整、健全社区党组织。
	思想建设 10.88	宣传和执行党的路线、方针、政策，宣传和执行党中央、上级组织和本组织的决议，充分发挥党员的先锋模范作用，积极创先争优，团结、组织党内外的干部和群众，努力完成本单位所担负的任务。
	领导监督 30.95	社区党组织是党在社区全部工作和战斗力的基础，是社区各类组织和各项工作的领导核心。社区居民委员会要自觉接受社区党组织的领导，社区党组织要不断加强自身建设，改进工作方式，切实领导和指导好社区居民委员会工作。
经济取向 0.39	经济建设 0.39	街道党（工）委的主要职责是：……讨论决定本街道经济发展……中的重大问题；街道、社区党组织充分发挥社团、行业组织和社会中介组织提供服务、反映诉求、规范行为的作用，为城市经济社会发展创造良好环境。
社会取向 45.98	提供服务 20.39	街道、社区党组织要坚持党的群众路线，牢固树立群众观点，不断增强服务意识，坚持把服务群众作为街道、社区党建工作的重要任务更新管理理念，创新服务方式，拓宽服务领域，强化服务功能，充分发挥街道、社区党组织和共产党员服务群众、凝聚人心的作用。
	联系群众 5.08	密切联系群众，经常了解群众对党员、党的工作的批评和意见，维护群众的正当权利和利益。
	治理引领 20.51	涉及社区公共事务和居民切身利益的事项，由社区党组织、居民委员会牵头，组织利益相关方进行协商。涉及两个以上社区的重要事项，单靠某一社区无法开展协商时，由街道党委（党工委）牵头组织开展协商。

图7－1　社区党建的功能面向（2000—2020年）

（一）提高党组织覆盖率是党自身建设的基础要求

在所有文本中，提高社区党组织覆盖率的提法占了11.8%，说明党对基层党组织建设的重视。

在中国这样的一个体量庞大的国家，基层组织建设铸就了党从革命走向胜利的基石，因而被作为党的生命线置于重要位置；又因为要伸张在基层的存在，形成强大的整合网络，基层党组织往往向“留白之处”扩展，形成党组织建设的新支点。

自“街居制”逐渐取代“单位制”，中国共产党随之将组织的覆盖重心向地域性的街道和居民区转移。社区成为基层管理的建制单位之后，中央就要求社区党建工作“首先要做到凡是有党员的地方，就有党组织的教育管理”。

中国共产党从来也没有放弃基层党建的工作，而是将三人建立党支部的传统贯穿到基层社会的每个角落，并且根据经济社会组织的变化，形成了符合新时期特点的“区域化党建、小区党建、楼宇党建”等新的做法。这些做法，首先着眼于党组织在基层的生长、扩展，而后以此为载体在基层伸张与贯彻党的意志。

（二）思想政治建设是社区党组织的重要工作

中国共产党对思想入党、思想建党有着严格的要求，任何层级的党组织都将思想政治建设放在职能的首要位置。在社区党建的所有重要文本中，思想政治建设的文本覆盖率达到10.88%。

1996年9月，中共中央组织部印发的《关于加强街道党的建设工作的意见》，首次提到居民区党支部的6项职责，其中三项是思想政治教育的内容，分别为“宣传贯彻党的路线、方针、政策和国家的法律法规”，“搞好党员的教育、管理和监督”，“好精神文明建设，教育居民遵纪守法”。2000年，中共中央办公厅和国务院办公厅《关于转发〈民政部关于在全国推进城市社区建设的意见〉的通知》，要求“加强党组织的自身建设，做好思想政治工作”。

2002年11月14日，党的十六大通过了《中国共产党章程修正案》，社区党组织首次进入党章。党章对包括社区党组织在内的基层党组织规定了8项基本任务，前三条基本是党组织自身的思想政建设，第四条是“做好群众的思想政治工作”。此后，中央各类文件对社区党组织职责的界定基本定型，而且均将“宣传和执行党的路线方针政策，宣传和执行党中央、上级党组织和本组织的决议，充分发挥党员的先锋模范作用”置于首位。

党内历次思想政治工作会议、宣传工作会议、主题教育都会延伸至社区党组织。2014年1月开始的第二批党的群众路线教育实践活动，街道和社区成为主要参加单位，主要任务就是“注重抓好街道和社区等与群众联系密切的基层组织的教育实践活动，切实加强广大党员、干部马克思主义群众观点和党的群众路线教育”。

2017 年，党的十九大报告指出，要以提升组织力为重点，突出政治功能，把企业、农村、机关、学校、科研院所、街道社区、社会组织等基层党组织建设成为宣传党的主张、贯彻党的决定、领导基层治理、团结动员群众、推动改革发展的坚强战斗堡垒。党的十九大报告还特别突出了党的支部的作用，强调：“党支部要担负好直接教育党员、管理党员、监督党员和组织群众、宣传群众、凝聚群众、服务群众的职责，引导广大党员发挥先锋模范作用。”

2019 年，中共中央办公厅印发的《关于加强和改进城市基层党的建设工作的意见》，则对社区党组织思想政治建设的工作进行了更全面的概括：

> （1）街道社区党组织应当教育引导党员干部旗帜鲜明讲政治，增强“四个意识”，坚定“四个自信”，做到“两个维护”。
>
> （2）推进“两学一做”学习教育常态化制度化，推动习近平新时代中国特色社会主义思想进社区、进头脑。
>
> （3）落实全面从严治党要求，加强基层党风廉政建设，营造干事创业良好环境。
>
> （4）加强对基层各类组织的政治引领和对居民群众的教育引导，坚决抵御国内外敌对势力、邪教组织和非法宗教活动的影响渗透，坚决同削弱和反对党的领导、干扰和破坏城市社会稳定的行为做斗争。

党的十八大以来，在全面从严治党的大背景中，社区党组织严肃党的组织生活，按照党中央的统一要求完成思想政治教育任务。

（三）党的领导已经成为社区一切工作的核心

在整个政治建设取向的文本中，党组织“领导监督”的文本覆盖率最高，达到 30.95%。特别是党的十八大以来，基层党组织的领导核心得到前所未有的加强。

第一，从大的体制上来看，党委领导居于社区治理格局中的首要位置。

2000年，中共中央办公厅和国务院办公厅《关于转发〈民政部关于在全国推进城市社区建设的意见〉的通知》中，将“党委和政府”并列为社区建设领导的角色。2001年，民政部发布的《全国社区建设示范活动指导意见》仍然强调社区建设“要坚持地方党委、政府的统一领导”。2002—2004年，民政部门在提到社区建设工作机制时基本都是强调“充分发挥党委政府的领导力量”。

2004年9月，在加强党的执政能力建设的背景下，党的十六届四中全会通过《中共中央关于加强党的执政能力建设的决定》，明确党委领导的社会管理格局，此后，党委在社区治理中的领导地位更加突出。

2011年11月，中共中央办公厅、国务院办公厅印发的《关于加强和改进城市社区居民委员会建设工作的意见》更是明确“各省、自治区、直辖市党委和政府要定期研究社区居民委员会建设工作。区（县、市）委书记要认真履行第一责任人的职责，街道办事处党工委书记要履行好直接责任人的职责”，区分了党委组织部门与民政部门在居委会建设中的作用：党委组织部门在加强社区居民委员会建设中要发挥抓总引领作用，民政部门要充分发挥牵头指导作用，搞好协调服务。

2017年，中共中央和国务院发布《关于加强和完善城乡社区治理的意见》，进一步强调“地方基本原则强调坚持党的领导，固本强基，加强党对城乡社区治理工作的领导”，“市县党委书记要认真履行第一责任人职责，街道党工委书记、乡镇党委书记要履行好直接责任人职责。要把城乡社区治理工作纳入地方党政领导班子和领导干部政绩考核指标体系，纳入市县乡党委书记抓基层党建工作述职评议考核”。

自社区建设全面展开以来，政策文本中“党委与政府共同领导”

的表述转变为“党委领导、政府负责”，一方面突出了党委的绝对领导地位，另一方面明确了党委和政府的分工，党组织成为社区治理的领导者和统筹者。

第二，从具体的机制上来看，社区党组织在本辖区发挥核心领导作用。

社区党组织从原来局限于党的内部建设，转向为对本地区工作的全面领导，体现出“内向型党建向外向型党建转变”的特征（见图7－2）。

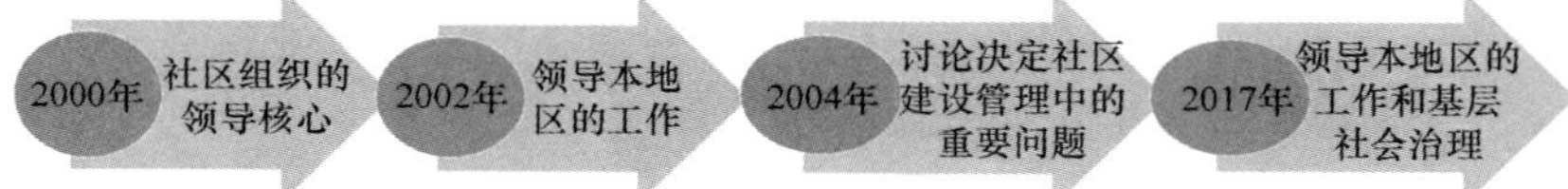

图7－2　社区党组织领导作用的发挥

2000年，中共中央办公厅和国务院办公厅《关于转发〈民政部关于在全国推进城市社区建设的意见〉的通知》中指出“社区党的组织是社区组织的领导核心”。其主要职责是：宣传贯彻党的路线、方针、政策和国家的法律法规，团结、组织党支部成员和居民群众完成本社区所担负的各项任务；支持和保证社区居民委员会依法自治，履行职责；加强党组织的自身建设，做好思想政治工作，发挥党员在社区建设中的先锋模范作用。

2002年，党的十六大修改的《党章》第三十二条提到：“街道、乡、镇党的基层委员会和村、社区党组织，领导本地区的工作，支持和保证行政组织、经济组织和群众自治组织充分行使职权。”但是，对于基层党组织职责的规定仍然限于“党的内部教育、组织建设和党员的示范带头作用”。

2004年，中共中央办公厅转发的《中共中央组织部关于进一步加强和改进街道社区党建工作的意见》中提出，街道党（工）委要“讨论决定本街道城市管理、经济发展和社区建设中的重大问题。协调有关部门，动员各方力量，整合各类资源，服务社区群众，共同推进社区建设”，社区党支部要“讨论决定本社区建设、管理中的重要问题”。2009 年 9 月，党的十七届四中全会通过的《中共中央关于加强和改进新形势下党的建设若干重大问题的决定》指出，要“发挥党组织在本单位履行职责中的政治核心作用”。

2012 年 10 月，党的十八大提出了加强基层服务型党组织建设的重大任务，全面加强党的领导、从严治党向基层延伸，大大提升了城市基层党组织的领导力。2015 年 7 月，中共中央办公厅、国务院办公厅发布的《关于加强城乡社区协商的意见》明确指出，“要坚持党的领导，充分发挥村（社区）党组织在基层协商中的领导核心作用”，要求社区协商工作中加强党的组织领导。

2017 年 6 月，中共中央和国务院发布的《关于加强和完善城乡社区治理的意见》中，单独设立了一条“充分发挥基层党组织领导核心作用”，包括对社区各类组织和各项工作的领导。2017 年 10 月，党的十九大提出“党是领导一切的……要提升基层党组织的组织力”，党的十九大修订的党章，将原来的“街道、乡、镇党的基层委员会和村、社区党组织，领导本地区的工作”改为“领导本地区的工作和基层社会治理”，明确社区党组织在基层社会治理中的领导地位。

2018 年 10 月起开始实施的《中国共产党支部工作条例（试行）》规定社区党支部“全面领导隶属本社区的各类组织和各项工作……村、社区重要事项以及与群众利益密切相关的事项，必须经过党支部党员大会讨论”。

从党中央的各种文件来看，社区党组织发挥的领导作用遍及“居民自治，居委会建设，本社区建设管理中的重要问题，政治建设，社会组织，社区协商，社会治安防控体系建设，主题教育，公共服务，社区专业服务机构”等。

从各地的实践来看，党组织对社区各项工作全面领导的态势已经全面增强。一些地方为了加强党的领导地位，还抬升党组织书记的权责，2014 年上海市委制定文件明确社区专职书记享受事业待遇，任满两届、考核优秀并得到群众认可，转为事业编制。不少地方在“两委换届”时推进党支部书记和居委会主任“一肩挑”，2018 年出台的《广东省加强党的基层组织建设三年行动计划》要求，巩固村（社区）党组织在基层组织和一切工作中的领导地位。在长沙，自 2015 年起，社区工作全面被改为书记负责制，长沙市开福区按照“一社区一专职党务工作者”的思路，面向社会公开选聘社区专职党务工作者，加强基层党务建设。

党的十八大以来，社区党组织作为“党在社会基层组织中的战斗堡垒”，在整个社区事务中的领导地位更加凸显。

二　社会取向特别强调治理引领与服务

进入 21 世纪后，中国共产党在社区中的社会取向大幅提升，其文本覆盖率达到了 45.89%。经济取向的文本覆盖率只有 0.39%。特别是党的十八大以来，党在社区中的功能越来越转向重视治理引领与社会服务。

（一）城市基层党组织的引领治理功能受到重视

引领治理（包括联动共建）成为基层党组织的一个新功能，日渐占据重要位置，其文本覆盖率为 20.51%。

2000 年，中共中央办公厅、国务院办公厅《关于转发〈民政部关于在全国推进城市社区建设的意见〉的通知》中，关于社区党组织建设的描述，更多是将其定位在“社区组织的领导核心”，主要职责是内向型的组织建设。2002 年 10 月，全国组织工作会议指出“构建党建工作新格局，形成以社区党组织为核心的社区组织体系和资源共享、优势互补、共驻共建的协调机制”，首次明确由社区党组织领导共驻共建，这标志着社区党组织职能开始向外扩展。

2004 年，《中共中央组织部关于进一步加强和改进街道社区党的建设工作的意见》中指出“建立健全街道、社区党建工作协调机制”。2011 年 11 月，中共中央办公厅、国务院办公厅印发《关于加强和改进城市社区居民委员会建设工作的意见》，首次提出“在当地党委、政府统一领导下，党委组织部门在加强社区居民委员会建设中要发挥抓总引领作用”。

党的十八大后，基层党的建设日益同基层治理结合起来。在延续之前社区党组织发挥核心领导作用的同时，党中央提出“党建引领社区治理”的方向。

2013 年，党的十八届三中全会提出“推进国家治理体系和治理能力现代化”，基层党组织承担引领治理的职责更加明确。2015 年 7 月，中共中央办公厅、国务院办公厅发布《关于加强城乡社区协商的意见》，要求“切实发挥好基层党组织战斗堡垒作用和党员先锋模范作用，引领城乡居民和各方力量广泛参与协商实践”。

2017 年，中共中央和国务院在《关于加强和完善城乡社区治理的意见》中指出，“把加强基层党的建设、巩固党的执政基础作为贯穿社会治理和基层建设的主线，以改革创新精神探索加强基层党的建设引领社会治理的路径”。2019 年 5 月，中央办公厅发布《关于加强和改进城市基层党的建设工作的意见》，指出“健全党组织领导下的社区居民自治机制、领导群团组织和社会组织参与基层治理、促进精细化治理”。

党建引领社区治理就是通过党的政治优势、组织优势，在基层治理中的引领带动作用，整合社区治理的各方力量，实现社会治理目标的过程。党建引领社区治理，已经成为各地的广泛实践。

（二）“提供服务”成为社区党组织的主要任务

从 2000 年到 2010 年，社会服务在整个社区党建的文本中覆盖率达到 20.39%。伴随时代的发展，社区党组织提供服务已经提升至前所未有的高度。

2000 年 6 月，胡锦涛在天津考察工作时指出，要紧紧围绕搞好社区管理和服务开展党的建设。[①] 2002 年 1 月，中组部召开全国中小城市街道社区党建工作经验交流会，会议提出，在街道社区党建工作中，要充分发挥街道社区党组织和广大党员的作用，大力开展面向困难群体的社会救助和福利服务，面向居民的便民利民服务，面向社区单位的社会化服务。[②]

2004 年，中共中央办公厅转发《中共中央组织部关于进一步加强和改进街道社区党的建设工作的意见》，要求“坚持把服务群众作为街道、社区党组织的重要任务”；2007 年，党的十七大指出要“充分发挥基层党组织推动发展、服务群众、凝聚人心、促进和谐的作用”；2009 年，党的十七届四中全会通过的《中共中央关于加强和改进新形势下党的建设若干重大问题的决定》指出，“把服务群众、凝聚人心、优化管理、维护稳定贯穿街道社区党组织活动始终”。

2011 年，胡锦涛在“七一重要讲话”中指出，要把服务群众、做群众工作作为基层党组织的核心任务和基层干部的基本职责。同年 11 月，中共中央办公厅、国务院办公厅印发《关于加强和改进城市社区居民委员会建设工作的意见》，更加具体地指出：“坚持和完善党员设岗定责、依岗承诺、志愿服务和帮扶结对等制度，进一步落实在职党员到社区报到的要求，拓宽党员服务群众渠道，充分发挥党员在和谐社区建设中的先锋模范作用。”当年 12 月 18 日，习近平同志在全国组织部部长会议上的讲话指出，要“自觉把基层党组织的工作重心转移到服务发展、服务民生、服务群众上来”。

党的十八大以后，中央对基层党的服务工作要求更为具体。党的十八大提出了加强基层服务型党组织建设的重大任务，指出要“以服务群众、做群众工作为主要任务，加强基层服务型党组织建设”。2014 年 1 月开始的第二批党的群众路线教育实践活动，明确提出要着力解决“最后一公里”问题。2014 年 5 月，中央办公厅下发《关

① 张明楚：《中国共产党基层组织建设史》，福建人民出版社 2008 年版，第 485 页。

② 宗树：《全面推进中小城市街道社区党的建设工作》，《党建研究》2002 年第 3 期。

于加强基层服务型党组织建设的意见》，要求街道、社区党组织“运用多种形式和手段开展服务”。

2019年5月，中共中央办公厅印发《关于加强和改进城市基层党的建设工作的意见》，要求街道党工委“集中精力抓党建、抓治理、抓服务”，社区党组织“有资源有能力为群众服务”，并且规定了设立党群服务中心、网格化服务等具体措施，指出要“把各类党群服务中心建设成为党领导城市治理的坚强阵地和服务党员群众的温馨家园”。

服务群众被列为历次党内教育实践活动的重要内容和检验标准，被视为加强党与群众血肉联系、凝聚人心、优化管理、维护稳定的重要机制。党员参加志愿服务等活动，也被视为发挥党员作用的重要指标。越来越多的地方强化基层党组织的地位，社区办公场所挂牌“社区党群服务中心”，党组织及党员直接向群众提供各类服务。

第三节　政党连接社会与二次社会建构

社区党建嵌于社区分化的社会情境之中，伴随着各类主体关系的变化。如果仅仅关注党组织对社区的抽象作用，则会脱离社区治理的实际情景，忽略政党与社会的具体行动。因而，必须观察社区实践中党与社会的互动。

中国的社区党建不仅是党组织建设的过程，也是一个党链接社会的过程。与西方国家政党依靠选票与社会链接的情况不同，中国共产党链接社会的过程，除了惯常的意识形态和组织建设以外，“组织动员、资源链接与服务链接”是主要的机制。基于“党与社会链接”的框架（见图7－3），可以分析社区党建的机制，窥探社区党建投射的逻辑。在全国一些做得比较好的地方，所展示出来的社区党建并非止于党建本身，而是展示出当代中国“二次社会建构”的趋势。

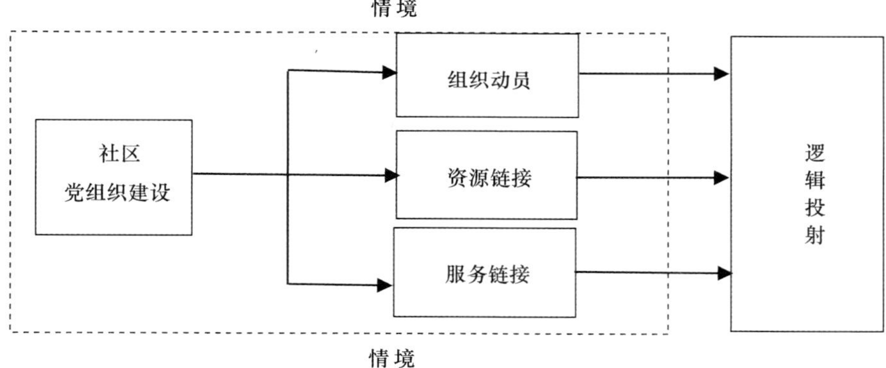

图 7-3　基于“党与社会链接”的分析框架

党的十八大以后，成都市将社区发展治理上升到加强党对城市工作全面领导的高度来统筹，开启了党建引领社区发展治理的创新实践，丰富了社区党建与社区治理的有关理论，成为中国社区党建的一个观察口。

笔者随机选取了成都市 21 个社区进行多案例研究。选取的原因为：（1）符合典型性原则，近年来，成都市成立了全国首家市委社区治理委员会统筹规划社区发展，形成以党建为引领、居民自治、社会组织参与的社区治理模式，在很多方面具有首创意义；（2）符合多案例研究的复制法则，按照成都市“三个圈层”的划分，分别在一圈层、二圈层、三圈层（郊区县）选取 7 个、9 个和 5 个社区，包含 4 个老旧社区、9 个商品房小区、7 个拆迁安置小区和 1 个混合社区（见表 7-3），不同的案例带有“准实验性”，有助于“在‘一阶抽象’到‘二阶抽象’过程中获得更为深刻、更富有启迪意义的理论发现”①；（3）符合可比较的原则，所选案例除了区位、类型、规模不同以外，还观照了不同治理效果，用以比较可能的因果关系，治

① 黄振辉：《多案例与单案例研究的差异与进路安排——理论探讨与实例分析》，《管理案例研究与评论》2010 年第 2 期。

理效果较好、一般与较差的社区分别为13个、3个和5个，分别编码√、⊙和×，其标准在于是否能够完成特定的治理任务，商品房小区特别观照了物业费收缴率。

表7-3　所选取的成都市21个案例分布情况（截至2019年7月）

社区编号	区位	类型	人口规模	治理效果
A	二圈层	老旧院落	8000人	√
B	二圈层	老旧院落	8100人	√
C	二圈层	老旧院落	5281人	√
D	二圈层	商品房	1.2万人	√，先乱后治
E	一圈层	老旧院落	1.6万人	√，先自治后整治
F	一圈层	拆迁安置+商品房+保障房	8000人	√，物业费收缴率98%
G	二圈层	拆迁安置	8000人	√，物业费收缴率95%
H	一圈层	商品房	7000人	⊙
I	一圈层	商品房	1万人	√，物业费收缴率96%
J	三圈层	拆迁安置	6000人	×，物业费收缴率20%—30%
K	一圈层	商品房	12703人	⊙
L	三圈层	农民安置	3000人	√，物业费收缴率99%
M	三圈层	农民安置	2400人	×
N	三圈层	农民安置	1700人	×
O	三圈层	商品房	4980人	×，同一小区两个物业
P	二圈层	商品房	1.3万人	√，由乱到治，物业费收缴率95%
Q	二圈层	商品房	20万人（入住1000人）	√，物业费收缴率94%
R	二圈层	商品房	1.3万人	√由乱到治，物业费收缴率98%
S	一圈层	商品房	1.3万人	⊙

续表

社区编号	区位	类型	人口规模	治理效果
T	一圈层	拆迁安置	2.5 万人	×，物业费收缴率不到 40%
U	二圈层	拆迁安置	4000 人	√

笔者对所获取的调研录音和资料全部进行数据编码，力图避免案例分析的随意性和主观性。编码规则为：（1）对所有调查的社区进行编码，按照从 A 到 Q 赋予代号，同时对所有访谈资料的条目进行编号；（2）对基层党组织面临的情境（主要是治理难题）、主体（组织建构）、过程（组织动员、资源链接、服务链接）和机制投射（主体补位、社会创制）7 个构念进行编码；（3）结合社区编码和构念进行次级编码。例如，A 社区的组织构建的举例编号为 Ao1，Q 社区的逻辑投射的举例编为 Qr1 等（见表 7－4）。

表 7－4　　　　构念、测量变量与编码

类型	构念	测量变量	关键词举例	编码	条目数
情境	治理难题	问题集中程度	矛盾、投诉、纠纷、问题、乱象	q	82
主体	组织建构	组织程度	党支部有力、纪律、规则、党性、双报到	o	56
过程	组织动员	号召力强度	示范、连点帮扶、包楼栋、带头、威信、参选业委会、发动组织	m	105
	资源链接	链接强度	经费、场地、认领项目	l	58
	服务链接	服务项目	解决问题、满足需求、养老、志愿服务、巡逻	p	70
机制投射	主体补位	主体替代性	维护秩序、监督物业、组织业主投票	r	56
	社会创制	主体创造性	社会组织、协会、业委会、公约	s	58

一　政党连接社会的三种机制

从组织建构来看，所选取的21个社区，全部设置了党组织，一些社区还形成了区域化党建机制。一些较大的小区不但成立了党总支，还成立了党支部和党小组。例如F小区就设立了8个支部，G小区有党员72人，设置了3个支部和9个党小组。构建组织只是完成了党建的第一步，党组织通过党内纪律、规范和学习活动，推动党内整合，在此基础上密切与社会的链接。

（一）党组织的“组织动员”

党的基层组织是实现党与社会的链接的最直接载体，中国共产党向来有“党员发挥模范带头作用”的传统，以此来贯彻党的意志、联系群众。在一些治理主体缺位的情况下，社区党组织往往依靠意识形态和组织约束，促使基层党员发挥“带头作用”，这突出表现为党员在治理任务中身先士卒、包片联户、参选业委会、认领项目、维持秩序等形式。实践表明，组织动员往往在社区治理面临困难时能够发挥“救急”和“兜底”的功能。在13个治理较好的案例中，100%的社区充分发挥了党员带头、示范的作用（见表7-5）。

表7-5　党组织动员的资料举例

组织动员	治理效果
Am3 社区党委是项目认领的平台倡议者、搭建者。党员把群众动员起来了	√
Bm6 党员威信较高，特别是老党员政策性较强，他们承担了动员群众的工作，可以讲党课，也认领微项目	√
Cm7 我们“两委”、党员代表先牵头，然后跟老百姓讲前景，最后成功拆掉了14500平方米	√
Dm11 小区发生了多次停电后业主堵路的情况，党支部成立后，我们感觉到有组织了，小区安全主要是靠组织了一批人巡逻	√
Em15 社区的活动基本由党支部发起	√
Fm17 实行党员轮岗、党员义务工制	√

续表

组织动员	治理效果
Gm21 建立党员包楼栋、包户联系制度，通过坝坝会、入户等方式收集居民意见与建议； Gm23 开展党员“六带头六争先”活动，引导居民做环境保护的维护员、家园建设的服务员； Gm27 我们小区大操大办流水席是很久以前就有的，就是靠我们老党员组成宣传队，然后是发倡议书，进居民公约，开发布会，最后成功遏制了	√
Im33 党小组的党员在联络居民发挥了很大作用，党组织积极推动业委会的建立； Im41 我们成立了院落治理委员会，由党总支、党支部和居民小组等代表组成，实行交叉任职	√
Lm57 党员服务体系主要是发挥党员示范带头作用，常态化开展有困难找党员、有事就联系党员	√
Pm91 社区书记亲自找我谈了几个小时，让我牵头成立社会组织。我今年的大活动有 12 次，小活动有很多	√
Rm93 小区没有业委会，党支部也就三个人，我们就把居民发动起来，成立了一个党群组织	√
Sm97 业委会禁止社区（党）组织活动进小区，认为办活动会人员混杂	⊙
Um103 将党员干部示范引领作用贯穿拆迁过渡、安置管理全过程	√
Jm51 现在正在发动党员和积极分子的居民来参与楼栋单元的管理，探索一个微治理的模式	×
Mm59 党员动员比较弱，党员人数多，示范作用不够，觉悟也有待提升	×
Om73 其实党员能够身先士卒就行了，做其他居民工作太难，老弱病残，长期在外务工的，家里做不了主的，看子女脸色的，很难管理	×
Nm66 党员人数不够，年龄偏大，党员发挥作用弱化。年轻党员都外出打工了	×

例如，B 社区由 43 个老旧院落组成，居民普遍反映缺乏公共空间，由于各自围墙封闭，甚至出现救护车难以进入耽误救人的情况，在缺乏业主自组织的情况下，社区党组织书记带头拆墙，并且带领党员亲力亲为，完成公共空间的改造；I 社区在成立第二届业主委员会

的时候，动员党员参选业委会委员，当选的 11 名委员中有 8 名党员，居民反映："党员选举有优势，业主们对候选人都不熟悉，如果候选人是党员身份，就会增加一些信任感，得票率比较高。"同样，治理效果较好的 L 安置小区，常态化开展有困难找党员的活动，既完成了小区内基本设施的完善，也加强了对困难群众的服务；相较之下，位于同一区位的安置小区，因为年轻党员多数外出打工，老年党员居多，老年党员能够自己身先士卒已经不错，再动员其他留守群体则比较困难，因而治理效果相对较差。

反之，在治理效果较差和一般的 8 个社区中，社区党组织的组织动员、示范作用没有充分发挥，个别商品房小区的党组织甚至难以进入小区活动，治理效果一般。

（二）党组织的"资源链接"

资源链接是指由党组织搭建的平台，将社区之外的资源连接到社区中来，满足居民需求的过程。社区党组织能够通过链接资源，增强解决社区内部问题的能力，密切与居民的联系。在 13 个治理效果较好的案例中，有 9 个社区建立了"区域化党建"或者"结对共建"的机制，将社区以外的资源引入社区治理，治理效果一般或较差的 8 个小区中，仅有一个小区偶尔有一些志愿服务（见表 7－6）。

表 7－6　**资源链接的资料举例**

A17 每个区域共建单位认领一个微项目
Bl5 之前老法院办公用房的使用权给我们了，我们用来作为公共活动空间
Cl20 我们这条路改造之后，盖了一些售卖亭，每个 8 平方米，对外出租均价是 12 万/年，加上便利服务市场，大概是 200 万元的资金收入，这相当于（共建单位）给社区的资产
Dl22 我们在党建引领下成立业委会，而后找资源，政府出资 30 万元给解决了用电问题
Gl31 与 12 家单位党建结对共建，资源共享、党课互上、文化教育共建、公益活动共做
Ql53 我们与开发商合作成立了社区基金会

如果小区党组织能够发挥坚强作用，街道和社区就容易在该小区

开展示范工作，相应的区域共建还有利于整合社会资源为社区所用。有小区反映，“我们小区因为党支部比较得力，在创建示范小区时，街道就投入了800万元”。

几个一圈层的老旧社区，因为人口规模小，在“以人头费划拨”的社区治理资金中获得资源相对受限，通过联建方式获得了外部资源支持。例如，C小区地处大学区域，周边发展了大量餐饮服务业，但是小区基础设施陈旧，经常一下雨就污水横流，小区支部与周边的单位共建，获得了水务局6950万元的投入进行改造，在改造周围民房的时候，还得到大学师生的支持，进行了美观设计，建成之后因为风格独特，成为“网红打卡”之地，吸引了更多的客源。Q社区则发挥了开发商品牌构建的积极性，倡议成立社区基金会，企业组织发起800万的基金，注册成功后完全交给社区运营；U社区采取结对共建方式链接到5家单位，幼儿园在招商合同中承诺每年捐赠发展基金不低于5万元，2家企业自愿出资33万元认养小区绿地。相反，治理效果较差的S小区则反映：党建开展工作没有抓手，没有什么资源进这个小区。

（三）党组织的“服务链接”

社区建设在全国范围内铺开以来，原来“内向型组织”属性较强的社区党组织，逐渐强化了对群众的服务职能。党的十八大提出了加强基层服务型党组织建设的任务，此后，社区党组织更多、更直接地向群众提供服务。各地社区办公场所普遍挂牌“社区党群服务中心”，实际上成了统合社区各类组织和服务的平台。[①]

成都市将社区视为群众服务的“最后一公里”，将小区视为推动治理进一步下沉、解决好服务群众“最后一百米”。2018年，在全市范围内推进了“社区党群服务中心亲民化改造”，一些小区成立了党群服务中心，在公共服务向社区延伸之后，再次向小区延伸。党员因

① 吴晓林：《治权统合、服务下沉与选择性参与：改革开放四十年来城市社区治理的“复合结构”》，《中国行政管理》2019年第7期。

为在小区内生活，熟悉小区环境，可以通过邻里关系更直接、更容易地解决一些问题。

实践表明，大多治理效果好的社区由党组织发动，设有不同形式的巡逻队、志愿者队伍，发挥纠纷调解、助老扶弱、秩序维护、设施改善等服务功能（见表7－7）。

表7－7　　**服务链接的资料举例**

Ap2 我们最初把整个院落存在的问题和居民真实的需求，列出清单，然后跟居民讨论怎么做
Bp5 我们打造法院综合楼的时候，引进一些商业业态、文化公益的便民项目，就是满足居民对生活广场的需求
Cp11 我们进行了雨污管网改造……利用公共收益聘请了文明劝导员，秩序也好了
Dp15 我们为小区安全进行了常规的巡逻
Ep27 每个楼栋都成立党支部，这栋居民遇到问题就会找党支部寻求帮忙
Fp29 组建了为老年人服务的六大功能室，组织志愿者为老人开展服务
Ip41 党建引领包括政治引领（政治学习等）和服务引领（老年照料、节假日活动等）等具体行动
Lp46 社区“两委”每天在办公室上班很少，大部分时间在小区里面。关注百姓的生产生活，了解他们的需求、存在的问题； Lp49 党员志愿者、青年志愿者对空巢老人、留守儿童、残疾人一对一的服务
Pp51 我们在旁边打造一个党建活动阵地，让党员利用业余时间来开展一些服务，比如依托物业设立一个服务站，让党员或者业主志愿者去服务窗口定期收集一些小区内不方便去街道办理行政审批事项的，然后街道可以集中办理
Pp57 党员带头做“家访”，成为小区各方利益的“仲裁者”，使业主与物业的对立矛盾有了缓和

在治理效果好的13个社区中，党组织均更加积极地开展服务。例如，U小区“依托经济适用房公共资源，建立群众之家、志愿者之家，打造集健身房、音乐舞蹈室、手工艺坊、书房、暮夕茶坊、四点半课堂等多功能于一体的党群活动中心”，将公共服务阵地推向老百姓家门口；P社区推动“八小时奉献在小区”行动，为小区党员设岗

定责，由党员带头，动员小区业主积极参与文明劝导、政策宣传、关爱老人等公益服务，一年内党组织已组织议事会 2 次，解决了 8 个议题，居民对党员认同感显著增强。

二　社区党建的社会建构逻辑

中国的社区党建并非局限在党组织自身建设的范畴，还凸显出“党建社会”的意义。首先，上述三种链接有利于弥补社区治理中多元主体缺位的缺陷，发挥主体补位的功能；其次，由于法律法规限制以及“过多的治理任务”所限定，以党建撬动居民参与、培育社会成为迈向共建共享共治的关键步骤，这正验证了“治理转型并非遵循线性逻辑”[①] 的判断。

（一）主体补位：以组织化应对非组织化，创建社区秩序

在城市发展面临一系列新情势的条件下，成都市委认识到“社会活力不足”与“社会组织发育水平不高”的问题，将党建引领视为弥补治理短板的必然路径，要求“推动党组织体系和工作体系向小区下沉”。

在社区治理主体缺位、组织化不足的背景下，党组织进场补位是维持社区秩序的保障（见表 7－8）。党发挥的“组织动员、资源链接和服务链接”三种机制，大多是在“主体补位”这个层面来开展工作的。具体来看，在商品房小区，党组织主要承担居民利益表达、纠纷调解、社会组织孵化、秩序维护等工作；在老旧院落小区，党组织的事前动员、区域化共建有利于促成环境改善；在治理较好的拆迁安置小区，党组织在结对帮扶、志愿服务之外，还组织成立了物业中心，弥补了物业管理缺位的短板。在 21 个案例中，社区党建发挥补位作用良好的有 14 个，其中 13 个治理效果良好，剩余的 1 个治理效果不佳的社区并非因为党组织补位功能不够，而是外在因素（建设质

---

① 吴晓林：《治理转型遵循线性逻辑吗？——台湾地区城市社区治理转型的考察》，《南京社会科学》2015 年第 9 期。

量问题）给社区善治带来了诸多困难。

表 7－8　主体补位的资料列举

主体补位的资料列举
Br3 我们把党员全部公示，35 个人。然后成立党支部，把院委会换届了，其中四个党员进入了院委会
Cr5 我们街道办党工委的副部长担任组长，社区副书记牵头，一些党员代表担任小组长（来推动拆迁改造），这样，我们的工作就好开展一些
Er7 社区党组织孵化物业中心……党支部在维修基金的监督方面发挥了作用
Fr20 每名党员轮流在“党员之家”提供服务，党总支以组织为载体与物业对接，解决居民诉求
Gr22 小区党支部以党小组为单位认领公共区域，组织党员积极参与志愿服务 Gr25 党员骨干带领居民一起成立了楼栋公约……鼓励党员牵头发展自组织，自组织中共有党员骨干 22 人
Ir31 之前十几年没有成立业委会，我们党支部、居民小组和老协，有群众基础，挨家挨户动员，征求意见
Rr43 成立业委会的基本上都是党组织在开展相关工作
Ur55 搭建院委会＋楼栋小组，同步运行监事会＋议事协商会，党员带领群众管理自己的事情

有 4 个小区在出现乱象之后由党组织的补位实现了“由乱转治”。例如，O 小区 2014—2016 年陆续出现因为车位、商业和绿化等问题的“房闹”，甚至出现居民堵小区门、打砸事件，小区居民出现拒缴物业费的现象，2016 年物业费收缴率为 85%，2017 年欠缴物业费 230 余万元。街道将该小区概括为“两差（安全管理差、卫生秩序差）、两难（费用收取难、自治管理难）、两少（小区活动少、商业配套少）”。社区党委在摸底之后成立小区党支部，由小区党支部来指导业委会、监委会的成立，党员走门串户、收集居民意见，针对性地开展志愿服务活动，针对小区利益重大问题开展多方协商，经过努力，小区治理成效初步显现，物业费收取率提高到 95%。R 小区没有业委会，在小区出现各种矛盾的时候成立了党支部和党群治理小组，

就居民反映的意见与物业公司沟通，解决居民问题、监督物业管理，物业收费率达到98%以上。

在社区利益的分化以及矛盾增多、社会力量还不成熟的背景下，党组织进入社区弥补治理主体短板，以组织化应对非组织化，既是高效解决基层问题的权宜办法，也是出自长期以来党组织建设的传统。与其他社会主体特别是分散的居民相比，党具有意识形态约束、纪律约束等组织优势，使得基层党员成为有约束、可依靠的主体。党员带头、党员亮身份是长期以来党组织对党员的意识形态要求，基层党组织依靠政治学习和纪律强化组织力和党性，在此基础上发挥组织优势，弥补了社区治理的短板，是维持基层秩序之需。

例如，I小区的物业公司十几年不支持成立业委会，党支部在要求党员加强自身素养、定期进行组织学习的同时，挨家挨户动员，征求成立业委会的意见，最终实现由乱转治。在面对业委会缺乏监督、运行不良的情况下，依靠组织推荐党员参选，依靠组织纪律约束党员，成为确保基层秩序的良方。F社区和P小区书记的所言具有代表性：

> 很多业主的私利可能会影响业委会的运转。我们对于业委会，主要通过党员代表做工作，只要是有党员身份，会按照党组织的正确引导开展工作，在政府、街道和社区的政策框架下开展工作。（FSJ，2019年3月26日）
>
> 业委会的成员因为可以随时退出，可能会做一些不负责任的事情。如果是党员我们就可以约束好，毕竟有组织约束。（PZJ，2019年4月1日）

党组织还通过项目化、考核和评比等手段，促使党员发挥作用。例如A社区就在创先争优的时候，要求党员做先锋示范，党员是否带头成为对支部评比的一个重要指标。

（二）培育社会：以组织化撬动社会发展，创造社区共治的条件

党组织建成之后，其定位为何、职责范围在哪儿，触及情、理、法的边界。在这种背景下，一些实践已经展现出“培育社会而不包办社会”的积极走向。在21个案例中，有11个涉及培育社会、发挥社会作用。其中，治理效果较好的13个社区，积极推动了培育社会、社会参与治理的工作（见表7－9）。

表7－9　**培育社会的资料举例**

As7 以后的物管都是要由他们自己管理的，我们提前做好他们这种思想意识的转变
As9 现在我们培育居民都是让他们从个体化到组织化的参与，我们已经有了12个自治组织
Bs13 把居民参与率提高，把居民的公共意识、参与意识，还有志愿服务的意识提高，就是我们想要做到的一个目标
Cs15 我们提级改造后吸引力更多客源，组织党员跟商家一起商议，成立了美食协会、酒吧协会和民宿协会
Ds17 我们的党建引领，除了支部建起来，业委会的规则、居民公约也出来了，这个就是我们小区的“小宪法”，要遵守的
Es20 老旧院落的维修基金，坚持先自治后改造，先把长效机制建立起来，我们再对其进行投入
Gs29 以党员为骨干，通过自荐和推荐的方式产生了30多名楼栋“干部”，培养自我教育、管理、监督、服务意识
Ks33 我们依托社区营造项目在对自组织进行培育，因为居民现在还不知道、还没有这个能力自我治理
Ps47 我们通过党员的带头作用去指导小区自组织参与社区治理，已经成立了八个社区组织，然后通过它们开展了一些活动
Qs50 按照“建设与治理并重的思路”，先后成立社群组织38支，创新成立了社区基金会

例如，在Q社区，在大部分居民还未入住的时候，社党组织就按照居住区块形成了“组团式治理”，1000多名居民推选出96名组团议事会成员，发挥居民力量邀请邻居组团共建空间，讨论共同治理的规则，解决共同的问题，形成对其他组团的示范。U社区是治理较好的拆迁安置小区，党组织通过自下而上和自上而下的方式，反复征求意见，最终形成居民高度认同、简单实用的《小区自治章程》，促使村级事务与小区管理制度无缝对接。再如，A社区是老旧社区，该社

区在空间改造的过程中并非是由党组织和居委会大包大揽，而是遵循“先自治后整治”的思路，撬动居民共同参与：

> 院落改造其实很快，几个月的时间就可以，但是我们几乎花了一年的时间，把居民动员起来，让他们参与进来、来设计，把自己的意愿表达出来，后期（他们）才会真正地去维护……我们对院落灌输的一个理念是，你们不动我也不动，你们先筹资，不管是多少，我们再去找党组织和社会单位来共同来参与……这个院落搞好了，其他的就开始动起来。（ASJ，2019 年 3 月 28 日）

依靠社区党建“撬动社会”，是基层事务繁多和法律边界的共同作用下的选择。S 社区所在的街道负责人讲道：“我们街道几十万人，街道‘两委’干部加起来才 130 人，如果单纯用行政手段解决问题很难。”这道出了动员群众的重要原因。A 社区因为老旧院落多，人口密度低，所获得的人头经费少，因而只有去撬动居民参与。“提前介入，把控方向”是党组织对未来社会发展的一种积极引导，在社区业主的公共意识、契约精神总体不足的情况下，党组织前置性的社会培育既利于维持秩序、避免社会不成熟带来的诸多乱象，又利于把握社会组织的发展方向，为共治创造条件。

例如，各地业委会成员辞职和怠工的现象屡见不鲜，业委会在成立的时候可能背负各种不当的目的，这既与未来社会发展所不符，又不利于维持现有的社区秩序。R 小区在成立业委会之前，党支部就做好沟通工作，以保证业委会良好运行。Z 小区的党组织力图避免成立一个先天不良的社会组织，而是先由党组织进行前期的铺垫工作：

> 我们发现成立业委会的苗头就不对，大致有三拨人：一拨人是自己与物业发生点小矛盾，就觉得物业做什么都不对，要成立业委会炒掉他；第二拨人是受其他物业鼓动，准备成立后炒掉旧

物业并从中获利；第三拨是觉得成立业委会可以控制公共收益。这不是理想的业委会。党组织的态度非常慎重，不是为了成立业委会而成立业委会，而是为了业委会能够发挥作用把小区治理好。所以先把党支部推出来，党支部参与小区的管理，在适当恰时机恰当的情况下再成立业委会。党支部目前正在研究委员的人员组成，选举程序、监督机制的建立等，以为未来成熟的业委会做准备。（ZJJ，2019 年 4 月 2 日）

成都市的实践是观察中国社区党建的一个“窗口”，昭示了中国共产党在社区的积极趋向。与西方国家党与社会关系不同，中国共产党不是部分利益的代表者，而是将整个社会视为执政基础，并且发挥全面领导作用，这种定位要求党发挥积极建构而非消极迎合的角色。

其一，社区党建投射了党“二次构建社会”的意志。与中国共产党执政基础建设的宏大命题相比，社区党建更具具象化、社会化特征。与国（境）外相比，中国的社区规模处于不断扩大的状态，社区异质性日趋增强。1949 年以后，中国共产党在完成统一的基础上，结束了近百年来的社会动荡，并且完成了“阶级社会”“单位社会”的第一次社会建构。受当时政治经济环境的影响，单位社会是一种政治社会高度一体的形态。改革开放后，在完成社区层面的全覆盖以后，快速的社会分化特别是新的产权属性的商品房小区的扩展，使得基层社会再次面临“原子化”，党组织面临继续下沉、整合社会的任务。可以发现，经过多年的探索，社区已经成为党的意志在基层落地的载体，也是继“单位社会”之后的“二次社会建构”的建制性单位。

其二，社区党建具有“政治建设”与“社会构建”双重性。近百年来，中国一直行进在现代化的探索之中，国家建设与社会建设都是题中之意。新中国成立至今，中国共产党在领导国家建设方面已有成熟理论，对社会的再组织化、未来社会构建则仍然处于探索之中。以组织建构、思想建设为主要形式的社区党建，既是政治建设所需又是稳定社会秩序所需，而主体补位后的撬动社会则是“党建社会”的过渡，是迈向未来共建、共治、共享社会状态的必需。由此，党建引领的社区建设不但是党整合社会的内在需求，还具有社会再造的作用。按照马克思主义的经典论述，一切政治建设都要服务于社会建设。以政治性夯实社会基础，以政治性保障和撬动社会性，既是现实选择，也是未来需求①。社区党建在力图掌控社会秩序的基础上展现出锻造一种基于现实、面向未来的社会建构意图，这是中国现代化进程和中国共产党近百年来社会建设理想的一种现实选择。

如果把主体补位与社会撬动置于一个坐标系，可以判断，成都市正展现出社区治理的1.5版本（见图7－4）。在中国，要想推动治理转型，势必要解决“让社会运转起来”这个关键问题。成都市的实践昭示了一种党建引领的“社会建构”之路，在全国不同地方已经有越来越多的类似实践。

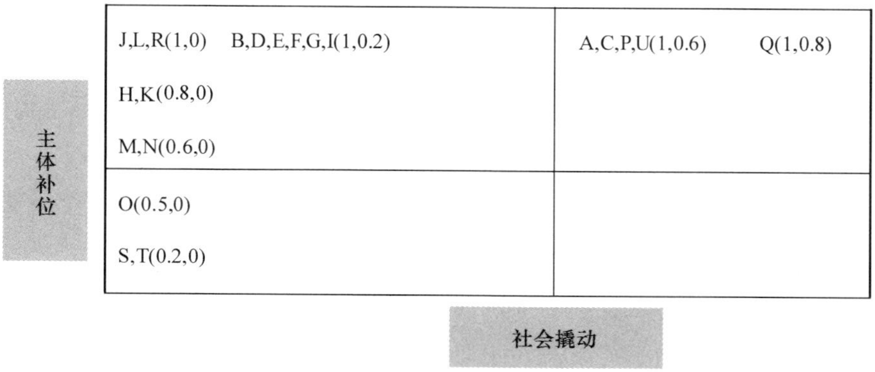

主体补位

J,L,R(1,0)　B,D,E,F,G,I(1,0.2) H,K(0.8,0) M,N(0.6,0)	A,C,P,U(1,0.6)　Q(1,0.8)
O(0.5,0) S,T(0.2,0)	

社会撬动

图7－4　党建引领下城市社区治理的1.5版本

① 吴晓林：《走向共同体：马克思主义政治发展观的“条件论”》，《政治学研究》2019年第4期。

第八章　社区复合体的形成：治权、服务与生活

经过改革，中国城市社区治理模式逐步定型，既区别于传统的基层管理体制，也区别于西方意义的自治模式。借助强大的党政组织力量，“厚植执政基础”与“公共服务下沉”的功能被强势导入社区，这是中国社区完全异于西式社会共同体的意义。

与实践发展所展现的生动逻辑相比，理论解释尚未容纳这种变迁。社区治理仍然笼罩在“政权建设论”和“社区共同体论”二元争论的迷雾之中。

按照“复杂组织”理论，理性组织模型来源于组织研究的封闭系统战略，而自然组织模型来源于开放系统战略，[①] 经济发展往往伴随着组织上的分化或自由化。[②] 经过四十多年的改革开放，中国拥有了更多市场化的因素，社区层面产生了不少商业组织和社会组织，为社区组织分化提供了一个重要变数。

与此同时，伴随城市化的进程，社会转型过程中的不确定因素不断增多，这给人们组织变化的相应预期。现代信息技术的广泛应用，可能会迫使“公共部门重新考虑等级制度、官僚组织模

---

① ［美］詹姆斯·汤普森：《行动中的组织——行政理论的社会科学基础》，敬乂嘉译，世纪出版集团、上海人民出版社2007年出版，第5页。

② Seymour Martin Lipset, “Some Social Requisites of Democracy: Economic Development and Political Legitimacy”, *American Political Science Review*, Vol. 53, 1959, pp. 69 – 105.

式”[①]，能够带来灵活性、创新性的组织变革。理论上看，市场化、城市化、信息化似乎为社区组织体系的“开放战略”提供了前提。

然而，中国社区组织体系并非完全按照自然组织模型的预期演进，而是在强化既有模式的基础上，消化和容纳了各类组织变化。尽管各地出现了不同样态的社区治理实践，这种差异化仍然服从于总体结构的规定。

经过两轮改革特别是党的十八大之后，中国的社区治理结构逐步成型并不断巩固，它以“党的核心领导”为最突出的特征，在组织层面表现为党领导下的官方组织、社会组织和其他组织并存的复合结构，集合多功能于一体。

第一节 从行政单元到政社复合体

中国的社区制建立在“街居制”的基础之上，首先接管的是“单位制”解体后的基层管理工作，而后才是不断增强服务功能和政治功能，最终形成多功能一体的“复合体”。

在中国社区治理史上，不少政策制度规定了社区的功能，其中最为重要的有三：第一，1990 年开始施行的《中华人民共和国城市居民委员会组织法》规定了居委会的六项职责，除了群众自治的相应功能以外，还规定居委会要承担基层行政任务，这实际上界定了居委会承接行政工作的角色；第二，2000 年，中共中央办公厅、国务院办公厅发布的《关于转发〈民政部关于在全国推进城市社区建设的意见〉的通知》，将社区界定在居民委员会辖区以内，将社区建设分为“社区服务、社区卫生、社区治文化、社区环境和社区治安”五个方面，社区服务排列首位；第三，2017 年 6 月，中共中央和国务院发布《关于加强和完善城乡社区治理的意见》，要求形成基层党组织领

---

① S. F. Ravich, *Marketization and Democracy: East Asian Experiences*, Cambridge: Cambridge University Press, 2000.

导、基层政府主导的多方参与、共同治理的城乡社区治理体系，体系化建设成为新时期社区治理的方向。

经过改革发展，中国的社区主要承担三类功能：政治功能包括党建、综治维稳、思想理论教育、文化宣传、统战等；管理（服务）功能从最初的民政服务逐渐扩展为全方位的服务，包括卫生健康、社会保障、公共安全、计划生育、环境保护、城市管理等；社会功能包括社区自治、志愿服务、社会组织、社区动员等。

一　社区管理单元的政治化建设

改革开放后，街道和社区成为重塑基层治理网络的重要载体。"街居制"被重新启用并加强，用以填补管理单元的真空。2000 年，中共中央办公厅和国务院办公厅关于转发《民政部关于在全国推进城市社区建设的意见》（简称"2000 年的《社区建设通知》"）的通知指导思想的第一条就是要"改革城市基层管理体制"。

除了接手"单位制"遗留的管理空间，社区越来越凸显"夯实党的执政基础"和"维护社会稳定"等政治功能。1998 年的国务院机构改革，明确民政部有"指导社区建设"的职责，民政部将基层政权司改为基层政权和社区建设司，机构名称之变反映了社区建设与基层政权建设的内在关联。2000 年的《社区建设通知》中明确："大力推进城市社区建设，是新形势下坚持党的群众路线、做好群众工作和加强基层政权建设的重要内容"，要"密切党群关系，维护社会政治稳定"。由此可见，当代中国的社区建设自一开始就背负了基层政权建设的使命。

2004 年，党的十六届四中全会提出建设和谐社会的目标后，各级党政部门特别强调社区建设对"化解社会矛盾、促进和谐社会建设"的重要意义。同年，中共中央办公厅转发《中共中央组织部关于进一步加强和改进街道社区党的建设工作的意见》的通知中则指出，进行该项工作的意义就是"进一步夯实党在城市基层的执政基础，增强党的执政能力”。

2009年，《民政部关于进一步推进和谐社区建设工作的意见》明确“加强社会管理的重心在社区，改善民生的依托在社区，维护稳定的根基在社区”，“对于夯实我们党的执政基础……具有重要的现实意义和深远的历史意义”。2010年中共中央办公厅和国务院办公厅印发的《关于加强和改进城市社区居民委员会建设工作的意见》中，则将居委会建设视为“构建社会主义和谐社会奠定组织基础”的工作。

2017年，《中共中央国务院关于加强和完善城乡社区治理的意见》延续了2009年民政部“三个事关”的提法——“城乡社区治理事关党和国家大政方针贯彻落实，事关居民群众切身利益，事关城乡基层和谐稳定”（见表8－1）。

表8－1　2000年以来中国社区治理的政策

时间	文件名称	指导思想、目标
2000年	中共中央办公厅、国务院办公厅关于转发《民政部关于在全国推进城市社区建设的意见》的通知	努力建设管理有序、服务完善、环境优美、治安良好、生活便利、人际关系和谐的新型现代化社区
2002年	党的十六大报告	完善城市居民自治，建设管理有序、文明祥和的新型社区
2003年	党的十六届三中全会公报	完善基层群众性自治组织，发挥城乡社区自我管理、自我服务的功能
2004年	党的十六届四中全会公报	实现政府行政管理和社区自我管理有效衔接
	中共中央办公厅转发《中共中央组织部关于进一步加强和改进街道社区党的建设工作的意见》的通知	提高街道、社区党组织的创造力、凝聚力和战斗力，扩大党在城市工作的覆盖面，为创建管理有序、服务完善、环境优美、文明祥和的新型社区，促进城市现代化建设提供坚强的组织保证

续表

时间	文件名称	指导思想、目标
2006 年	民政部《关于开展“建设和谐社区示范单位”创建活动的通知》	推动和谐社区建设，为构建社会主义和谐社会奠定坚实的基础
	国务院《关于加强和改进社区服务工作的意见》	做好社区服务工作对于提高居民生活质量、扩大就业、化解社会矛盾、促进和谐社会建设都具有重要意义
2007 年	党的十七大报告	把城乡社区建设成为管理有序、服务完善、文明祥和的社会生活共同体
2009 年	民政部《关于进一步推进和谐社区建设工作的意见》	同党的十七大报告所述
2010 年	中共中央办公厅、国务院办公厅《关于加强和改进城市社区居民委员会建设工作的意见》	进一步健全完善以社区党组织为核心的城市社区组织体系，为构建社会主义和谐社会奠定组织基础
2012 年	党的十八大报告	加强基层社会管理和服务体系建设，增强城乡社区服务功能……充分发挥群众参与社会管理的基础作用
2013 年	民政部《关于加强全国社区管理和服务创新实验区工作的意见》	紧扣“推进社区治理，增强社区自治和服务功能”主题，围绕社区治理多元化、社区自治法制化和社区服务标准化等重点领域攻坚克难
	党的十八届三中全会公报	坚持系统治理，加强党委领导，发挥政府主导作用，鼓励和支持社会各方面参与，实现政府治理和社会自我调节、居民自治良性互动……
2016 年	民政部等 16 部门《关于印发〈城乡社区服务体系建设规划（2016—2020 年）〉的通知》	基本公共服务、便民利民服务、志愿服务有效衔接的城乡社区服务机制更加成熟；城乡社区服务设施布局更加完善；城乡社区服务信息化发展格局基本形成；城乡社区服务人才队伍更加健全
2017 年	中共中央、国务院《关于加强和完善城乡社区治理的意见》	把城乡社区建设成为和谐有序、绿色文明、创新包容、共建共享的幸福家园
	党的十九大报告	加强社区治理体系建设，推动社会治理重心向基层下移……把街道社区、社会组织等基层党组织建设成为宣传党的主张、贯彻党的决定、领导基层治理、团结动员群众、推动改革发展的坚强战斗堡垒
	民政部《关于大力培育发展社区社会组织的意见》	力争到 2020 年，实现城市社区平均拥有不少于 10 个社区社会组织

党的十八大后，社区党建得到前所未有的重视，不少地方为了强化党的领导和执政基础，在横向上，扩大党组织覆盖面；在纵向上，推行党员进社区、党组织向楼栋延伸。这些做法比以往更加明确社区政权建设的意义，更加凸显社区的政治功能。这一特点是中西方社区治理的最大差异。

二　社区服务载体的行政化演绎

社区首先是被民政部作为社会服务载体发现的，经过多年的发展，政府各类部门向社区加载了越来越多的内容。

1984 年开启的城市经济体制改革，逐渐瓦解了“单位制”的基础，国有企业的社会服务功能开始向社会剥离。民政部最初是调动社区，发动群众自助、互助、自治以解决相应问题。1987 年，时任民政部部长崔乃夫在大连社区服务工作座谈会上指出：社区服务是“在政府的倡导下，发动社区成员开展互助性的社会服务活动，就地解决本社区的社会问题的活动”。与之呼应，“居民委员会应当开展便民利民的社区服务活动”被写入《中华人民共和国城市居民委会组织法》（1989 年 12 月通过），这使得社区承担社区服务顺理成章。这一时期，一些发达地区“着手组建市、区、街道（镇）、居委会四个层次一条龙的福利服务网络”①。

进入 21 世纪，“发展社区服务，方便群众生活”作为建设小康社会的一个内容被写入党的十六大报告。此后，“服务完善”一直被视为社区建设的主要目标之一。2006 年，国务院出台《关于加强和改进社区服务工作的意见》，提出“就业、社会保障、社区救助、社区卫生和计划生育、社区文教体育服务、社区流动人口管理和服务、社区安全服务”七大类全覆盖的内容。

2017 年“中央 13 号文”中，有单独的一条“提高社区服务供给

---

①　徐中振：《社区发展是现代城市文明的载体和依托——加强上海城市社区建设调研报告》，《学术月刊》1996 年第 12 期。

能力”，指出要“做好与城乡社区居民利益密切相关的劳动就业、社会保障、卫生计生、教育事业、社会服务、住房保障、文化体育、公共安全、公共法律服务、调解仲裁等公共服务事项”。社区服务由最初的民政服务扩展为更广泛的服务范畴。

与之相应，全国范围的社区基本上在居委会设置了与政府部门相对应的“社保专干、民政专干、计生专干、残疾人专干、就业专干”等，增强社区与街道办事处之间的“对口关系”。不少城市的居委会加挂“社区工作站”或“社区服务中心”的牌子，建立“一站式”服务中心，承担相应服务。相应的职责任务通过“区—街—居（站）”的管道被布置到社区。一些地方的居委会甚至开始了“每天值班制”和全天候服务制度。一位居委会负责人就讲道：

> 我们这儿的口号是骆驼式干部、保姆式服务，我们就是为老百姓提供服务的。我们手头80%以上的任务来自政府……我们全市的社区每天都有值班，农村社区在农忙时节也有人值班。（YSQ，2018年6月1日）

在服务下沉的背景下，社区被视为政府各部门交办任务的载体，也即行政单位的配合主体，这就形成了“社区组织行政化”的问题。

三　社会共同体的政社复合化

不可否认，中国的社区建设在最初受到西方社区概念的诸多影响甚至启蒙。社会学领域对社区“共同体”的原初理解一定程度上影响了决策者。2000年的《社区建设通知》明确社区“社会生活共同体”的指向以后，2007年党的十七大报告里再现“共同体”概念，不过前面增加了三个定语——“管理有序、服务完善、文明祥和”。此后，中央层面关于社区的界定鲜有“共同体”的提法。2017年的“中央13号文”则将其改为“和谐有序、绿色文明、创新包容、共建共享的幸福家园”。

在社区层面，与共同体概念最近的是社区自治和社会参与，这后来被党的十九大报告里“共建共享”的概念所包含。以2000年为始，居委会成员由原来“政府任命”的形式逐渐向“民主选举产生”转变，揭开了社区群众自治的序幕。在组织层面上，居委会的力量被逐步增强，为了减轻社区负担、提高居委会人员的积极性，各地在居委会人员配置方面，要么增加聘用的专职人员，要么对居委会成员实施聘用制；一些地方在社区层面成立了“两代表一委员”工作室、社区议事会，由周边驻区单位组成社区理事会，这些理事会仍然是由居委会甚至是街道办为主导。

此外，中央和地方政府虽然强调社会参与和社会组织培育，这些工作仍然由党政组织开展。“中央13号文”将社区治理体系分为“基层党组织领导核心作用、基层政府的主导作用、基层群众性自治组织的基础作用、发挥社会力量的协同作用”4个部分，这意味着中央层面并未将治理责任全部交由社区自身。

现实的情况是，政府各个部门仍然没有理清与居委会的边界，居委会难以掌握自治的主导权，甚至已经习惯运行在“上下级”的行政体系内，作为“下级”接受政府指令。有居委会主任的回答甚具代表性：

> 我们干什么，大多是要听上级部门的。我们的工作习惯于按照上级标准按分达标，整天的工作都是哪条线有要求我们就做，手头的事情根本做不完。要说发动居民自己来做社区里的事，社区还真没这个精力。（NSQ，2018年6月9日）。

尽管政策层面越来越多地关注到社会组织的重要性，社会的参与仍然不足以改变现有的社区组织特性。一些地方推进社区、社会组织、社会工作“三社联动”，推进向社会组织购买公共服务，要么是直接向专业化、市场化了的社工组织购买，要么是向政府组建的单位购买，如各地广泛建设的社区服务站。这些工作无不是由政府以行政命令的方式推动的。例如，某省在推进民政工作的过程中，明确社区层面的任务包括“经常性社会捐助站点、慈善超市建设和慈善组织扶持”“老年协会覆盖率100%”“县市区每年新建10个以上示范性留守儿童之家”，社区成为执行行政意志的基层载体，为了完成任务还不得不做一些“虚以应付”的事情：

> 我们留守儿童之家是建立起来了。但是，按照要求必须保证一个周有两次活动。我们社区能干什么？小孩子平常在学校上课，只有周末回来一次。做完作业就自己找小伙伴玩去或者看电视了。我总不能把他们喊过来看电视吧。最有吸引力的就是喊他们来，跟外地务工的爸妈看个视频。但是视频也不能每天都看。（NSQ，2018年7月1日）

一个趋势是，越来越多的地方强化党组织的地位，由“社区党群服务中心”统合社区各类组织和服务，更加夯实了“社区复合体”的外形基础，总体发挥“政治、服务（行政）、社会”功能。各地按照高标准、高规格打造社区办公和活动场所，场地经费由政府部门支持，政府配备工作人员并支付酬劳；社区组织体系由党组织领导。社区无论是从能力还是从资源上来讲，都无法依靠自身完成共同体构建，共同体建设蕴含于政权建设目标以内并接受其规定。

第二节　治权统合、服务下沉与选择性参与

现实来看，“党建引领的政治逻辑”“治理重心下移的行政（服务）逻辑”“选择性参与的生活逻辑”的交织，共同生产了社区复合体的形式。

一　党建引领下的政治逻辑

改革开放后，社区作为党执政根基的实质意义更加明确，党的全面领导成为社区复合体的核心机制。在实践过程中，党建蕴含着“政治整合与社会建构”的双重意志。

（一）政党建设从“内部建设”转向“全面领导”

政策和实践都表明，社区党建从“内部建构”转向“全面领导”。在加强党的领导的语境下，党对社区各项业务的具体领导也得到了扩展。

在组织体系上，执政党在社区治理的核心领导地位更加强化，并且成为整合社区其他组织力量的强大主体。党委领导的社会管理体制，强化了社区党建的地位。党的十九大报告更是明确“中国特色社会主义最本质的特征是中国共产党领导”，要“坚持党对一切工作的领导”，这在总体上为党组织在社区伸张提供强大的政治保障。在“扩大城市新兴领域党建工作覆盖”的要求下，社区周边的商务楼宇、园区、商圈、市场等的党建工作得以加强，党将组织延伸到了基层末梢。

在党建内容上，2000 年《社区建设通知》对党组织的定位是：“宣传贯彻党的路线、方针、政策和国家的法律法规，团结、组织党支部成员和居民群众完成本社区所担负的各项任务；支持和保证社区居民委员会依法自治，履行职责；加强党组织的自身建设，做好思想政治工作，发挥党员在社区建设中的先锋模范作用。”经过十多年的发展，2017 年“中央 13 号文”进一步明确要求探索和加强“基层党的建设引领社会治理的路径”。

政策和实践都表明，社区党建从“内部建构”转向“全面领导”。在实际工作中，党组织通过发挥党员示范作用、推荐党员担任社会组织的带头（创建）人等方式，填补甚或替代了社会力量的空间。一位社区书记讲到了社区党组织的作用：

> 如果不搞社区党建，居民朋友想怎样就怎样做，没有一个指导思想，没有理念支持，社区的事情就搞不成。我们是以政治功能为引领来开展其他事务。所有活动都是以党员为先锋模范发动举办的，社区志愿者活动大部分是党员发动的。（YYJW，2018年6月27日）

党对社区各项事务的领导是社区复合体生产的核心机制。市场化虽然带来了利益分化及建立各类组织的可能，离开体制力量（特别是党组织）的干预，社区共同体的自发建立则不太可能。在不少城市，社区层面成立了大党委，社区大党委吸纳社区内有影响的单位和企业党组织相关人员、业委员会和物业服务企业党员负责人，形成了联合共建和资源整合的机制。通过大党委以及社区协商议事会，社区可以在具体的问题解决上获得驻区单位的协助。

与此同时，一个由党组织整合各类组织，集党务管理、居民生活服务、文化体育活动等服务于一身的“党群服务中心”广泛扩展，直接对接居民的生活需求。例如，武汉市除了强调党的领导以外，还规定社区党组织应当以居民群众需求为导向，重点组织开展政务、法律、生活、文体、关爱、党员六类服务。

社区大党委在社区治理中发挥着核心领导作用，党委书记兼任社区主任，部分单位党组织负责人或党员干部兼任社区党委副书记或委员，大党委充分发挥了统揽全局、协调各方、服务群众的核心作用，影响着社区建设与社区治理。

（二）以政党建设带动社会建设

在中国，社区共同体的构建尚需面对“孱弱”的社会基础，社区并非一个能够自给自足的公共物品生产体系。在社会建构还未完成之时，社区就被选定为替代单位制、应对市场化和城市化冲击的载体。由此，缺失了社会建构的中间环节而建设社会共同体，毋宁是一种缺乏坚实基础的“乌托邦”。

由于行政组织本身是科层制逻辑，以任务和效率为导向，一旦利用本身的行政优势能够应付问题，它就不易主动构化社会建构的战略。而执政党既拥有领导使命，又比行政组织有更易伸展的空间。借助组织网络的延伸和不断加强的领导地位，党对新兴组织采取广覆盖的方式进行组织吸纳和整合，在贯彻党的意志、弥补权力真空的同时，也在社会不成熟、不充分的情况下，发挥了以党建促进社会建设的作用。

特别是面对住房商品化带来的业主自组织诉求，如若不经社会建构环节，想象中的共同体“乌托邦”极有可能成为异化的“私托邦”，这已经被很多经验所证实。一些城市动员党员和国家公职人员竞选业委会委员，通过组建业委会党的工作小组，使党的组织网络嵌入物业管理领域，按照“一小区一支部、一楼栋一小组”的原则，将支部建在小区里。这种做法经由与民意的结合，确定发挥了主体补位和社会建构的功能。

既有的实践表明，社区自治往往要遭遇缺乏社会基础的制约。社区治理以党建为抓手，推动社会组织化，为社区治理奠定基础。例如，一些城市通过找党员、建组织，在无物业管理的小区，社区党委组织民主选举，召集并主持小区议事会，对小区内的重大事项进行民主协商、共同决策，发动居民选举成立小区自治管理小组（一般为3人），负责小区日常管理工作；在有物业管理的小区成立党支部或选派党代表，作为调解物业小区内部矛盾的助手，继而，在小区稳定的契机下，由小区党支部（党员）引导业主有序成立自治导向的业委会，党组织领导居民组成小区议事会（民情议事会），定期共同议事、协商，并将协商共识提交业主大会表决，从而提升业主决策的科学性和执行效率（见图8－1）。

基层治理单元再造的发生逻辑为，“社区被迫向下分解责任→面临孱弱的社会基础→党组织推动社会组织化→社区共治”（见图8－2）。

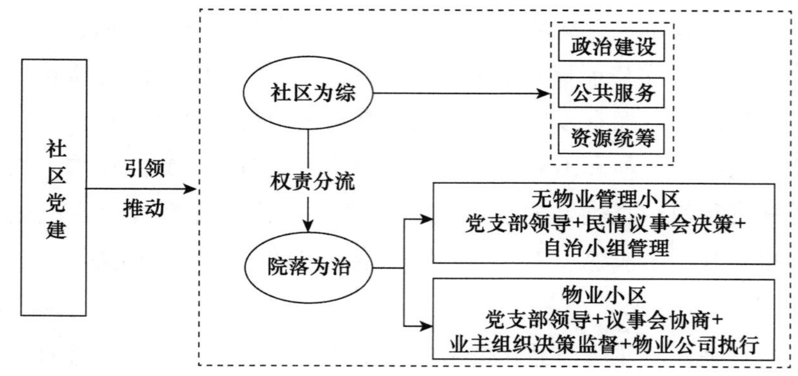

图 8－1　党组织带动小区自治的方式

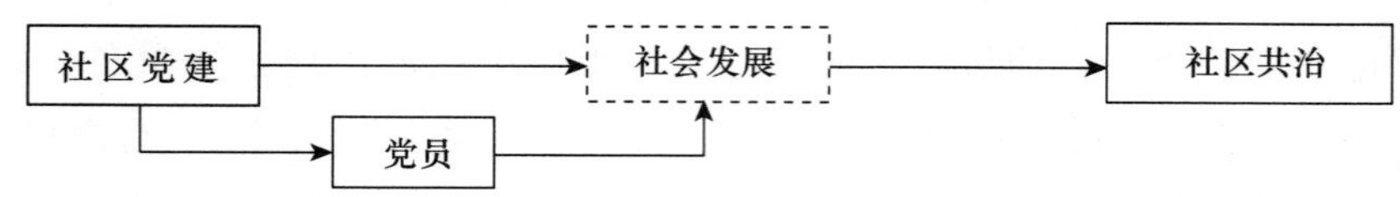

图 8－2　党建引领社会发展的过程

二　治理重心下移的管理逻辑

伴随社会治理重心下移的要求，基层党政组织在社区治理中的主导作用更加明确。基层行政体系加强了管理与服务，① 信息化技术的应用则为此提供了技术支撑。

（一）行政组织体系的权力下沉

党的十九大后，越来越多的城市要求街道要“把工作重心转移到抓党建、抓治理、抓服务上来”。

与之相应，党政机构的下沉一并把科层制的工作逻辑带入最基层。为了应对社区职责超载的问题，不少地方将政府服务事项下沉，典型的做法就是在社区设置“一门服务大厅”或者“社区服务站”，通过购买岗位的方式由社区工作人员来承担行政管理和服务。一些地

① 唐亚林：《基于管理、服务与秩序的超大城市精细化管理：一个分析框架》，《复旦城市治理评论》2018 年第 3 期。

区统一招聘具备全日制大专及以上学历的全职社区工作人员，推动社区工作人员年轻化、专业化、专职化。

例如，青岛市市南区将原有的65个社区优化整合为50个，社区党委书记由街道副处级党员干部担任，并兼任社区工作站站长，原来的社区党委书记（兼居委会主任）改任副书记，下沉到社区的工作人员直接在社区党群服务中心工作，全面领导社区各项工作；明确社区工作站为事业机构，把街道工作力量下沉到社区工作站，将工作人员增配到10—15名，全部在社区党群服务中心办公。

党组织和党员干部也被纳入双重管理体制，到社区发挥作用。自2011年12月起，全国越来越多的地方“积极推行党员到居住地社区报到制度和党员社区表现反馈制度，充分发挥共产党员的先锋模范作用”。2014年5月，中共中央办公厅《关于加强基层服务型党组织建设的意见》中“要求街道、社区党组织要围绕建设文明和谐社区搞好服务，定期开展民情恳谈，组织在职党员到社区报到、为群众服务”。2019年5月，中共中央办公厅印发《关于加强和改进城市基层党的建设工作的意见》，指出“加强规范化建设，配备专职工作人员，完善工作保障和运行机制，真正把各类党群服务中心建设成为党领导城市治理的坚强阵地和服务党员群众的温馨家园”。

（二）技术加持社区治理行政化

网络信息技术已被普遍引入社区治理中，网格化管理被各地竞相应用。在组织架构上，网格化管理就是将社区划分成更小的网格，借助技术的力量实现“纵向到底、横向到边”的管理。

网格员的任务既包括政策宣传、民意调查、信息采集等任务；在工作机制上，网格员排查问题并且上报信息，如果在现场处理不好，则通过网络上传到网格化管理中心，由网格化中心转交不同部门处理（参见图8-3）。一般情况下社区党组织负责社区网格化管理工作，对网格员进行考核，政府按照考核结果为网格员发放工资津贴。

事实上，技术的引入既非为了改善社区行政化的处境，也非为了减少行政层级或改造行政组织。相反，政府部门不但要增加网络化管理平台人员编制，增加财政供养成本，还要投入大量的设备维护费用。而且，还易满足于技术带来的信息便利，陷入过度行政化的陷阱。一位网格化指挥中心负责人讲道：

> 区里购买这套设备花了529万元，按照15%—20%的成本每三年维护一次。每年发放给700个网格员的工资就要支出2000多万元。再加上给网格员配备手机或平板电脑，就更多一点。至于说什么组织革新，都是没有的事情。（YYWG，2018年6月6日）

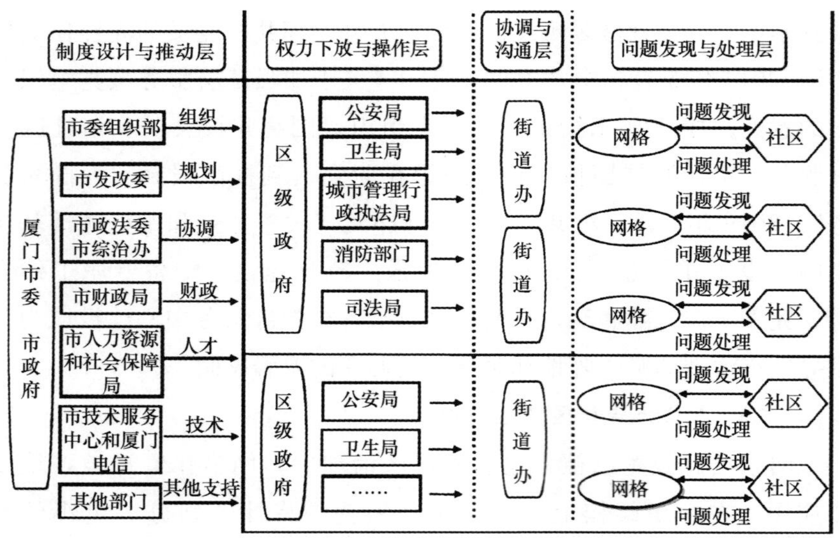

图8－3　厦门市社区网格化管理的组织架构①

目前，网格化所能处理的更多的还是环卫、交通等路面上的事务，对于居民的其他诉求，特别是事关房屋产权、物业纠纷等棘手问

① 毛万磊、吕志奎：《厦门综改区“社区网格化”管理的优化》，《东南学术》2013年第4期。

题，还是无能为力。大多城市社区网格化管理，缺乏数据的综合利用与分析，对于相应的问题无法做到分门别类和预警处理，技术更多是充当了政府部门的“耳目”，为强化现有行政组织的运行模式提供了技术保障。多位网格员兼居委会干部反映：

我们要求每天上午、下午各巡查网格不少于1.5小时，我们还有专干的身份，整天承担那么多事情，真要做到风雨无阻上街巡查，那可太累了。（YYWG，2018年7月1日）

各部门可能会同一时间安排各项事务，任务重时间紧，会忙不过来。（CSWG，2018年5月1日）

更有甚者，一些行政任务如卫生防疫、人口普查、经济普查、文化宣传等，会一并挤入网格内完成，使得网格成为行政管理的“第七级”（中央—省—市—区—街—社区—网格），不少网格员反映“负担沉重压力大，成了流动的不在编的行政人员”。

三　选择性参与的生活逻辑

在中国城市社区治理的三重功能中，政治功能由政党统合，服务与行政功能重合且依赖行政体系，这分别对应政治秩序和管理秩序。社会参与更多被选择性地界定在生活领域，这取决于生活秩序的低政治性与城市居民的低参与意愿，正是在二者的弹性范围内，居民的选择性参与空间被建构出来。

（一）居民的社区意识以生活需求为中心，对社会和政治参与具有“应激—选择性”

在日常生活中，“关起门来过自己日子”的想法占社区居民想法的主流。大多居民缺乏与社区的直接关联。

不少居民“搭便车”“占便宜”的思想严重，社会自主意识、公共意识和自治能力欠缺。随着居民政策意识的提高、居民诉求表达渠道的拓宽，居民稍有不合意，就会通过投诉、举报等方式要求社区、政府部门介入解决问题，依赖性心理较强、自主性偏低。事实上，居民的投诉、信访多是生活琐事，尽管街道、社区从职能权限上无须介入，但居民坚持要求街道、社区调查处理，这使得街道和社区疲于应对。有的居民参与小区自治抱有私心，假借公共权力满足自身利益，甚至侵犯公共利益、谋求私利，这难以形成基层自治的组织基础，甚至对小区治理造成“裂解式”影响。

在越来越多的社区，只要开发商与物业管理公司提供的产品与服务不至于太差，居民都没有挑战秩序的需求。只有房屋质量或者物业管理太差，难以满足居民最基本的要求时，居民才会寻找最高层次的自治形式，借用自组织的外壳维护自己的利益，从而刺激既有管理秩序、政治秩序。因而，居民的社会、政治参与本身具有应激性、选择性的特征。现实情况是，在处理居民的这种参与形式时，行政组织很容易将其上升为政治高度，因而也会采取一定的手段将其局限在有限范围之内。

例如，在一些地方，拥有组织需求的业主组织并未受到重视，一位街道办负责人就讲出了他们的苦衷：

> 我们周围全部是商品房小区，成立业委会本来是好事。但是一旦成立业委会，他们首先要做的事情就是炒掉原来的物业，平平安安炒掉物业也没问题，关键是万一物业赖着不走，双方矛盾冲突加剧。居委会也要跟着倒霉，什么事情也不要做了，要天天盯着，帮忙协调，就怕出事。（NSQ，2019 年 7 月 2 日）

（二）通过“选择性资源配置”机制，将社会力量导入在居民的生活服务领域

与城市政体采用的“选择性激励机制”[①] 一样，社区同样受选择

---

① G. Stoker, K. Mossberger, “Urban Regime Theory in Comparative Perspective”, *Environment and Planning C: Government and Policy*, Vol. 12, 1994, pp. 195 – 212.

性资源配置影响。

一是对于社区整体，存在“会干的孩子有奶吃”的情况。

社区运转经费普遍地实行“居账街管”机制。“目标责任制”“费随事转”与“以奖代补”成为政府部门选择性资源配置的基本工具。街道办事处通过目标责任制的形式将任务转包给社区组织，并通过检查、考核、验收等手段，通过适当的奖惩推进任务的完成。一位街道办负责人讲道：

> 街道对于哪个社区干得好与不好一目了然，心里有数。上级部门要是推荐什么示范社区、文明社区之类的，我们肯定会考虑那些积极的、有基础的社区。还有，社区的经费放在街道里，并不是说平均使用，而是由街道统筹，哪里更加需要，我们就会多一点。社区里的干部真想干事、能干事，有项目需求，街道肯定会优先考虑。（YJDB，2018 年 3 月 6 日）

考核往往就是一种指挥棒和权力的行使方式，将政府与社区从指导关系转变为指挥关系，隐含了上级指挥下级的组织逻辑。一位基层政权与社区建设处处长就直言：

> 很多上级部门以及街道为了推进工作，往往通过自上而下的考核。考核结果大多用于是否对社区的书记、主任进行重用，做得特别优秀的，有可能提拔为乡镇、街道的副职，进入公务员队伍，但是绝大多数人没有这样的机会。另外，获得好的考核成绩就不扣他们的目标奖。这种考核实际上是对社区的绑架，因为有非常多的不属于社区职责的事情，也被交给社区做。说白了，这还是一个控制的思维。（CDMZ，2018 年 8 月 8 日）

为了激励社区，一些地方推出了以奖代补的方式，对于在某项工作取得实效的社区实施奖励。这些项目大多由上级组织向社区居委会（党组织）分包，集中在为民服务、党建、综治维稳和创文创卫等工作。例如岳阳市岳阳楼区在迎接社区治理与服务创新试验区验收时，对获得合格、优秀的社区分别奖励3万元、5万元。长沙市开福区在社区党建项目中，平均为每个社区党组织下拨20万元工作经费（包括定额拨付和以奖代投两个部分），对社区党建工作年度考核或党建创新项目分别给以3万—5万元经费。

二是对于工作人员，以改善薪酬福利进行激励。

面对居委会（党支部）的工作压力，一些地方在相应的工资之外，将工作考核与个人的评奖评优挂钩。有的地方为了提高社区工作人员积极性，探索面向社区工作人员的公务员考试，以此激励社区工作人员。

例如，北京市规定“进一步规范社区工作者工资待遇，按照不低于上年度全市社会平均工资70%的标准（2018年出台规定不低于100%）……鼓励党政机关、事业单位通过公开招聘、直接调任等方式吸纳优秀社区工作者”；济南市2017年社区居委会人员补贴标准达到人均每月5333元；长沙市于2009年下发了基层党建文件和《关于进一步推进社区建设的意见》等，先后面向社区组织定向招录街道副职、公务员、事业编制人员115人；上海市对就业年龄段居民区党组织书记实行事业岗位、事业待遇，其中连续任职满两届、表现优秀、群众拥护的，经规定程序可适用事业编制待遇，在岗退休的享受事业编制退休待遇。

对于社区社工人员，政府部门同样掌握考核权，并据此调整薪级奖励。

三是对于社会组织，采用资源分配的选择性激励。

党的十八大以来，政府向社会放权、培育社会组织的力度加大，政府加快了行政审批制度改革，减少对微观事务的管理，调动和鼓励社会组织参与治理的效果明显。

如果说行政审批改革只是给社会参与治理提供了可能的空间，那么后来的各种政策则助其成为现实。党的十八届三中全会提出“国家治理能力和国家治理体系现代化”的目标，并且提出“适合由社会组织提供的公共服务和解决的事项，交由社会组织承担”，2016 年中共中央办公厅、国务院办公厅下发的《关于改革社会组织管理制度促进社会组织健康有序发展的意见》和 2017 年的“中央 13 号文”，对培育发展社区社会组织做了专门论述。国务院于 2013 年 9 月、2014 年 11 月分别发布《关于政府向社会力量购买服务的指导意见》和《关于促进慈善事业健康发展的指导意见》，要求在公共服务领域更多利用社会力量，加大政府购买服务力度。这种吸引社会组织联合供给公共服务的改革，越发接近“社区治理社会化”的内核。

事实上，政府推行公共服务向社会力量购买打破了传统政府职能的行使方式，在传统的公共服务供给方式之外引入了一种新的技术工具——社会组织成为参与社区治理的重要主体。2017 年 12 月 27 日，民政部印发《关于大力培育发展社区社会组织的意见》，指出“力争到 2020 年，社区社会组织培育发展初见成效，实现城市社区平均拥有不少于 10 个社区社会组织”，并且要求促进社区社会组织能力提升。

在实际工作中，很多地方的社区服务中心实际上也由政府组建，再向其购买服务。除此以外，面对各式各样的社会组织，地方政府往往采取的是选择性吸纳的方式，“生活服务类、公益慈善类和居民互助类社区社会组织”是政府支持社区社会组织发展的重点。2017 年的“中央 13 号文”指出要“大力发展在城乡社区开展纠纷调解、健康养老、教育培训、公益慈善、防灾减灾、文体娱乐、邻里互助、居民融入等活动的社区社会组织和其他社会组织”。2017 年民政部印发的《关于大力培育发展社区社会组织的意见》，要求重点发展“生活服务类、公益慈善类和居民互助类社区社会组织”。一些城市的公益创投项目主要是引导社会组织面向扶老、助残、救孤、济困、青少年、维稳、教育、环保、文化等领域。

回顾相应的社区改革，在相当一段时间内，引入社会组织参与服务多是基层组织无能为力时，引入帮手为己纾困的选择，所不同的是有的借助内部组织延伸，有的借助外部力量，社会组织作为正式组织的帮手参与服务居民生活的议程。① 广州市的一位基层领导就直言：

> 因为我们一个家综中心只有20个人，越秀区每个街道本地人口连同外来人口平均有4万—5万。20个人服务5万人，这个服务的覆盖面和深度都蛮受挑战。怎么办？我们就大力发展义工团队。（GZSG，2014年5月7日）

当然，社会组织参与社区治理的经验优势逐步发挥出来以后，地方探索的经验逐步得到高层的认可，近年来特别是党的十八大以来，社区社会组织的培育和发展已经得到相当的重视。与之相应，在社会组织参与的方面，大多社会组织被统在“加强党的领导”的盘子里，其参与治理的范畴大多与居民的日常生活服务相关，一定程度上体现了政府为我所用、不多事、不添乱的逻辑。相反，在产权制度变化下拥有更大组织需求的业主组织等，则在不同地方遭遇一定的困难。

第三节 社区复合体背后的深层原因

时至今日，再执念于社区治理是服务于“政权建设”还是“共同体建设”的二元争论，已不合时宜。因为自一开始，中国社区就是治理单元重构背景下的政策产物，它从来就不是自然生长于纯粹的社会土壤。相反，它与政府制度安排和政策选择息息相关，特别是政党组织的强势介入，在政权建设的同时把其对社会的构想一并植入社

---

① Xiaolin Wu, Huiqi Yan, Yongxi Jiang, “How Urban Community Governance Structures Are Newly Formed”, *Asian Survey*, Vol. 58, 2018, pp. 942 – 965.

区。“社区复合体”的提法可以终结持续已久的分歧。

所谓社区复合体，是指中国的社区已经形成相对稳定的制度安排，它区别于乌托邦式的“社会共同体”内涵，凸显出党组织领导下的“政社复合”（Poli-Community）特征。它受政党政权建设与社会建构合一的意志支配，借由层级序列的权力与选择性激励的资源配置方式，形成了以政党为中心的伞状的集合三重功能的“复合体”（见图 8－4）。

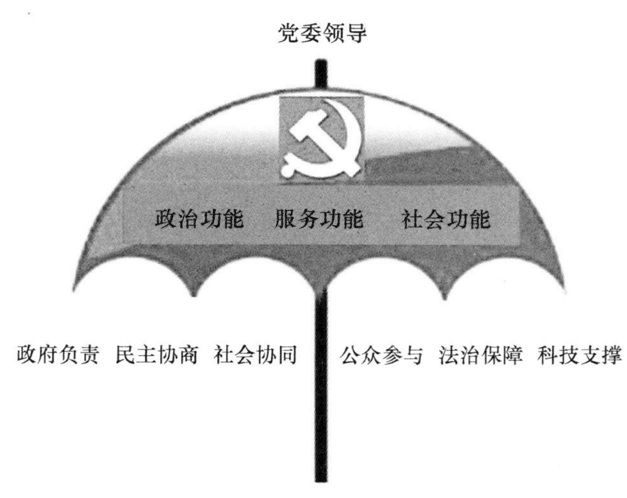

图 8－4　中国城市社区的功能复合体

具体来看，改革开放 40 年来，中国的社区不断被填充新的内容，形成了“政治、服务（行政）与社会”功能于一体的现象，而且政治功能居于统领地位。社区在组织层面，伴随了党政组织向社区的全面延伸，社区虽然分化出一些“共同体”性质的社会组织，却首要地服务于解决政府职能超载的问题，并统在上级党政组织的总盘子里作为政治任务推动。从组织行动的逻辑来看，“社区复合体”是在城市化、市场化与信息化进程中被创造出来，可以看到，通过党组织吸纳和行政体系的选择性吸纳，党组织在基层实现全覆盖，社会组织被分类吸纳并作为政府的帮手参与治理议程，这在组织层面上阶段性回应了“市场化与产权制度变化”对社会组织的冲击，信息技术在很大程度上成为强化现有组织体系的工具。

社区复合体形成的原因有三：

其一，政党组织对各类新兴组织实施整合，政党的组织力量和权威资源向基层社区的全面介入，产出了“理性组织模型吸纳自然组织模型”的“治权统合”结果。

在中国，离开政党这个力量则无法解释治理——政府可以依靠自上而下的科层体制精确解决一些问题，却不能依靠行政力量吸纳市场化带来的组织分化力量，将政府与市场关系转化为上下级关系。政党的介入不但弥补了“权力真空”，还发挥了资源整合的作用。特别是，在社会还未经发育成熟的情况下，政党“以党建促社会建设”的意志，可以避免出现社区治理“从 A 到 B”的线性思维。

其二，在社会转型的巨大压力面前，行政组织在未及准备和谋划的情况下，习惯于从既有传统中寻求帮助，不断加密使用过去的“单位制”经验，并且借助技术的力量强化对基层社会的管理与服务。

行政组织不断地将权力下放、责任下移，注力于“内部向下赋权”而失于关心“横向社会培力”，应用选择性激励收编社会力量；与之相应，社会组织只有加入政府议程才能获得治理能力和机会，是“行政过密化”后的剩余选择。社会资源、组织资源、技术资源均为行政组织所用，增强了既有行政组织的信心和能力。社区实现关键战略、获取关键资源、解决关键问题的机会更多来源于上级组织，而不易破除行政依赖，政府组织也不易于在此之外寻找战略性的社会合作机会。

与此同时，信息技术和网络手段的使用，并没有引发组织层面的改革，更多是加强了现有结构的信息和权力。信息技术虽是行政改革和渐进式改革的有用工具，但并不能带来体制改革和行政改革，[1] 反

---

① V. Ndou, “E-Government for Developing Countries: Opportunities and Challenges”, *The Electronic Journal of Information systems in developing countries*, Vol. 18, 2004, pp. 1 – 24.

而被用来加强现有的行政和政治安排。[①] 行政组织的权力语境已经超越正式法律文本语境，以权力、资源与技术的加密为工具，张扬了行政过密化的效力。

其三，居民对社区的需求处于最基本的日常生活层面，现有的组织体制将社会力量的参与有选择性地导向生活服务领域，这既利于回应民众需求，又利于降低居民社会政治参与的需求。

从深层次来看，政党组织通过治权统合构建了城市基层的政治秩序，并且在政权建设之外较多切入对居民生活的服务，行政组织通过治理重心下移构建了城市基层的管理秩序；与此同时，社区的生活秩序越来越多地由商业组织建构，社会力量被选择性地导入居民生活界面，居民自身组建的一些草根组织成了公共生活的补充——在大多情况下，只有居民的个体生活需求受到了侵犯，才得以借助社会参与和政治参与的形式来保卫自己的生活权利，政治性和行政性的要求才会得以激活。

如图 8 - 5 所示，用政治性与社会性两个维度将社区治理进行划分，党组织统合了行政组织、市场组织和社会组织，并且更多地直接面向居民提供服务，是城市基层政治秩序的把控者；行政组织及其延伸组织，在维护基层管理秩序、提供公共服务方面有积极作为，与政治秩序相比，市场与社会力量在这一方面的参与稍有扩大，但是仍然主要服务于基层行政管理的“减压”；社会（市场）力量介入最多的是居民个体的生活秩序，前提是居民的个体权利不受到十分严重的侵犯。

经此分析，社区复合体本身既超越了“国家—社会二元论”的解释框架，展现了中国特色的权力（利）秩序。

中国社区复合体的结构已经成型，党组织作为社区复合体的核心

---

① K. Kraemer, J. L. King, “Information Technology and Administrative Reform: Will E-Government Be Different?”, *International Journal of Electronic Government Research*, Vol. 2, 2006, pp. 1 - 20.

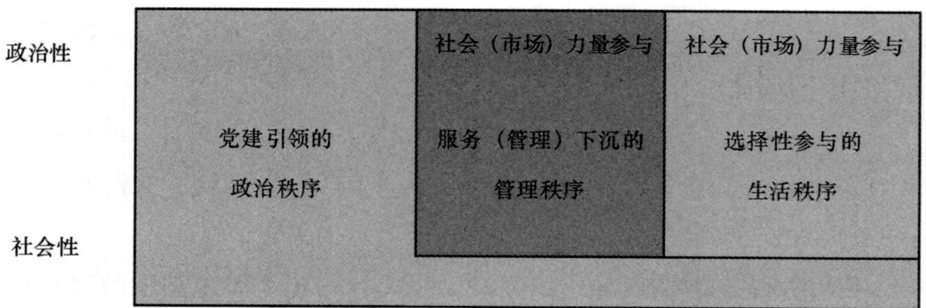

图 8－5　城市社区的三重秩序建构

作用更加稳固，这构成新时期政治社会发展的过渡条件。可以预料，要想让社区复合体这把伞既能遮风挡雨，又能在权威、竞争和合作的基础上充满活力，还要在把握党的领导这个主轴的前提下，引入更多健康的社会力量。

第九章　社区治理转型：家国关联的传统与进路

自社区的概念提出以来，它就基本上衍生在“共同体”这个意象之中。在社区治理的研究中，学者们形成了社会偏好和国家偏好的两类视角。能够连接两个不同视角的是治理这个概念。治理涉及公共部门和私人部门，善治的本质特征，就在于它是政府与公民对公共生活的合作管理。[①] 深入剖析社区治理的结构，更能揭示家国链接的深层基础。

第一节　中西方社区治理的深层差异

社区，是家庭跨入社会生活的第一个次级群体单位。国家又往往通过社区传输自己的意志，并且力图通过社区加强与家庭之间的联系。不论如何，社区都是“群己关系”“家国关系”的一个纽结和接点。在中国，社区尤其显现为国家制度环境的一个微观语境。从家国关系来看，中国社区治理中的“国家主动性强、家庭被动性强”，这不但反映在国家持续强化在社区的存在，还反映在家庭一侧对社区的“弱关联”。

---

① 俞可平：《治理和善治：一种新的政治分析框架》，《南京社会科学》2001 年第 9 期。

一　中国：积极国家与被动家庭

2020年的春天，一场新冠病毒席卷全球，这成为观察社区治理的一个特殊时点。

在中国，最初大规模暴发疫情的武汉市从1月23日“封城”，整整封闭了76天，这是要载入城市发展史的一件大事。与武汉类似，中国大多数城市在疫情暴发初期，采取了停工、停课、停业等措施，居民待在家中避免外出。中国官方将医院和社区都视为疫情防控的前沿阵地。

在疫情防控中，社区确实发挥了重要的作用，社区干部全天无休、连续作战，有的还承担了照顾老弱病残和困难群体生活的工作。2020年2月，中国大多数城市实施了严格的社区封闭的政策，居民进出需要带出入证、出示健康码，外来人口禁止进入社区，有的社区甚至仅允许一个家庭每天派一个人外出购买生活用品。这些工作都是依靠社区干部冲在一线完成的。

与此相反，西方一些国家虽然也宣布了“社交距离”政策和“居家隔离令”，但是人们仍然可以外出，甚至进行大规模聚集。两相比较，欧美国家找不到中国这么强大的社区。这句话的意思是，中国的社区往往由一个法定组织所辖，而西方国家则没有这样的基层组织网络。中国的社区治理包纳在基层治理体系之中，中西方的社区并非同一所指。

（一）中国的社区乃是国家的根基

熟知中国的国外学者直言，居委会是中国国家之根。[①] 这种判断对大多中国人来讲并不新鲜，而且，这句话只说对了一半。根据中国的实际情况，可以修正一下国外同行的判断——在中国，社区是国家的根基。中西比较，西方的社区形式多样，更多是社群的自发群聚，

① Benjamin K. Read, *Roots of the State: Neighborhood Organization and Social Networks in Beijing and Taipei*, Stanford: Stanford University Press, 2012.

国家与社区乃是“平行态”；中国的社区则由官方界定，形式单一，国家与社区更多是“层级态”。

本书第二章就说明了，在古代中国，“社区”就被视为基层社会，国家力量顺着自上而下的权力序列植入其中，力图稳固国家的统治基础。即使到了当代，社区的空间范畴也先由国家划定，社区治理的具体内容以国家设在基层的组织为主轴而推展。换言之，中国的社区，是国家治理层级体系的底座，并且常常作为国家意志的产物表现出来。

当代中国的社区治理，既与古代“无费一家”的编组传统相呼应，而且借由中国共产党的推动，形成更加有动员力和领导力的组织体系，由此成为国家治理的基础。简言之，社区被视为中国共产党的执政基础，这既是中国共产党本身组织建设的内在要求，也是根植于中国两千多年基层编组的治理传统。

（二）国家导入社区的公共性得到增强

不论是与古代中国相比，还是与改革开放之前相比，中国的社区公共性都得到了前所未有的增强。这与执政党对国家性质的认识变化以及中国经济力量的成长紧密关联。

改革开放后，中国的社区治理始于社区服务功能的载入，而后，社区层面加载的公共服务内容不断增多。进入21世纪后，社区服务被置于服务型政府建设的网络中得以重视，社区建设被置于和谐社会建设的网络中得以重视，二者都有“补齐社会发展短板”的考虑。也即，党和政府在关注经济建设的同时，增强了对国家公共性的认识，由此，更多的公共服务与公共资源被递送到居民的“家门口”。

这种做法往往以充实社区居委会（党组织）力量为基础，现实发生的社区“两委”干部专职化、社区办公场所服务化转型等成为加强社区公共性的保障，更利于国家展现其公共性的一面。将公共服务事项、公共资源配置推进到居民身边，也确实方便了居民的日常生活。这与西方一些国家，居民离政府较远、政府服务效率不是那么高效，形成了较大的差异。

（三）中国家庭的社会性有待发育

已经有不少学者力图打通家庭与公共社会之间的链接，但是这种努力大多停留在纸上。

早期，梁漱溟等呼唤将家庭的伦理向外扩展，重视民众走出家庭、发挥团体一分子的作用，认为“伦理关系，始于家庭，而不止于家庭”[①]，让个人、家庭“联结起来，共谋改良，合力整顿”[②]。与此类似，晏阳初特别重视对平民的“公民教育，以训练团结力、公共心”[③]。

费孝通对晏阳初提出委婉批评，认为晏氏仅将中国乡村问题归咎于农民自身的不足，[④] 而不考虑中国社会的结构性。他将中国个体与家庭“私性有余、公共性不足”的现象赋名为差序格局，[⑤] 与之相应，西方社会则是团体取向。且不说西方人到底是不是真正的团体取向，在当今中国，家庭的公共性原则如何转化为社会性，仍是一个有待破解的难题。

以家庭伦理外推至社区、形成积极社会性的想象，很容易遭受现实的打击。一方面，政府对居民的社区参与抱有一定期待；另一方面，居民的公共性局限于家庭之内，一道门便将社区屏蔽在家庭以外，不到不得已的情况，居民不会主动与社区组织、邻里等发生关联。家庭主义很难扩展为社区层面的公共性、社会性。更值得警惕的是，“由于家庭主义原则无法推演出非个人的公共性规则，其基础上构建的社会，可能是私人社会、团体社会、地方社会、种族社会，而

---

① 梁漱溟：《乡村建设理论》，《梁漱溟全集》第2卷，山东人民出版社2005年版，第168页。

② 梁漱溟：《乡村建设大意》，《梁漱溟全集》第1卷，山东人民出版社2005年版，第678页。

③ 晏阳初、赛珍珠、宋恩荣编：《告语人民》，广西师范大学出版社2003年版，第12页。

④ 费孝通：《评晏阳初〈开发民力建设乡村〉》，《费孝通全集》第六卷，内蒙古人民出版社2009年版。

⑤ 费孝通：《乡土中国·生育制度·乡土重建》，商务印书馆2011年版，第28页。

非公共社会”①。

在新冠肺炎疫情传播期间，笔者团队做了一个全国网络问卷调查（2020年2月10日到16日），所做的7358份调查问卷显示，居民作为志愿者参与社区疫情防控的比例只有3.21%。与此相应的是，一条居民指责物业管理的新闻生动显示出“个体家庭与公共性之间的紧张”——2020年3月5日，中央指导组在武汉一个小区考察时，有居民从家里的窗户大喊：“假的，假的”，反映“社区物业假装让志愿者送菜送肉给业主、实际工作不到位的情况”。这个事情当然反映出一些地方的社区工作存在应付、形式主义的问题，但是同时也从侧面反映出，特殊时期社区工作者缺乏帮手、居民参与不多的问题。

在很多社区，疫情防控的人手不够，社区工作者连续超负荷工作，居民却很少参与，“干部干、群众看”的现象十分突出。可以讲，疫情期间展示出来的并非新问题，而是既有问题在特殊时期的集中反映。中国家庭的公共性具有内向性，缺乏向社区的外向输出和转化。

二　西方：个体主义与社会本位

在西方社区治理史中，国家除了在区域规划、资源汲取及贫困社区改造等方面与个体家庭直接联系以外，其余的治理大多依靠居民“自治”。之所以给自治打引号，是因为其自治有时候是自觉的，有时候则是自发的。与中国最大的区别在于，西方的社区治理总体上是在个体主义和社会本位之间拉锯，国家在大多时候居于其外，只有当危机来临时国家的力量才会显现出来。

（一）国家的出场往往与危机有关

在西方，现代社区治理自一出场，就是以“国家无涉”的状态示人的。滕尼斯、涂尔干等人对社区、社会团结的论述往往与国家组织

① 张静：《公共性与家庭主义——社会建设的基础性原则辨析》，《北京工业大学学报》（社会科学版）2011年第3期。

无关。再往后，德国、英国早期的民间组织济贫行动，实际上就是社区组织行动，是为西方社区睦邻运动的精神母体，也与国家无关。

工业资本的进场，既粉碎了乡村守望相助的平静、稀释了家庭的亲密关系，又扩展了个体行动、交往的空间。滕尼斯们目睹其没落，又选择保守地拥抱与世无争的初级群体社会。时间再进一步，20 世纪初期的美国芝加哥学派，看到工业化、城市化对社区的冲击，在接受旧式“社区消失”现实的同时，声称“城市的发展要依靠次要的群体关系”[①]，实际上是构建新社群关系以维持社区团结的“适应论”。

到 20 世纪 30 年代，沃思（Wirth）提出著名的“社区消失论”，他认为城市是一个相对较大的、密集的、永久性的异质性定居点，社区的规模越大，人们的生活越隔离、越陌生，更易产生流动性、不稳定性和不安全感。[②] 在这些论调中，国家一直处于被遗忘的角落，应时而起的是社区组织运动的扩展。

第一次世界大战和 20 世纪 30 年代的大萧条引发了国家对社区的介入，这个时期，国家在社区救济方面承担着前所未有的积极角色。越是在较不发达的地区，政府越成为各类公共卫生服务、社会福利的组织单位。到 1935 年，随着经济萧条时期救济预算的增加，美国的公共资金现在占了救济总支出的 98% 。

在第二次世界大战期间，美国联邦政府的各个机构采取了一些步骤，鼓励社区组织作为国防方案的一部分。有一些来自高层的协调行动（如地方国防委员会在国家民防委员会的赞助下制订的“街区计划”）将社区包纳其中，但是这些行动离人民较远，背负着“效率低下、税收加重”等批评。[③]

---

① Robert E. Park, “The City: Suggestions for the Investigation of Human Behavior in the Urban Environment”, in R. E. Park, E. W. Burgess, and R. D. McKenzie (eds.), *The City*, Chicago: University of Chicago Press, 1925, p. 23.

② L. Wirth, “Urbanism as a Way of Life”, *American Journal of Sociology*, Vol. 44, 1938.

③ Blackwell, W. Gordon, “Community Structure and Community Organization”, *The Journal of Educational Sociology*, Vol. 23, 1949.

第二次世界大战以后，在“社区消亡论”继续发展[①]的同时，“社区继存论”和“社区解放论”兴起了，前者认为居民们仍然是邻居，仍然用邻里感情支撑社会交往，[②] 后者承认“邻里社区弱化，但是，社区仍然在城市繁荣，只不过脱离了社区的邻里范畴”，进入一个更广泛的社会网络。[③] 这些讨论仍然将国家排除在外，甚至将社区当成对抗官僚制干预的工具。但是，紧接着而来的 20 世纪 70 年代的经济危机以及 21 世纪初的世界金融危机，改变了西方大国的社区政策，也改变了社区治理中的国家行为。背负金融赤字的西方国家，祭出“新自由主义”的大旗，美其名曰要激活社会、建设“大社会”，实际上是从社区治理领域撤退，社区组织的预算受到裁减。

西方国家在社区治理中更多居于幕后，越是在危机时刻，国家在基层社区伸张的意愿越是强烈。

（二）社会组织是家国关联的重要载体

在西方，数量众多的地方政府直接与社区居民发生联系，为其提供公共服务。在社区治理层面，广泛存在的社会组织成为国家与家庭都倚重的主体，在国家与家庭之间发挥联结作用。

1. 西方国家地方政府直接提供公共服务

在西方，社区层面的公共服务往往由地方政府直接提供，而不借助在社区成立官办组织。一个重要的原因在于，西方国家的地方政府数量较多、地方政府服务的人口规模不大。

到 20 世纪末，美国平均每个大都市区内有 114 个地方政府，相

---

① R. Stein, *The Eclipse of Community: An Interpretation of American Studies*, New Jersey: Princeton University Press, 1960.

② S. Keller, *The Urban Neighborhood*, New York: Random House, 1968; C. S. Fischer, *The Urban Experience*, New York: Harcourt Brace Jovanovich, 1976.

③ M. Webber, *The Urban Place and the Nonplace Urban Realm*, Philadelphia: University of Pennsylvania Press, 1964; B. Wellman, B. Leighton, “Networks, Neighborhoods and Communities: Approaches to the Study of the Community Question”, *Urban Affairs Review*, Vol. 14, 1979; L. G. Drouhot, “Reconsidering ‘Community Liberated’: How Class and the National Context Shape Personal Support Networks”, *Social Networks*, Vol. 48, 2017.

当于每10万个居民就有18个地方政府，① 这些政府单位叠床架屋，互不隶属，逐年增长，被形象地称为“巴尔干化”②。平均来看，美国的每个地方政府对应5556人，平均人口规模还不如中国的社区大。很大程度上，公共服务由这些地方政府提供了。

在英国，到2018年，英格兰地区总人口达到5600万，这些人口分布在444个行政单位中，③ 平均每个行政单位（包括跨区域的消防单位）覆盖12.6万人。这些地方政府主要负责为居民提供公共服务、维护公共安全等，地方政府之下并无社区居委会等组织设置。例如，牛津郡下辖牛津市在内的5个行政区，有人口63万人，平均每个行政区12万人，到2017年，牛津市有人口15.46万人（包括3万多名大学生）。牛津市将全市划分为24个选区，每个选区选出2名市议员，这些议员代表他们选区的利益，并且帮助规划未来的服务。

2. 家庭往往借由社会组织输出公共性

西方国家的个体家庭往往通过参加社会团体，并且参与其组织的志愿服务等形式，输出家庭的社会性、公共性。

在美国，76%的人从属于一个或多个协会。④ 自2008年起，平均每年有6200万美国人（占成年人口的26%）通过各类组织，向美国社区提供约81亿小时的志愿服务。2017年，约25.1%的美国成年人参加了志愿者活动（见图9－1），⑤ 平均每个志愿者志愿服务时间为

---

① Altshuler, Alan, et al., eds., *Governance and Opportunity in Metropolitan America*, National Academy Press, 1999, p. 32.

② 赵聚军：《中国行政区划改革研究》，天津人民出版社2012年版，第110页。

③ “Local Government Financial Statistics England No. 29 2019”（https://assets.publishing.service.gov.uk/government/uploads/system/uploads/attachment_data/file/814118/Local_government_financial_stats_number_29_2019_Web_Accessible.pdf），访问日期：2020年5月20日。

④ James E. Curtis, Steven D. Brown, Ronald D. Lambert, Barry J. Kay, “Affiliating with Voluntary Associations: Canadian-American Comparisons”, *The Canadian Journal of Sociology*, Vol. 14, 1989, p. 150.

⑤ “Percentage of Population Volunteering in the U.S. from 2008 to 2017”（https://www.statista.com/statistics/189295/percentage-of-population-volunteering-in-the-united-states-since-2003/），访问日期：2020年5月20日。

137 小时，提供志愿服务的价值达到 1950 亿美元（见图 9－2）。90. 3% 的志愿者参与了一个以上志愿组织，志愿者工作时间最长的组织是宗教组织（占所有志愿者的 33. 1%），其次是教育或青年服务组织（25. 2%），另有 14. 6% 的志愿者主要为社会或社区服务组织开展活动。①

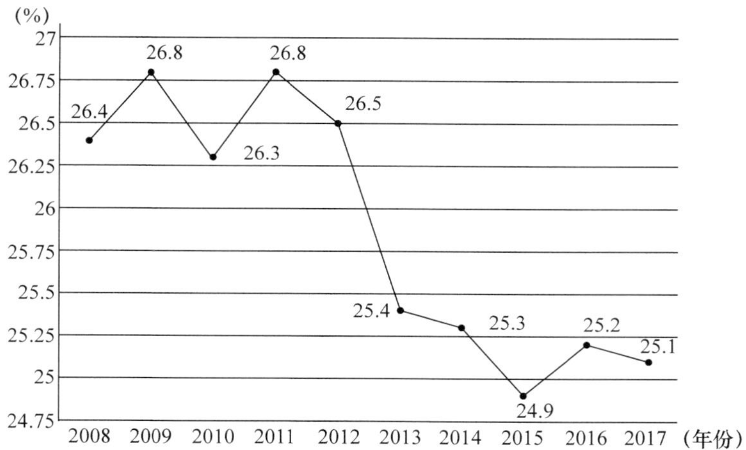

图 9－1　美国历年志愿服务人口比例（来源：Statista 2020）

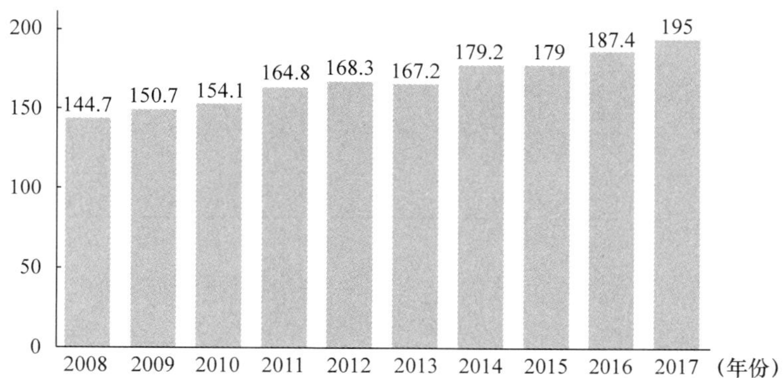

图 9－2　美国志愿服务价值（单位：10 亿美元，来源：Statista 2020）

① http：//www. bls. gov/news. release，访问日期：2020 年 5 月 21 日。

市政厅遥远的官僚机构提供的服务往往不适合居民的需要。政府提供者往往更关心自己的就业前景，而不是服务接受者的福利。[①] 人们为了避免与政府距离太远，还组成了大量的业主协会，这往往被称为一种“类政府组织”，相当于由业主自发形成的志愿型政府，自己承担公共服务。

1970 年，美国有 1 万个业主协会，约有 210 万居民；到 2018 年，业主协会达到 34.7 万个，居民达到 7350 万人，约占美国人口的 25%—27%（见表 9－1）[②]。这些组织主要提供三类服务：（1）治理服务：确保居民在公平的基础上进行合作，有效遵守协会的管理文件和地方、州和联邦的法律法规；（2）社区服务：创造和谐生活环境的服务，以及在地方政府系统内开展工作的合作框架；（3）商业服务：基于可持续和谨慎的做法，维护和替代协会的共同资产，这些做法不仅为家庭保值，而且符合广泛的地方和国家住房目标。

表 9－1　　美国业主协会管理的社区及其覆盖人口数量[③]

年份	业主协会	住房数量（百万套）	居民（百万）
1970	10000	0.7	2.1
1980	36000	3.6	9.6
1990	130000	11.6	29.6
2000	222500	17.8	45.1
2010	311600	24.8	62.0
2015	338000	26.2	68.0
2018	347000	26.9	73.5

① Robert H. Nelson, “New Community Associations for Established Neighborhoods”, *Review of Policy Research*, Vol. 23, 2006, pp. 1123－1141.

② https://foundation.caionline.org/publications/factbook/statistical-review/，访问日期：2020 年 5 月 20 日。

③ https://foundation.caionline.org/wp－content/uploads/2019/07/2018－19StatsReview.pdf，访问日期：2020 年 5 月 20 日。

85%的居民对业主协会和共管公寓非常满意，84%的居民认为他们选出的管理委员会成员“绝对”或“大部分”服务于他们社区的最大利益，90%的居民认为业主协会能够保护和提高他们的财产价值。①

在英国，仅英格兰地区就有8839个教区，这些教区的教堂成为社区中心之一。英国的志愿服务也是社区参与的一个重要方面，根据统计，2014—2015年，英国大约有16.58万个志愿组织，② 平均每389个人有一个志愿组织，这些组织最常参与的活动是提供社会服务（18%），其次是文化及康乐服务（14%）和宗教活动（9%）。2014年，英国志愿服务（通过正式组织进行的志愿服务）价值约230亿英镑。③

到2015年，英国居民志愿服务的参与比例达到41%（16岁以上）。到2017—2018年，有2010万人通过团体、俱乐部或组织参加志愿活动（占人口的38%），人们主要是在他们自己的社区当地志愿者（占志愿者的81%）。④

3. 社会组织是社区治理政策调整的主要载体

除了数量众多的地方政府直接面向居民家庭以外，社区的公共性、社会性职能往往由社会组织提供。在很大程度上，西方国家的社区治理政策是以社会组织为工具的，而不是通过类似中国的建制性居

---

① “2018 Homeowner Satisfaction Survey”（https://www.caionline.org/PressReleases/Statistical%20Information/HOMEsweetHOA_2018.pdf?utm_source=Real%20Magnet&utm_medium=lriley%40caionline.org&utm_content=Home%20Sweet%20HOA%2006.04.18&utm_campaign=127258497），访问日期：2020年5月20日。

② Richard Keen，Lukas Audickas：“Charities and the Voluntary Sector：Statistics”，Briefing Paper（https://commonslibrary.parliament.uk/research-briefings/sn05428/），访问日期：2020年5月21日。

③ “Changes in the Value and Division of Unpaid Volunteering in the UK：2000 to 2015”（https://www.ons.gov.uk/economy/nationalaccounts/satelliteaccounts/articles/changesinthevalueanddivisionofunpaidcareworkintheuk/2015），访问日期：2020年5月20日。

④ “How Many People Volunteer And What Do They Do?”，https://almanac.fc.production.ncvocloud.net/volunteering/，访问日期：2020年5月21日。

委会组织。

在英国，公私伙伴关系在20世纪80年代在私营部门和地方政府领域扩展，90年代扩展到社区和志愿服务部门。2010年以后，“大社会”政策贯穿各领域，“赋权地方与社区，开放公共服务，鼓励社区的志愿服务、慈善捐助和社会行动”是其三大支柱，[①] 具体内容包括：（1）赋予社区更多的权力，使居民区更有能力形塑其居住地。将引入新的权力来帮助社区保护濒临关闭的地方设施和服务，并给予社区竞标接管地方国营服务的权力。培训新一代的社区组织者，并支持在英国各地，特别是最贫困地区建立邻里团体。（2）鼓励人们在他们的社区发挥更积极的作用。鼓励志愿服务和参与社会行动，并将定期社区参与作为公务员评估的一个关键要素。鼓励慈善捐赠和慈善事业，推行国民服务制度。最初的旗舰项目将为16岁的青少年提供一个方案，让他们有机会发展成为积极和负责任的公民所需的技能，与不同背景的人交往，并开始参与他们的社区。（3）赋予地方政府更多的权力。它应该进一步深入社区。（4）支持合作社、互助组织、慈善机构和社会企业。（5）信息议程。将创建一个新的“数据权”，以便公众可以申请和使用政府持有的数据集，然后定期公布。要求警方每月公布详细的当地犯罪数据统计，这样公众就可以获得有关他们所在社区犯罪的适当信息，并要求警方对他们的表现负责。从中可以看出，在英国的社区治理政策中，社会组织而非定式机构是执行治理政策的主要主体。

在美国，克林顿当选总统后，社区建设成为其实现“再创政府”、“复兴美国”的重要手段之一。1993年，美国国会通过《国家与社区服务机构法》，成立新的联邦机构“国家与社区服务机构”。1994年，克林顿政府签发了《授权区和事业社区》（“Empowerment Zone and Enterprise Community”）的法案，包括刺激就业、服务家庭、伙伴关

① “The Prime Minister Thanked the Winners of the Big Society Awards at a Reception at Number 10”，https：//www. gov. uk/government/speeches/big-society-awards-address.

系等一揽子计划，旨在为深度贫困和失业地区创造可自我维持的长期经济发展，为指定的农村和城市社区提供联邦资金、经济激励和其他援助，法案四项原则中的一条为“以社区为本的伙伴关系”（Community-based partnerships）。在实践中，这些“项目在很大程度上依赖于非营利组织和私人合作伙伴的参与”，居民参与被视为个人和社区赋权的中心，地方非营利组织、政府机构和私营企业形成了大量的合作安排，以开展促进区域转型的活动。[①] 例如：

在亚特兰大一个授权区，项目协调了亚特兰大市住房部、国家画家联盟和涂料公司的合作，招募和培训志愿者为该地区的低收入居民粉刷250所房屋。一些无家可归的人士和一些公屋居民接受了专业油漆工的培训，并成为当地油漆工会的成员。项目从私营机构筹得250万美元。截至1997年3月，已有13名居民完成了培训，通过与当地开发商的合作，100%的受训人员获得了长期就业。

在圣地亚哥一个名为Barrio Logan、充斥着毒品和帮派涂鸦的社区，项目的总体目标是激励居民在参与社区活动的同时，改善周围环境。社区青年和成年人组成邻里监督小组，以确定涂鸦和增加种植常春藤的范围。有49名青年参加了邻里守望小组和种植活动，28名成年人接受了领导能力培训。这项行动由158586美元的联邦基金和10000美元的私人捐款资助。

同样，在佛罗里达的一个授权区，邻里环境行动小组告诉邻里减少涂鸦问题的方法，还训练、雇佣社区的16—21岁的年轻人清除杂草、修剪、清除涂鸦。这些年轻人必须留在学校，成为

---

① The U. S. Department of Housing and Urban Development's（HUD's）Office of Policy Development and Research, “Interim Assessment of the Empowerment Zones and Enterprise Communities Program”（https：//www. huduser. gov/portal/publications/econdev/ezec_ execsum. html），April 26，2010，访问日期：2020年5月22日。

计划的一部分。高中毕业后，这些年轻人会接受公园管理局的面试，寻找兼职工作。[①]

美国“9·11”事件发生后，为了延续由危机刺激的慈善精神，2002年，小布什总统下令建立白宫领导的跨部门志愿服务协调机构——“美利坚自由服务团”（USA Freedom Corps），要求每个美国人一生中投入4000个小时，即每年约100个小时，为有需要的邻居服务。自由服务团有三个主要项目：第一，公民团（Citizen Corps）项目，关注美国的安全和反恐措施；第二，增加帮助当地社区的人数的项目；第三，扩大和平团（Peace Corps）的项目。公民团计划包括一个由1200多个州、地方和部落的公民团体理事会（tribal Citizen Corps Councils）组成的全国性网络，这些理事会汇集了地方政府、企业和社区领袖，理事会通过教育、培训和志愿服务来发挥每个人的力量，使社区更安全、更强大，更好地应对恐怖主义、犯罪、公共卫生问题和各种灾难的威胁。

奥巴马总统于2009年签署《爱德华·肯尼迪服务美国法》，扩充联邦“国家与社区服务机构”权限，规定在5年内拨款60亿美元在全国推广志愿服务，成立“社会创新基金”（Social Innovation Fund）、“志愿者培育基金”（Volunteer Generation Fund），支持民间组织解决社区问题的实验计划和项目，支持非营利组织对志愿者的招募、管理工作。

（三）寻找个体家庭、社群与国家的平衡

与中国相比，西方国家并没有系统的社区治理政策设计，而是分散在不同的领域之中。战争、经济萧条总是国家介入基层社会的理由。西方人既享受国家干预带来的福利，又对国家干预抱有警惕，同时，对与社群疏远的个人主义忧心忡忡。政界和学界力图以新自由主

① “What Works! Economic Development” （https://www.huduser.gov/portal/sites/default/files/pdf/HUD－7967－Volume－1.pdf），访问日期：2020年5月22日。

义的形式平衡个体家庭与社群。

1. 对国家干预社区的警惕

西方国家特别是美国对国家有着不信任的传统，社会组织被当成美国建国的基础。美国在历史上发起的种种社区运动，也往往是以社会组织为主体的。

第一次世界大战结束后，人们所关注的不是延续个人向国家输出忠诚、讴歌国家的伟大，而是将自发精神、进取精神引入社区民主。社区被视为民主的单位、民主社会组织的团体单位。[①] 人们强调社区组织，其兴趣是建立一个更有效的民主，建立有益的社会关系，培养一种强烈的公众情绪。[②] 其基本动机是，"必须捍卫地方社区的利益，使其不受民族或国家组织的支配，必须维持必要的地方自治"[③]，避免成为管理机构或等级制度的一部分，避免国家以"最高目标"的名义牺牲掉地方社区的利益。

在"大萧条"时期，原来社区组织对社会解体的纠正逐渐显得无力，越来越多地向公共救济、国家组织求助。但是，人们在接受社区由地方主义向区域主义扩展的同时，又担忧国家对社区价值的剥夺，显示出矛盾性。有人就认为州或联邦政府的中央集权意味着剥夺自由和丧失个人主动性，[④] 批评"民主方法让位于更集中的控制，这与早期的社区运动哲学背道而驰"。[⑤]

在英国和澳大利亚，同样有人反思："如果我们自下而上地接受社会规划的原则，而不考虑精神价值，我们就会剩下一种机器制造的

---

① L. Barclay, "The Boy Scout Program and Building the Community", *Journal of Education*, Vol. 93, 1921, pp. 119 – 121.

② J. F. Steiner, "An Appraisal of the Community Movement", *Social Forces*, Vol. 7, 1929, pp. 333 – 342.

③ Dwight Sanderson, "Community Organization for Rural Social Work", *The Journal of Social Forces*, Vol. 1, 1923, pp. 156 – 161.

④ G. Abbott, "The County versus the Community as an Administrative Unit", *Social Service Review*, Vol. 4, 1930, pp. 11 – 16.

⑤ Jesse F. Steiner, "Community Organization", *American Journal of Sociology*, Vol. 40, 1935, pp. 788 – 795.

文化。"①

第二次世界大战结束以后，社区协调（社区规划）、社区发展运动，成为西方国家社区实践的重要内容。在美国，社会组织形形色色，种类繁多，不可避免地存在资源竞争、工作交叉等问题，一些来自高层的协调行动应时而生。美国联邦政府以"出资人"和"主办者"的身份介入本属于民间范畴的志愿服务始于 20 世纪 60 年代。②但是，人们仍然坚持"美国根深蒂固的不信任中央当局"的思维，留恋个人主义传统，对国家实施控制的做法表示"错愕"，把国家的介入当成对社区的控制，并且严厉地告诫"它必须认识到公民参与在一个正常运作的民主政体中的重要作用"③。

有人看到澳大利亚政府协调社会组织的工作，提醒"在人类居住地球的大约 100 万年中，99% 的时间里是在没有任何真正的政府的情况下生活、繁荣和发展……在地方自治社区中，社会行为的自动调节过程是长期有效的"④，社会组织而非国家被视为自然发展的产物。

在英国，1968 年英国社区发展项目（CDP）成立，有学者直接批评社区已经从"针对偏远官僚机构的批评和反对"转变为"专家的论述和专业的职业"，社区被其殖民。⑤ 西方人对国家干预社区的批评从来不吝尖刻。

2. 对个体责任退场的担忧

在西方国家，个人主义、自由主义是根深蒂固的传统。有学者早

---

① Christopher Dawson, *The Judgment of Nations*, New York, 1942, p. 115.

② 徐彤武：《联邦政府与美国志愿服务的兴盛》，《美国研究》2009 年第 3 期。

③ Fred K. Hoehler, "Efforts at Community Organization", *The Journal of Educational Sociology*, 1942, pp. 447 – 459.

④ G. P. Murdock, "Feasibility and Implementation of Comparative Community Research: With Special Reference to the Human Relations Area Files", *American Sociological Review*, 1950, pp. 713 – 720.

⑤ N. Rose, *Powers of Freedom: Reframing Political Thought*, Cambridge University Press, 1999, pp. 175 – 176.

在20世纪40年代就总结道：近两个世纪以来，美国人一直生活在有史以来规模最大的政治实验中。它的基础前提是个人有一定的权利、特权和责任。[①] 美国让人相信充满了无数机会，不能从小木屋出发成为总统，就要发挥在社区的领导力。[②]

但是，由于全球化、城市化和信息化的影响，西方发达国家的个人主义日益失去与社群之间的链接，西方国家曾经引以为傲的“由个人自主而地方自主”的传统遭受重创。个人主义以及自由主义让人相信，“只有个人才是内在的价值所在，它可能导致一种片面的社会工具主义，导致社区和文化是可塑性的黏土，可以随意塑造，以满足人类的需要和利益”[③]。

然而，“严格的个人主义”已经堕落为坚持个人权利，不顾对其他任何人的影响。其结果是，人们赖以相互体面对待的家庭、教会和地方协会，在每个人创造自己生活方式的权利的名义下，被忽视和破坏。[④] 帕特南分析了美国社区衰落和公共参与递减的情况——社区参与频率显著下降，从1973年到1994年，参加市镇或学校事务的公共会议的人数与服务于地方社团或组织的公务人员或委员的人数都减少了40%，关注建设更好社团的成员减少了约33%。[⑤] 马里兰大学的公民学研究机构 Do Good Institute 利用美国人口普查数据，发现自2005年以来，志愿服务在各个年龄段都有所下降：2015年，约有25%的青少年参加了志愿服务，低于2005年的28%，结束了30年来美国高中年龄段志愿者人数不断上升的局面，只有不到1/4的人向慈善机构

---

① Gillespie, Howard C. Bergevin, “Community Organization in a Democratic Society”, *Journal of Educational Sociology*, Vol. 23, 1949, pp. 135 – 140.

② Smith, Christopher, “Social Selection in Community Leadership”, *Social Forces*, Vol. 15, 1937, pp. 530 – 535.

③ Nancy E. Snow, “Liberalism, Community, and Culture”, *Analytic Philosophy*, 1990, pp. 180 – 183.

④ Frohnen, Bruce, “Let's Multilogue!”, *National Review*, Vol. 45, 1993, p. 48.

⑤ ［美］罗伯特·帕特南：《独自打保龄球：美国社区的衰落与复兴》，刘波、祝乃娟、张孜异等译，北京大学出版社2011年版，第35页。

捐款，这一比例自2008年以来一直持平。[①]

在英国，个体对社群的责任同样在减弱。英国保守主义政治家们倾向于批评国家庇护导致的个体失责，不管怎样，这确实反映了英国个体责任下降的事实。在2010年英国大选之前，保守党对中央集权提出了批评，他们担忧“家庭破碎、社区破碎”，并且将其归咎于一个大政府。[②] 例如，卡麦伦就直言不讳：英国政府的规模、范围和作用已经达到了一定程度，现在它正在抑制而不是推进减少贫困、消除不平等和提高普遍福祉的进步目标。的确存在一个令人担忧的悖论：由于它对个人和社会责任的影响，国家最近的增长并没有促进社会团结，而是促进了自私和个人主义。[③] 卡麦伦就任首相后，在开启“大社会”计划的发言中直指国家“越来越强大，它从人们那里夺走了越来越多他们应该也可以为自己、为家庭和邻居做的事情”[④]。国家干预成了个人责任减弱的替罪羊。

3. 新自由主义对国家退场的掩护

20世纪后期，西方发达国家进入“社区复兴运动阶段”，世界各地的社区参与政策发生了重大转变，引起了人们的担忧，即国家正在诉诸社区治理，将责任转移到社区。[⑤] 这背后反映了学界和政界对新自由主义的妥协和拥抱。

其一，在学界，左翼学者向右翼学者做出妥协，二者在社区参与

---

① Sarah D. Sparks, “Volunteerism Declined Among Young People” (https://www.edweek.org/ew/articles/2018/07/18/volunteerism-declined-among-young-people.html), 访问日期：2020年5月23日。

② “PM's speech on Big Society (on Monday 14th February 2011)” (https://www.gov.uk/government/speeches/pms-speech-on-big-society).

③ D. Cameron, “‘The Big Society’ (The Hugo Young Lecture)” (http://www.conservatives.com/News/Speeches/2009/11/David_Cameron_The_Big_Society.aspx).

④ “PM Sets Out Commitment to Big Society” (https://www.gov.uk/government/news/pm-sets-out-commitment-to-big-society, 2011-02-14).

⑤ Rolfe, Steve, “Divergence in Community Participation Policy: Analysing Localism and Community Empowerment Using a Theory of Change Approach”, *Local Government Studies*, 2016, pp. 97-118.

方面达成一致。

社群主义者并不准备清算新自由主义，而是对其进行修正。埃齐奥尼的社群主义思想是：我们的社会正在遭受严重的“我们”（we-ness）的赤字，只有社区才能正确地支撑这种价值观；恢复（restoring）社区和它们道德的声音是我们目前条件之所需。[①] 但是，他同时又指出：我们并不想将社区推向极端，压制个人主义。[②] 这些都成为后来英国保守党“大社会”政策的思想基础。

右翼的新自由主义，主要针对政府干预展开调整。霍尔（Hall）认为，现代慈善事业起源于19世纪末，是私营部门对社会主义理想的让步。人们担心这会阻碍自然选择（社会达尔文主义）、个人主动和市场的运作，而不是支持增加政府干预，而可以接受的替代方案就变成了福利资本主义。[③]

左翼学者对国家干预讳莫如深，将社会组织视为拯救个体责任下降的药方；右翼学者则对国家干预强烈排斥，二者最终在公民和社会参与方面达成一致。双方都将公民参与作为救济个人责任缺失与国家干预过多的一种手段，认为公众参与是一种救济手段。右翼学者将公民参与视为庇佑新自由主义的一种方法。有学者主张，参与的增加提高了效率、理解和社会凝聚力，提高了服务成本效益，增强了穷人和处境不利者的权能。[④] 左翼学者则分析了公民参与的不足，认为“政府和市场不足以创造文明，还必须有一个健康、强大的公民部门：一个社区连接的能够蓬勃发展的空间”，强调“自愿的地方协会和与社区的联系……都有更多的原始权力，隐藏着国家福祉的整个大厦”。

---

① A. Etzioni, *The Spirit of Community*, New York: Crown Publishing, 1993, p. 26.

② A. Etzioni, *The Spirit of Community*, New York: Crown Publishing, 1993, pp. 26－27.

③ Hall, Peter Dobkin, “Inventing the Nonprofit Sector and Other Essays on Philanthropy, Voluntarism, and Nonprofit Organizations”, *Business History Review*, Vol. 80, 1994, p. 234. 转引自 Jeffrey S. Lowe, “Community Foundations: What Do They Offer Community Development?”, *Journal of Urban Affairs*, Vol. 26, 2010.

④ Jules N. Pretty, “Participatory Learning for Sustainable Agriculture”, *World Development*, Vol. 23, 1995, pp. 1247－1263.

因此，每个人都必须走上公共广场，承担公民的责任。① 社会组织、社会力量成为左右翼学者的折中选择。

其二，在政界，新自由主义掩护国家撤退、向社区卸责。

20 世纪 80 年代后，西方国家的意识形态转变促成了社区治理的变化。里根、撒切尔、马尔罗尼（加拿大总理）时期重新塑造了国家的角色，社区成为替代一些公共服务、解决赤字和债务问题的手段。②

在英国，英格兰的机构和社区正从伙伴关系转向以市场为基础的解决方案，在这种解决方案中，社区充当“市场营销者”，向竞争开放公共服务。这种隐藏的市场化可以被视为一种新的地方主义形式——“市场地方主义”，将权力下放给当地市场，而不是专业人士、民选代表或社区，③ 大量的市场组织成为公共服务共同生产的伙伴。

21 世纪以来，英国提出“大社会”，用来为紧缩政策辩护。④“大社会”旨在培养人们的利他主义、慷慨的时间和精神，以及改变他们最强烈感受的能动性，其目标是修补政治上支离破碎的英国，把更多的权力和信息交到选民手中，让他们的统治者为自己的行为、支出和成就负责。⑤ 由此，社区被动员起来，一方面纠正工党的政府干预，另一方面回应保守党在 20 世纪 70 年代末至 90 年代中期对市场力量自由发挥的高度重视。然而，保守党的“大社会”的首要任务是“使紧缩和削减福利的政治合法化”⑥，批评政府干预成为政府退场的

---

① Bradley, Bill, “America's Challenge. Revitalizing Our National Community”, *National Civic Review*, Vol. 84, 2010, pp. 94 – 100.

② “PM's Speech on Big Society”（https://www.gov.uk/government/speeches/pms-speech-on-big-society, 2011 – 02 – 14）.

③ Lynn, G. Hancock Mooney, S. Neal, “Crisis Social Policy and the Resilience of the Concept of Community”, *Critical Social Policy A Journal of Theory & Practice in Social Welfare*, Vol. 32, 2012, pp. 343 – 364.

④ J. Clarke, J. Newman, “The Alchemy of Austerity”, *Critical Social Policy*, Vol. 32, 2012, pp. 299 – 319.

⑤ Evans, Kathy, “‘Big Society’ in the UK: A Policy Review”, *Children & Society*, Vol. 25, 2011, pp. 164 – 171.

⑥ Tepe-Belfrage, “A Feminist Critique of the ‘Politics of Community’”, In J. Green, C. Hay, P., Daniela Taylor-Gooby (eds.), *The British Growth Crisis*, London: Palgrave Macmillan U. K., 2015.

幌子。

在美国，个人自由的信仰是政治文化核心价值的基石。美国社区复兴运动之后的相关政策，既是对个体消极自由的妥协，也是对之前“政府与公民弱联结”的纠正。

20 世纪 40—70 年代，居民把选举出的官员和社区商业（由这些官员发起的）看作影响社区未来的决策角色。美国的国家政治变得功能失调，公民对他们的政治领导者感到非常失望，只有 22% 的美国人对联邦政府表示有信心，32% 的人对州政府有信心，38% 的人对基层政府解决社区问题的能力有信心。多元治理被视为解决问题的出路，即商业、政府和社区组织和公民能够一起工作帮助社区达到合作目标，解决公共挑战。[①] 美国对社区组织、公民的调动成为国家行为的替代，同时也掩护了国家的撤退。

20 世纪 80 年代初以后，出于对实现社会和经济正义的联邦政策的不满，里根政府执政期间用于社会项目的公共开支大幅下降。里根召集了私营部门倡议工作队，探讨哪些私人志愿活动可以取代政府的干预。[②] 奥斯本和盖伯勒在《政府创新》[③]中纳入了公民参与这一新的做法，其概念是让积极的公众参与进来，让人们作为参与的公民，而不仅仅是被动的消费者，并强调这种新的领导风格要围绕商定目标达成共识和开展协作。[④]

其三，新自由主义的做法带来了一些更加极化的社区发展结果。

不得不说，20 世纪 80 年代以后的社区治理，实际上是对国家治理模式的一种调整。这个时期，国家干预回撤，取而代之的市场化、

---

① Christopher Gates, “Community Governance”, *Futures*, Vol. 31, 1999, pp. 519 - 525.

② Jeffrey S. Lowe, “Community Foundations: What Do They Offer Community Development?”, *Journal of Urban Affairs*, Vol. 26, 2010.

③ Osborne David, “Reinventing Government”, *Public Productivity & Management Review*, Vol. 16, 1993, p. 349.

④ Wills Jenny, “Community Alliances and the New Governance”, *Australian Journal of Public Administration*, Vol. 54, 1995, pp. 376 - 380.

志愿化的方式，然而，这样的做法很难达到预期的目标，在一些方面甚至引起极端化的效果。

在美国，由于经济不景气、权力不断下放以及各级政府削减预算，非营利组织的收入受到了损害。在运行5年后，美国国会为社会创新基金（SIF）提供的2016年预算为零。公民参与地方“授权区和事业社区”倡议决策的程度普遍下降。2019年，美国和加拿大非营利组织面临诸多挑战，其中员工短缺（18%）、捐献者培养、获取、保留、沟通（11%）、经济、国民情绪（10%）、税法的影响（10%）、组织问题（9%）以及本地问题（包括众多非营利组织对资金的争夺，8%），是非营利组织面临的最大挑战。①

放松管制、穷人流离失所、解散福利国家以及一般将生活的所有方面提交市场解决办法的新自由主义政策，可被理解为个人和家庭的风险私有化，同时将风险社会化。②

在英国，国家的社区治理政策，一方面，要求社区承担在公共服务领域创造新市场的责任；另一方面，其影响途径日益个性化和市场化，③ 因此，“大社会”可以被看作社区为自己的灭亡负责的一种尝试。社区温暖、朴素的言辞，在很大程度上是对一个深刻的新自由主义改革计划的遮蔽——羊皮的衣服掩盖了卢平的紧缩休克理论。④ 结果是，小企业被用起来了，英国大规模地向慈善机构、志愿企业和社

① “Biggest Challenges for Nonprofits in the United States and Canada in 2019”（https://www.statista.com/statistics/502411/us-nonprofit-organizations-biggest-challenges-for-fundraising/），访问日期：2020年5月20日。

② Paul W. Speer Brian D. Christens，“Local Community Organizing and Change：Altering Policy in the Housing and Community Development System in Kansas City”，*Journal of Community and Applied Social Psychology*，Vol. 22，2012，pp. 414－427.

③ Lowndes，Vivien，and Lawrence Pratchett，“Local Governance Under the Coalition Government：Austerity，Localism and the ‘Big Society’”，*Local Government Studies*，Vol. 38，2012，pp. 21－40.

④ Rolfe，Steve，“Divergence in Community Participation Policy：Analysing Localism and Community Empowerment Using a Theory of Change Approach”，*Local Government Studies*，Vol. 42，2016，pp. 97－118.

会企业开放公共服务，与此同时，75%的慈善机构和志愿组织根本得不到任何政府资金。这一支持大多数政府和公司的新自由主义议程，将社会发展和社会问题管理的责任转移给了社区。

一方面，政府减少了预算；另一方面，自上而下、非政治化的社区政策与社区参与之间存在矛盾，这种矛盾在贫穷和弱势社区尤为明显。[①]“大社会”政策掩盖了一些公众、公民责任和社会参与方面惩罚性和规范性的形式。例如，伴随着福利水平和应享权利的削减以及服务提供的普遍减少，“大社会”给强制性的志愿服务贴上了标签，求职者津贴申请人的强制性安排是，在继续寻找工作的同时每周花费最多30小时在志愿工作活动上，为期四周。但参与者会因未参与、迟到或拒绝参与而面临严重制裁。因此，“大社会”并不意味着国家活动的减少，而是对穷人和福利体系内的人的生活进行更加专制和严厉的干预。[②]而且，几乎没有证据表明基于社区的政策议程产生了活跃公民。[③]

三　中西方社区家国关联的差异

中西方的社区治理有着解决社会团结问题的共同目标，但是社区治理中的家国关联形态差异巨大。

（一）西方社区的家国关联是一种“网络化”形态

西方国家的社区几乎没有明确的区域界线，除了政府直接提供的公共服务以外，社区治理政策往往以社会组织、志愿组织为载体。从美国的情况来看，其社区治理的方式根植于美国的结社传统——美国人干一点小事也要成立一个社团，美国人不论年龄多大、处于什么地

---

① Hancock, Lynn, Gerry Mooney, Sarah Neal, "Crisis Social Policy and the Resilience of the Concept of Community", *Critical Social Policy*, Vol. 32, 2012, pp. 343 - 364.

② Hancock, Lynn, Gerry Mooney, Sarah Neal, "Crisis Social Policy and the Resilience of the Concept of Community", *Critical Social Policy*, Vol. 32, 2012, pp. 343 - 364.

③ P. Somerville, *Understanding Community*, Bristol: Policy Press, 2011.

位、志趣是什么，无不时时在组织社团。① 西方国家并没有盲从于滕尼斯创造出来的共同体概念，在芝加哥学派的“依靠社群关联社会”的主张之后，西方国家开始以资金、政策的方式进入社区，但是这些国家进入社区的方式往往更加间接。

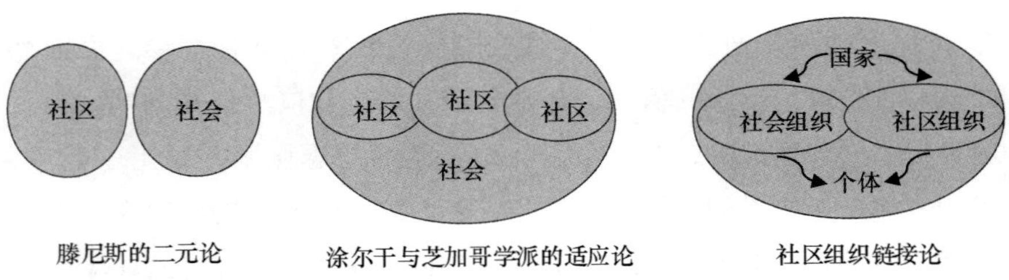

图 9－3　西方国家社区与社会关系的演进

英、美等国从第二次世界大战以后，虽然强化了国家在社区的存在意义，但是并不以设定社区边界及其定式组织为工具，国家与社会、家庭的关联往往以社会组织为纽带展开。

从社区治理的主体关系来看，西方国家的社会组织在社区治理中发挥的作用较强，个体（家庭）对社会志愿组织的参与度较高，社区治理主要体现为个体（家庭）与社会组织的关系。由于可供选择的社会组织较多，政府可以选择支持（或不支持）不同的社会组织为社区提供服务，个体（家庭）也可以选择参与（或不参与）不同的社会组织，因而西方国家的社区治理体现为一种网络化的治理形态（见图 9－4）。

（二）中国的社区家国关联是一种“中心化”形态

中国的社区一直被包含在基层话语中建构。国家继承了传统编组形式，在基层划定社区边界，规定常设的在地组织，并且将其吸纳为国家组织体系在基层的支点。这种组织承接国家意志，成为所在区域

---

① ［法］托克维尔：《论美国的民主》，董果良译，商务印书馆 1988 年版，第 636 页。

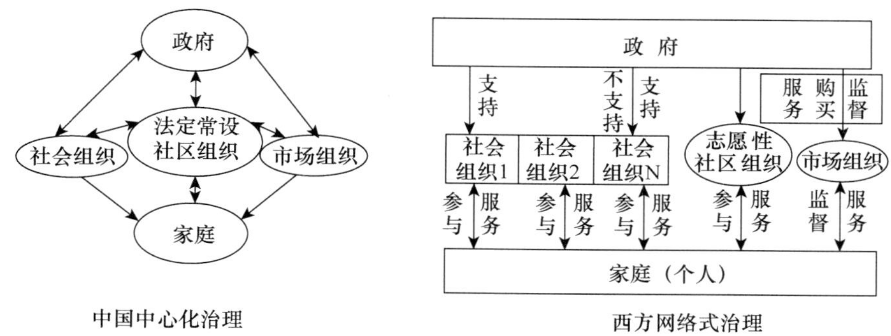

图 9－4　中西方社区治理的形态

的统合性组织，也力图成为人们社区交往的中心。

社区层面的主体关系几乎是政府层面主体关系的翻版，就像一根垂直的原木在社区做了一个“切面”，法定组织（街道办事处和居委会）成了社区内的核心组织，政府的指令、意图传达到社区组织，其他社区组织、市场组织接受社区组织的协调或者监督，个人和家庭接受社区组织的服务和动员。

社区边界既然被事先划定，人们自然而然地获得了地理单元意识，其社区身份也因此单一而明确，潜意识里划定了与其他居民的边界。与西方不一样，中国居民认为出了特定的范围，就不是自己的社区了。另一个重要区别在于，中国在社区中的公共性职能不断加强，伴随着巩固基层政权的意志，社区被锻造为公共服务的桥头堡，满足居民需求往往被表述为“党联系群众”“为人民服务”等政治话语，因而，社区组织作为党和政府在居民家门口的代表，往往承担着国家的公共服务功能，彰显着国家的公共性属性。

特别是在属地责任框架约束下，社区被打造成政府在最基层的延伸组织，居民可以随时向社区提要求，即使是政府和社区法定范围以外的诉求，也被传输到社区组织中去了。在维稳压力、服务型政府建设等约束下，基层社区成了“全责社区”。由此，中国的社区治理体现的政府意志、政府作为要强一些，家庭向社区输出的公共性十分有限。

西方国家尽管也遇到了个体家庭参与减弱的问题，但整个社区治理的社会意志、自主性要强一些，家庭向社区输出的公共性要多一些。也因此，中国的社区治理往往具有政权建设意义，被纳入党和政府施政的总体框架，具有通盘的政策设计，并且发挥着“二次分配”的作用；西方国家总体上强化了国家在社区的存在，但并没有总体的一插到底的基层意识，也没有通盘的社区政策考量，大多时候借助社会组织调节与社区、家庭的关系，调动个体和社会志愿组织的积极参与，尤其是，居民对志愿组织的参与以及社会对志愿组织的捐赠，让社区治理发挥了更多的“三次分配”功能。

表9－2　**中西方社区治理形态的差异比较**

比较项	中国	西方发达国家
关联方式	中心化（直接性）	网络化（间接性）
社区边界	明确且排他	不明确且重叠
社区身份	单一	多元
社区功能	政治、行政、生活合一	社会性、生活性为主
核心关系	国家—社区组织—家庭	国家—多元社会组织—家庭
政府社会关系	政府负责—社会较弱	政府调节—社会较强
家庭公共性输出	较弱	较强
分配关系	二次分配（国家调节为主）	三次分配（社会调节为主）
构建向度	由外向内，内向型	由内向外，外放型

第二节　中国社区家国关联的深层逻辑

中国社区中的家国关联具有深刻的历史背景，根植于特定时期的经济结构基础。现有的社区治理形式，是反映和容纳现有生产关系的上层建筑的一部分，它既是生产关系的产品，也是对生产关系的维护与补充。

一　生产关系的结构基础

社区内生产资料占有（以使用权的形式表现出来）的个体化，以及社区组织、市场组织对公共资源分配的分属化，共同构成了家庭与社区弱关联的经济结构基础。

（一）家庭门外的产权失联

社区中的家庭虽然有产也无产，有产指的是拥有房屋产权或者使用权，无产指的是对社区共有产权其收益的零主张或弱主张。

其一，从一次分配关系来看，个体家庭经济功能基本在社区外实现。在现代经济条件下，居民的生产关系在空间上大大扩展了，他们的经济关系更多发生在工作单位，经济联系的重心转移到社区以外。因而在最大限度上决定了其与社区无感，使社区变得不再那么重要。

在社区空间生产方面，居民购买的乃是被设计好的空间装置，土地生产关系以及一次分配关系由政府和市场安排。居民更多只是拥有是否买入的选择权利，入住之后，他们更重视的是家庭空间内的权利。尽管法律规定，业主拥有住房产权还拥有“建筑区划区分所有权”（当然，居民们对这个怪怪的词本身就缺乏应有的认知），但是，居民们仍然习惯于关起门来过自己的日子，除非自己的房产权益受损而不得已出来维权。对于业主共有的公共区域、地面停车位收益、广告费收益等，很少有业主提出权利主张。国家对既有生产关系的调节度不大，特别是对建立在商品关系基础上的私域生活缺乏调节，使得国家与家庭之间的关联意义受到局限。

这种弱关联的产权关系，让社区成为家庭走向社会的一道沟壑——居民们附近的社区消失了，大多时候遁于隐形。

其二，从二次分配关系来看，个体家庭在社区资源分配过程中几无发言权。上级政府在分配资源时，往往以社区为单位，由社区组织掌握本社区的资源配置权。大多时候，这些资源如何分配、分配给谁，居民只能从公告栏上获知，或者因为与自己实在缺乏关联而根本无兴趣获知。因而，当居委会干部在喊苦喊累的时候，很多居民会不太理解，甚至会问：社区与我们有啥关系，居委会干部平常都在忙什么？这大多是缺乏资源配置参与的原因。尽管近年来服务资源的大量进入，使得国家与部分家庭的联系有所增强，但居民在资源配置甚或控制上仍没有发言权。

其三，从三次分配关系来看，个体家庭对社区及社会的志愿参与甚少，志愿服务意识和志愿服务能力都未经很好的发育。大多居民是社区中的非积极群体，只是在需要社区或者被定点动员的时候，才会与社区发生偶然联系。社会性分配的组织基础还未形成，家庭的社会性意义还没有被建构出来。人们以“群己边界”为名，放弃了社区公共生活的自主性，事实上形构了一个“个体社会”。因此，从个体家庭向社区导入公共性十分有限。

不论是从生产还是从三次分配过程来看，居民们基本上与社区存在“弱关联的产权关系”。这是时代发展的结果，人们只能去纠正和补充，而不能在短期内彻底改变这种局面。

（二）上层建筑对生产关系的容纳

社区是时间、空间、人群与制度交汇的产物。社区空间只是众多社会空间的一部分。社区治理是一种真实存在而被忽略的生产关系，隐匿在社区的生活之中，它贯穿于从空间规划、土地出让、开发建设、住房出售、产权划分到后期治理等的全过程，并在每一项具体的活动中不知不觉地完成。

社区空间首先是以买卖的形式进入生活场景的，本身是社会生产关系的延续。与生产领域的技术、劳动、知识交换相同，社区建构在土地资本化的基础之上。空间生产包含土地出让标准、土地开发强度、公建配套的建设等制度规定，为后期人口入住奠定了资源配置的基础条件，在这个过程中，政府掌握土地规划、土地配建的权力，并由房产商生产出社区空间（见表9－3）；再扩大来看，社区人口的配置、空间设计都受到城市产业规划、经济结构调整的决定性影响，社区居住就是现有生产关系基础上人口流动/筛选后的结果。

一旦空间生产完成，社区治理则进入物业管理、业主自治以及由社区“两委”主导的治理环节，这些环节既受之前的生产关系的影响，又持续维系着生产关系的再生产。例如，物业纠纷以及业主维权，就是商品房社区空间生产的后遗症和遗留问题，在业主无意识特别是对企业监督机制不健全时，既有生产关系得以延续、加强。

上海市在较早探索社区建设的时期，首要针对的是大量下岗职工转移到新空间的问题，其他地方也大都要处理计划经济生产关系调整所带来的阵痛，社区建设成为生产关系调整的上层建筑反映和保障。

表9－3　　**商品房社区空间生产和后期治理比较**①

环节＼地区			中国内地	中国台湾	中国香港
空间生产	土地开发	空间面积	大幅地块	小幅地块	小幅地块
		容积率	较高，高限3.5倍，有些地方达到20倍	较低，高限4倍	较高，高限10倍
		公建配套	开发商承担规划范围内及其周边配套	开发商承担小区范围内配套	楼宇以外的公建配套由政府提供和管理

① 吴晓林等：《空间、制度与治理：两岸三地城市商品房社区治理的比较》，《甘肃行政学院学报》2019年第2期。

续表

环节＼地区			中国内地	中国台湾	中国香港
后期治理	物业管理	模式	前期物业制度；包干制	委托代管制度；自聘式物业管理；酬金制	大厦公契制度；项目分包制；酬金制
		监督	业主监督“虚化”；法律监督不足	内部监察委员会的监督；外部法律监督	内部居民监督；外部政府监督和法律监督
		物业费缴纳方式	包干制；物管企业直接收取	酬金制；管理委会收取	酬金制，由法团收取
	业主组织	成立条件	总面积及总人数双过半	出席人数与区分所有权双过半	不少于30%的业主支持，特殊情况下允许10%
		法人地位	法人地位不明确	有当事人能力，但不具备法人地位	独立法人团体资格
		与政府组织关系	受政府指导并备案	向地方主管机关报备	向土地注册处申请备存
		决议方式	积极多数决，“双过半”和“双三分之二”原则	相对多数决	消极多数决

至于后来的社区管理、社区治理，则均延续了既有的生产关系。国家切分区域板块、设置社区人口规模和基层组织体系，并由此将国家的政治性职能、公共性职能一并推进居民家门口。由此，社区治理就是国家治理的基础构成，只是与大的国家治理相比，社区治理的政治性较低，其维护生产关系的意义被掩盖在日常生活的光谱之中。而且，在基层问题增多且复杂的背景中，解决现实问题被视为基层工作的紧要选项，从根本上调整生产关系基础迟迟未引起重视。

在中国，社区就是扩大、延伸的家庭，国家如何与一个个家庭相联结，与一个个社区相联结，是中国国家治理的传统之所在。[①] 然而，

① 刘建军：《社区中国：通过社区巩固国家治理之基》，《上海大学学报》（社会科学版）2016年第6期。

实际情况是，一方面，在社区的日常工作中，要么是因为“两委”工作人员人数少，又忙于上级布置的任务，其提供的服务难以覆盖最广大的人口，管理和服务对象集中于少数人，例如困难群体、上访人员等，这造成了社区与多数居民的“弱关联”。另一方面，社区提供的服务要么与居民家庭需求的关系不密切，要么大包大揽，将社区的方方面面都纳入社区的“属地责任”范畴，居民在习惯了凡事找政府、找社区之后，个体责任便降解了，有的居民甚至摸准了“以上对下的考核和一票否决”，将个体权利凌驾于社区之上。

社区政策缺乏对关联产权的重视、缺乏对居民需求的把握和链接，因而就会出现“消失的社区”现象！

二　过渡时期的发展阶段

马克思主义将经济社会的充分发展视为政治发展的历史条件。在马克思主义看来，未来的共同体形态是“通过联合获得自由”的联合体[①]，这超越了现有一切社区定义的基础。要实现这样一个目标，还需要经过一个过渡时期。[②]

（一）过渡时期的基层组织属性

中国的社区治理正处于过渡时期的转型之中，国家与家庭的关系既有历史的影子，也符合现有经济社会发展过渡时期的条件。在传统中国，家庭是国家机器的附属物，很长一段时期内生产力低下，国家依靠强权维持对基层社会的汲取、统治，国家在凸显统治性之余，其公共性往往体现为特殊时期的赈灾事务等，平常公共物品的供给几近空白，氏族、乡绅在公共物品、公共服务方面发挥一点力所能及却有限的补充作用。

新中国成立后，社区被单位取代，不存在与国家权力区隔的社

---

① 《马克思恩格斯文集》（第1卷），人民出版社2009年版，第571页。

② 吴晓林：《走向共同体：马克思主义政治发展观的“条件论”》，《政治学研究》2019年第4期。

区。自20世纪80年代起，随着生产关系的调整，国家逐渐增强了对社区的公共性投入，社区服务的内容逐步扩充，到了21世纪，一些城市开始突破社区的范畴，打造“15分钟服务圈”。社区中的公共服务，还未实现马克思主义所主张的社会共同供给，仍然主要由国家组织来承担，这大多受中国经济社会发展阶段所限。

对中华民族而言，社区这个概念和社区治理本身都是舶来品，在人口向城市集中的洪流中，国家将社区建设纳入政权建设范围内，视之为国家政权的根基和延伸。因而，社区层面的公共服务和社会职能也受国家的性质规定。尤其是，“党的核心领导地位”是中国社区治理的最核心变量，政党从未从社区治理中退出，而是强化了在社区方方面面的领导作用，这使得社区组织凸显政治性。

（二）现代化进程中的目标选择

与西方发达国家进入后现代社会不同，中国面对的是现代化进行时态，社区治理处于城市化、工业化、市场化交织的现代化转型之中（见表9－4）。

表9－4　**中国社区治理转型时期的发展阶段**

年份	1995年	2005年	2015年	2019年
城市化率（%）	29.04	43.0	56.1	60.6
人均GDP（美元）	600	1703	8016	10276
三产比例（%）	33.7	41.4	50.5	53.9
二产比例（%）	46.7	46.9	40.5	39.0
一产比例（%）	19.7	11.7	9.0	7.1

中国在开始推动社区建设的阶段经济水平还较低。在上海市和北京市开始探索“两级政府、三级管理”的模式时，中国人均GDP到1995年才达到600美元，到2003年才超过1000美元，到2008年才超过3000美元。1992年，北京市人均GDP才达到822美元，上海市人均GDP1993年上升到2000美元，1997年刚刚达3000美元。也即，

中国在推进社区治理的第一轮改革时，人均 GDP 还很低；在推动第二轮改革时，中国大部分地区人均 GDP 才超过 1000 美元。

中国的城镇化率到 1995 年只有 29.04%，到 2005 年达到 42.99%，到 2019 年达到 60.60%，城镇化以每年一个百分点的速度推进。须知，现代化往往孕育着不稳定的因素，中国社区治理需要直面现代化进程中的种种挑战，维护稳定成为其重要目标，而发达国家和地区则需解决城市冷漠、社区复兴等后现代化问题。

人口规模是影响城市治理、社区治理体制的基本要素。中国的城市社区在规模和体量上普遍较大，这也决定了社区治理的复杂性更大。以中国台湾地区为例进行比较，截至 2017 年，台北市下辖 12 个区，人口总数为 267.63 万人，平均每个区 22.30 万人；高雄市下辖 38 个区，人口总数为 277.89 万人，每个区仅为 7.31 万人；中国大陆大多城市人口数量大，且处于成长期，北上广等大城市每个区平均超过 100 万人口（见表 9－5），[①] 甚至有的街道超过 100 万人口。在社区覆盖人口方面，截至 2017 年，台湾地区人口密度最大的台北市，每个社区（里）所覆盖的人口为 4814 人，高雄市都市区每个社区（里）所覆盖的人口为 3689 人。[②]

中国城镇平均每个社区（居委会）覆盖人口超过 8000 人，有的城市居委会平均覆盖 2 万人口。随着城市化的发展，社区覆盖人口还将继续成长。北京市常住城镇人口为 1876.6 万人，居委会数量为 2975 个，平均每个社区覆盖人口为 6308 人，上海市常住城镇人口为 1876.6 万人，居委会数量为 4253 个，平均每个社区覆盖人口为 4987 人，深圳市平均每个居委会覆盖人口超过 2 万人，宝安区西乡街道常住人口 105 万人，社区平均覆盖人口 4 万多人。与此同时，一些处于成长期的城市人口激增，新的楼盘小区在社区范围内不断扩展，人口超过 3 万人的大型小区已经不在

① 吴晓林、罗丹：《分类确权：台湾地区的城市纵向职责体系研究》，《社会科学》2018 年第 7 期。

② 根据台湾地区统计年鉴测算。

少数，甚至有的楼盘小区人口超过 50 万。这使得城市化进程中的社区事务烦琐、基层管理和公共服务存在极大挑战。

表 9－5　　　　中国部分城市人口密度情况（2017 年）

城市	下辖行政区个数	常住人口（万人）	人口密度（万人/区）	社区平均覆盖人口
北京	16	2170.70	135. 67	6308
上海	16	2418.00	151.13	4987
广州	11	1449.84	131.80	—
深圳	9	1252.83	139.20	20000
台北	12	267.63	22.30	4814
高雄	38	277.89	7.31	3689

中国尚处于现代化高速发展的时期，社区治理的目标具有过渡时期的特殊性。

其一，中国城市社区治理的首要任务是重塑基层治理网络。“单位制”解体、城市化快速推进，迫切需要创新城市管理手段，回应社会问题。如前文所述，在 1998 年机构改革中，国务院赋予民政部“指导社区服务管理工作，推动社区建设”的职能，这显示出中国将社区建设视为政权建设的基础环节。

2000 年，中共中央办公厅和国务院办公厅《关于转发〈民政部关于在全国推进城市社区建设的意见〉的通知》（以下简称“《通知》”），总体要求的第一条就是“改革城市基层管理体制，强化社区功能，巩固党在城市工作的组织基础和群众基础”。《通知》指出推进社区建设的背景就是“已有的管理体制已被打破，大量‘单位人’转为‘社会人’，同时大量农村人口涌入城市，社会流动人口增加，加上教育、管理工作存在一些薄弱环节，致使城市社会人口的管理相对滞后，迫切需要建立一种新的社区式管理模式”。

同样，历次社区建设或社区治理政策意见，都会强调“加强社区建设，巩固党的执政基础”的意义。由此可见，弥补“单位制”退出的管理空间，巩固党的执政基础，是中国推进社区建设（治理）的首要任务。

其二，维护社会稳定是中国城市社区治理的重要目标。城市化和工业化快速推进的时期，也是社会最不稳定因素增强的时候。“社区制”自一诞生起，就有维护社会稳定的意涵。

1999 年，民政部颁发的《全国社区建设实验区工作方案》的总体要求就包括“推进基层民主，维护社会稳定，促进社会主义物质文明和精神文明建设，实现城区经济和社会的协调发展”。2000 年的《通知》中指出，要“密切党群关系，维护社会政治稳定”；2009 年，《民政部关于进一步推进和谐社区建设工作的意见》中则指出，“加强社会管理的重心在社区，改善民生的依托在社区，维护稳定的根基在社区”；2010 年，中共中央办公厅、国务院办公厅印发《关于加强和改进城市社区居民委员会建设工作的意见》，指出“进一步健全完善以社区党组织为核心的城市社区组织体系，为构建社会主义和谐社会奠定组织基础”。

2017 年，中共中央和国务院《关于加强和完善城乡社区治理的意见》开篇就指出，“城乡社区治理事关党和国家大政方针贯彻落实，事关居民群众切身利益，事关城乡基层和谐稳定”。历次社区政策的出台，都将社区视为维护基层社会稳定的重要单元。

其三，重塑社会是中国城市社区治理的题中之意。在一段时期内，城市社区在共同体的营造上蕴含于维稳和政权建设的目标以内，并接受后二者的“限定”。随着时代的发展，重塑社会的重要性正在增强。

1999 年，民政部负责人在全国社区建设实验区工作座谈会上讲话时指出，“社区建设的工作目标要有三个层次。第一个层次，建立与社会主义市场经济体制相适应的社区建设管理体制和运行机制，探索建立新型社区，逐步完善街道、居委会的服务管理功能，推进街居工作社区化、社区工作社会化。第二个层次，在加强社区功能的基础上，建设环境优美、治安良好、生活便利、人际关系和谐的文明社区。第三个层次，扩大基层民主，实行居民委员会的民主选举、民主决策、民主管理和民主监督”①。讲话基本上规划出了社区治理不同阶段的社会目标，即遵循管理体制改革、社区功能建设而后基层民主的路线。自此，社区服务、社区文明建设、和谐社区、创新社区管理体制等议题，向社区延伸，成为改造基层社会的具体抓手。

2007 年，党的十七大报告提出：“把城乡社区建设成为管理有序、服务完善、文明祥和的社会生活共同体。”2012 年，党的十八大报告要求：“发挥基层各类组织协同作用，实现政府管理和基层民主有机结合。充分发挥群众参与社会管理的基础作用。”2017 年，党的十九大报告对社会治理提出了“提高社会治理社会化”的要求。

国家层面将对社会发展的构想直接导入社区，并将社区视为重构社会的重要场域。在第二轮改革中，通过推进社区自治激发社会活力，带动居民参与、营造社区民主空间等已经成为一些城市的政策面向。

第三节　中国社区治理转型的密码解析

由社区服务而社区建设，再由社区管理到社区治理——中国的社区治理的演进，隐藏着一些转型的密码。

一　不同的治理结构产出不同的治理结果

历史地看，中国城市社区治理的改革，始终处于党的核心领导下，在既有的以“街—居”为主轴的治理结构之外，越来越多的社会组织参与了治理过程，部分释放了传统治理主体的压力，改善了社区治理的效果。现实来看，社区治理的差异深植于治理结构差异。

因为处于现代化转型阶段，中国社区治理明显侧重于管理与服

① 《民政部副部长李宝库在全国社区建设实验区工作座谈会上谈社区建设的总体思路》，《民政论坛》1999 年第 5 期。

务，对传统行政组织仍然展现出惯性依赖。新近的趋势则显示，随着后现代因素的增加，更多社会组织的力量被引入社区治理中。

中国城市社区治理在转型过程中的变量是：第一，城市社区治理需要发挥国家组织的积极性。这一点不但与中国传统的政府权威有关，也与缺乏强大的社会基础有关，因而，迄今为止，离开国家组织的支持，社区治理也是无源之水，难以进行。第二，城市社区治理形态根植于生产关系结构，作为现有经济结构的上层建筑的组成部分，社区治理形态反映了社区的产权和分配关系，受社会主义国家性质和过渡时期阶段所规定，中国的社区治理要逐渐重视以生产分配关系为主轴的国家、社会与家庭的关联。第三，城市社区治理需要一个依次推进的过程。城市社区治理转型不会是一蹴而就的，它是一个政社互相增进的过程，中国社区治理中的政社关系，隐约体现出“政府控制社会组织—政社分离、政府培育社会组织—政社合作”的过程。在社区治理结构方面，中国虽然出现“居站分离”的现象，但是社区治理仍然以党委领导为核心，在基层体则仍以“街—居”为主体。

二　社区治理的转型展现出非线性逻辑

在讨论制度变迁的时候，容易出现简约化的倾向。任何治理转型，既要遵循人类社会的普遍规律，也要遵从自身的历史文化传统、立足自身的发展条件。中国的社区治理不能完全用西方的治理概念来衡量。即使是西方学者，也无从告知我们，从西方语境的“国家无涉”传统到“国家与社会合作”的实践，到底经由了哪些与机制，这些转型期的关键秘辛隐藏在粗线条的勾勒中了。

中国的社区治理变迁，更难以用“政府主导—政社分离—政社合作”的简单逻辑进行概括。相反，中国本土的社区治理转型，并不遵循政府、社会关系从控制到分离再到合作这样一种线性逻辑，而是在不同的时空坐标中展现出不同的逻辑，进而产出不同的治理结构。

社区治理制度和结构变化，必须重视弥补社会组织这个基础环节。

中国在推动社区治理制度转型的过程中，虽然很长一段时间力图通过体制内的改革达成社区善治，但在面临巨量的社会事务时，仍需要借助社会组织的力量，在社会基础较薄弱的条件下，需要补齐社会建设这个短板。

在缺乏社会组织的前提下，中国城市社区治理实际上有意无意地走了一条“国家主导社会—国家创制社会—国家社会合作”的“非线性逻辑”（见图9－5）。在社会缺乏主动建构意识的背景下，国家发挥积极作用以自上而下推动自下而上，与西方从统治到治理的逻辑完全不同。

图9－5　中国社区治理“国家社会”结构变化的逻辑

三　支配社区治理转型的关键是“政社关系”

与西方社区治理领域的“个体主义”与“社会本位”都不同，中国的社区并非国家无涉的领域。相反，国家在社区治理中发挥着不可忽视的重要作用。

一定程度上，国家如何看待社区、对社区的控制程度如何，决定着社区治理主体之间的结构关系。因而，“小社区”就是一个“大社会”的缩影，社区比任何一个领域都能够更直观地体会政社关系的张力。在人们居住的社区，居民与社区组织、政府等的关系通过日常的生活真实地表现出来。就此而言，支配社区治理结构差异的关键因素是政社关系。要想推动社区治理转型，迟早要直面政社关系的调整，国家与社会处于一个互相增进的过程。

从实践来看，中国城市社区的治理结构，是政府主导社区治理逻辑的政策产品，“街—居”系统承受来自行政系统、基层社会的双向压力。在推进城市社区的改革中，在无法解决膨胀的行政事务和社会需求时，行政系统首先是通过权力下移的形式，增强基层派出机构的权力予以应对；在发现依靠传统的“街—居”系统仍然无法应对问题时，又采取第二轮的权力下移，将政府事务通过“费随事转”的形式，使居委会成为政府聘用的社会工作者；在权力下放仍然无助于解决社会问题时，政府又选择培育社会组织，更多强调向社会组织购买公共服务。由此来看，中国的社区治理转型伴随着“行政权力下移—再下移—外溢”的过程，贯穿了国家对社会的“培育”和“规制”，社区的自主性实际上运行在事先设计的路线之中（见图9－6）。

在中国传统文化和现有国情下，社区治理的转型与党政组织的积极作为关联甚大，必须经由“创制社会”这个中间环节，推动政社关系双向增进。

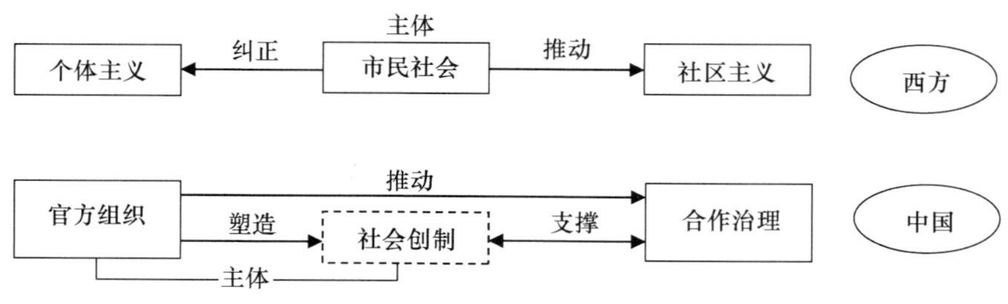

图9－6　中国与西方社区治理转型的逻辑

第四节　社区治理转型的时空坐标与进路

用西方的理论剪裁中国现实并不可取，中国的实践自有中国的逻辑。可贵的是，中国的社区治理已经有了积极的探索。只讲现实效果不讲转型机制的研究大抵是肤浅的，只讲治理模式不讲治理结构的研究也大多浅薄。只有关注社区治理的深层结构、把握治理转型的机制，才能立足时空坐标、锚定家国关系改革方向，走出一条有中国特色的转型之路。

一　建设关联社区，营造积极的社区连接机制

“社区失联”是摆在中国社区治理面前的主要问题。在现代社会，便捷的交通和通信工具，将人们的生产和交往转移到社区以外，人们更多从社区以外获得赖以生存的经济基础，家庭更多是整个社会经济单位的一部分而非社区的一部分。

居民从工作单位回到社区后，主要的生产关系退避其后，生活的生产关系凸显出来。仍需重视的是，社区是国家总体生产关系的一部分，而不是一种总体性构成，也不是缩小的国家体系，而是以生活为主的领域，只不过国家将之纳入战略规划，将其作为现有生产关系的一种调节。

国家虽然从未放弃介入社区生活的努力，避免使其成为市场化冲击的松散社会、紧张社会，但是，国家的公共服务很多时候与居民家庭需求脱节。因为治理过程不准备链接深层次的生产关系，社区便从生产关系中解构出来，降格为居民家庭私域的加总。生产关系的改造在重视服务的话语中得以削弱，社区生活向既有生产关系妥协，成为单向的“生产—消费”空间。由此，就会出现想象的共同体和退回私域的家庭，社区妄图成为居民业余生活中心的努力便会遭遇困境。

国家中心化的各种策略，只有在尊重家庭权利的基础上才能获得认可，这种过程必须以改造现有的资源配置关系为基础。最核心的问题是，进入社区的居民，是一种有待实现的总体性。人的总体性的实现，建构在生产关系基础之上。现实是，无论是国家、社区组织还是居民，对社区中的生产关系还未表现出敏感的认知。

国家的公共性与家庭的社会性必须得到统一，社会化生产与社区生活必须得到链接，这就需要建构关联社区（见表9－6）。

所谓关联社区，就是在从生产关系的调节方面建构“国家、社会与家庭”关联的社区，大致有三个面向：第一，立足现实条件，上层建筑既反映现有生产关系，还要创造生产关系变化发展的条件，既依法

保护企业的产权与收益，又要明确家庭对小区、社区的共有产权范围，形成“共有产权的自主治理机制”[①]。第二，取决于中国的国家性质，社区治理必须以人民为中心，增强国家公共性和二次分配的功能，加强营造人民所支配的生产分配关系，确保居民在空间规划、土地出让、小区内建筑区划所有权及其收益方面的参与权、发言权，精准对接居民需求，确保社区内国家二次分配时的居民参与权。第三，社区乃是被低估的时间与空间，集体活动的公共生产是以时间的付出（消费）为代价的，面向未来发展，若只把社区当成治理对象，则会把社区的本性抹杀掉，按照马克思主义对未来“自由人的联合体”的判断，必须加强个体家庭的社会责任，加强社会自主性和社会为主的三次分配功能。

表9－6　**建设关联社区的主体关系**

主体	生产关系	分配关系	链接过程
国家	公有制	一、二次分配	空间生产以人民为中心，强化公共服务与居民需求的精准对接，规范企业、引导居民
企业	部分占有	一次分配	合法经营，接受国家与居民监督
家庭	股份占有	一、二、三次分配	确保小区内建筑区划区分所有权及其收益，确保社区内产权（或收益）、二次分配的共同决定权，向社区和社会输出个体责任

对居民和家庭来讲，若屏蔽于“门”内的有限空间使用权，其共有产权和社会生产的意识与实践就会越来越少，就会越来越疏远社区，就会割裂生产与社会。因而，掌握小区物权、获得社区共有资源分配参与权，才能使得家庭和个人获得社区的完整性（见图9－7）。

① 刘建军、王维斌：《社区物权治理的政治逻辑》，《齐鲁学刊》2019年第4期。

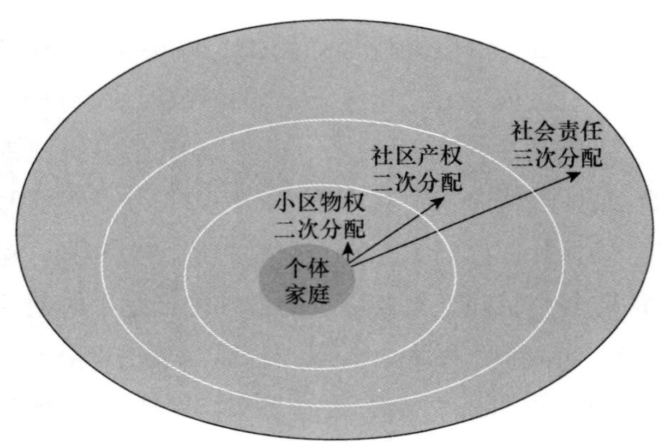

图 9－7　社区居民的“关联社区”机制

二　找准时空坐标，塑造科学的社区治理结构

时至今日，再执念于社区治理是服务于“政权建设”还是“共同体建设”的二元争论，已不合时宜。不能拿滕尼斯对共同体的想象误导现有的实践。

中国社区复合体的框架已基本成型，党组织作为社区复合体的核心作用更加稳固。需要反思的是，在这种条件下，如何面向未来“每个人的自由发展是一切人自由发展的条件”① 的共同体样态，呼应和推动“社会治理社会化”命题，尚需找准社区治理的时空坐标，形成具有适应性和前瞻性的社区治理结构。

从经济发展来看，到 2019 年，中国人均 GDP 已经超过 1 万美元，随着时间的推移，推进社区治理改革的经济基础会越来越充实，不少城市人均 GDP 超过 2 万美元，甚至达到 3 万美元，中国进行更系统的社区治理改革已经具备更充实的条件。

从社会发展环境上看，中国总体步入工业化中期发展阶段，并已

---

① 《马克思恩格斯文集》（第 1 卷），人民出版社 2009 年版，第 571 页。

出现向后期阶段过渡的明显特征，后工业化的因素也越来越多，社区治理需要面对更加多样化的社会需求，快速推进的城市化也势必对社区治理提出更多的要求。

从政治发展环境来看，中国共产党将社区视为执政之基，一定会继续强化在社区的工作力度。值得观察的是，国家治理现代化的目标同样要求社区治理现代化。种种因素表明，社区治理改革站在了新的起点。在新的时空坐标下，应当超越社区治理改革的技术逻辑，从深层推动社区治理的结构性改革。

首先，全局谋划政府、社会关系的调整，推动政府与社会两个解放。政府要在完成社区治理标准化建设和维护基层社会稳定的基础上，逐步改变以往全能主义的角色，从直接干预的微观场域撤出，从影响社区治理的关键变量转化为支持性的环境变量，为社区治理提供经费保障和政策导向；把社区从繁重的行政事务中解放出来，行政组织内部要有直接面向社区的勇气，通过整合职能和资源，为社区发展腾出必要空间，只有在社区组织成长的基础上，政府与社会合作才有运行空间和成功可能。

其次，在此基础上补足结构性缺陷，建构科学的社区治理结构。要正确认识党作为国家治理体系的有机组成部分的地位，在基层管理过程中发挥其在改革设计、沟通民意、资源整合、培育社会组织方面的领导作用，而非对社会简单的补充或替代。

最后，要下大力气，补足社会力量的短板，让其更多参与社区事务管理，成为社区治理的有机结构，最终形成一个由代理民意的政治组织、参与治理的社区组织、承担日常生活管理服务的市场组织组成的合作治理结构。

三　建构整合机制，做好社区治理的体系建设

必须跳出“视野划小、范畴缩限”的改革局限，突破社区范畴，适时提升社区治理的层级视域。根据不同层级的职责，完成宏观、中

观和微观三个层面的体系构建（见图9-8）。

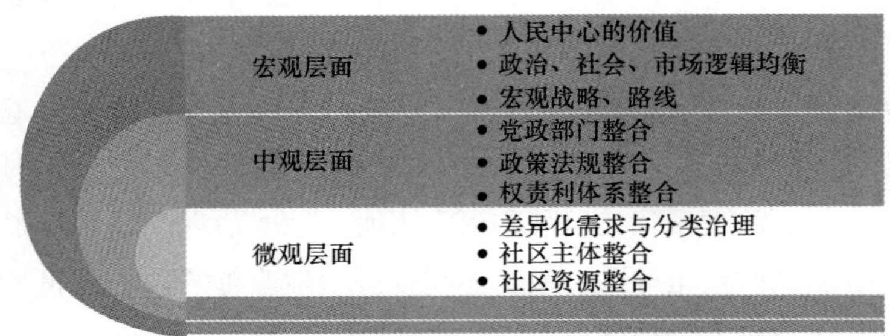

图9-8　城乡社区治理体系的“三层联动”

其一，宏观层面设计多重逻辑平衡的价值体系。价值理念是影响政策产出和社区主体关系的深层原因。社区治理在深层上连接着政治、市场、社会和个体生活的逻辑，协调不同逻辑并最终服务于“人的自由发展”是社区治理宏观体系所要观照的。由此，社区治理的宏观体系，要在多重逻辑并存的条件下，确立宏观战略、路线，以法治化、民主化为基础确保人民核心地位，平衡其他逻辑对社会的冲击，保证居民的权利与权益。有必要提升全国社区建设部际联席会议的规格，常设领导协调机构，在更高层级获得社区治理改革的共识，将民政部门探索出来的先进社区治理理念在其他部门推广，推动各行政单位资源与社区对接。

其二，中观层面构建机构和制度的法制体系。制度规范是制约社区治理行动和治理效果的机制性因素。中观体系兼具机构性与过程性特质，连接宏观结构与微观行动。在深层逻辑指引下，势必要调整和设计社区治理的党政部门机构、构架整合性平台，推广先进的治理机制，推动“政治、自治、法治、德治、智治”政策层面落地。特别是，应该按照新时代的要求完善社区治理的法律制度规范，推动国家法与民间法、软法与硬法取得内在一致性。城市党委和政府既要有城市基层管理“一盘棋”的全局意识，又要有“牵一发而动全身”的微改革意识，将各类政策落实到基层社区，将资源导入基层社区，让基层群众获得参与感和满足感，共同参与城市基层事务的管理。

其三，微观层面形成差异化、分类化的行动体系。社区集体行动的微观体系直接关乎社区治理的实效。社区既有共性问题，有面临个性问题。在新时代，社区行动者面临的微观环境、条件发生了诸多变化，其资源、能力、议题等也日益多元化、复杂化。因此，必须从过往一般化的所谓多元共治框架走出，考察不同社区面临的问题、风险和环境，考察所能调动的资源和动员的人群、资源和条件，根据社区的不同类型，构建以生活需求为中心的微观治理体系。要打通顶层设计与底层设计，打破“街道办（党工委）—居委会（党支部）”二元主体的狭隘认识，从“社会治理社会化”的角度推进社会组织的发展，引导居民、社会组织参与共同事务的治理，探索达成集体行动的微观路径。

四　重视社会创制，提升社区参与治理的能力

实现中国社区治理的现代转型，仍然要面临主体性社会建构的问题，面临政府与社会、市场关系的再造问题。[①] 社会力量的培育是社会参与社区治理的前提，否则社区治理的理想就无法实现。在社会力量还不强的条件下推动社区治理，必须借鉴“以自上而下的方式推动自下而上”的经验，重视社区赋权增能的中间环节。

以往人们对治理转型中国家、社会关系的界定，无论是“国家吸纳社会”还是“国家嵌入社会”，似乎都是建立在一种“社会既存”的前提之上，实际上隐含着国家被动作为、强制作为的假设。但是，中国大多地方的现实是，还缺乏一个有能力的社会，这与其假设的基础不符。从国家治理现代化和社会发展的要求来看，治理转型需要一个能参与国家治理进程的社会，而且要使之符合国家自主发展的

① 周庆智：《论中国社区治理——从威权式治理到参与式治理的转型》，《学习与探索》2016 年第 6 期。

要求。国家组织要避免片面强调行政推动，为社会发展创造空间，创制基层治理的社会伙伴。同时，国家充当治理转型的推动者，把控改革方向，通过制度设计、资源配置等方式，使社会运行在国家设定的框架内①。大体来看有三种机制（见图9－9）。

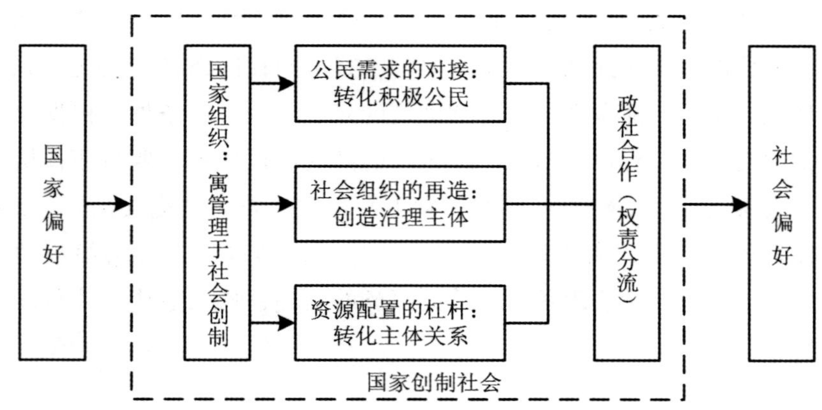

图9－9　社会创制的机制

其一，通过精准对接公民需求，转化积极公民。以往，城市基层治理存在代理化的现象，缺乏对公民需求的实际了解，存在服务供给不足和过度的问题，未来的治理转型要以居民需求为导向，精准对标居民需求，撬动居民参与。

其二，通过社区赋权增能，创造合作治理主体。社区赋权并非一蹴而就，而是一个首尾相接的完整过程，需要依据不同的阶段采取不同的机制（见表9－7）。② 初期阶段的主要目标是激活社区意识，并进行社区能力的基础建设；中期阶段的主要目标是调动社区精英、建

① 吴晓林、谢伊云：《国家主导下的社会创制：城市基层治理转型的“凭借机制”》，《中国行政管理》2020年第5期。

② 吴晓林、张慧敏：《社区赋权引论：内涵、过程与结构》，《国外理论动态》2016年第9期。

设社区领导团队，增强社区能力、提升社区协作治理经验；后期阶段的主要目标是由社区自主完成赋权评估、权利扩充和巩固，从而实现社区可持续发展。

表9－7　　　　　　　**社区赋权增能的不同阶段**

赋权阶段	赋权目标	权利主体关系	赋权过程
初期	社区意识激活、社区能力的基础建设	政府主导	注入资本、培养社区建设人才
中期	社区能力增强、协作经验提升	政府培育	社区领导团队建设、协作经验培育
后期	社区可持续发展	社区自主	赋权评估、权利扩充和巩固

其三，通过资源配置杠杆，推动基层行政工作社区化。资源配置方式改革是撬动社区治理改革的杠杆，必须理解赋权社会的内涵，破除市场依赖、行政依赖，更多地引入社会力量承担政府职能，推动社区工作行政化向行政管理社区化转变。建立和推广自下而上的资源分配体制，实现社会组织与地方政府经费划拨部门的直接衔接。政府各部门要统筹规划，列出专门预算，由社区社会组织自主提案，更多地以项目制的方式，让社区参与基层治理，将政府包揽的非强制性任务特别是服务性事务，通过项目化的形式交由基层社会来承担，积极推进社会组织在“辅老、助困、助残、助弱”等服务方面的工作，逐步扩大其在社会组织培育、扩大承担政府行政事务方面的参与面，以此让更多的社会组织以居民需求为导向，获取承担公共服务的资源保障，成为行政职责与居民生活衔接的衔接载体。

相信通过努力，小社区治理的成功，一定能推动中国治理的梦想！中国的社区治理一定能够承载中国人的梦想。

参考文献

一　中文文献

（一）中文图书

《马克思恩格斯文集》（第1—2卷），人民出版社2009年版。

《马克思恩格斯选集》（第3卷），人民出版社2012年版。

《毛泽东文集》（第8卷），人民出版社1999年版。

《江泽民文选》（第3卷），人民出版社2006年版。

《胡锦涛文选》（第1卷），人民出版社2016年版。

《习近平谈治国理政》（第2卷），外文出版社2017年版。

《费孝通全集》（第6卷），内蒙古人民出版社2009年版。

费孝通：《乡土中国》，上海人民出版社2013年版。

郭学贤：《城市社区建设与管理》，北京大学出版社2010年版。

《口述上海：社区建设》，上海教育出版社2015年版。

《梁漱溟全集》（第1—2卷），山东人民出版社2000年版。

潘小娟：《中国基层社会重构——社区治理研究》，中国法制出版社2004年版。

秦晖：《传统十论：本土社会的制度文化与其变革》，复旦大学出版社2003年版。

《十七大以来重要文献选编》，中央文献出版社 2009 年版。
吴文藻：《导言》（1934 年），载北京大学社会学人类学研究所编《社区与功能——派克、布朗社会学文集及学记》，北京大学出版社 2002 年版。
吴晓林：《房权政治：中国城市社区的业主维权》，中央编译出版社 2016 年版。
吴晓林：《现代化进程中的阶层分化与政治整合》，天津人民出版社 2012 年版。
晏阳初、［美］赛珍珠：《告语人民》，广西师范大学出版社 2003 年版。
张静：《基层政权：乡村制度诸问题》，浙江人民出版社 2000 年版。
张明楚：《中国共产党基层组织建设史》，福建人民出版社 2008 年版。
赵聚军：《中国行政区划改革研究：政府发展模式转型与研究范式转换》，天津人民出版社版 2012 年。
赵秀玲：《中国乡里制度》，社会科学文献出版社 2002 年版。
《中国社区建设年鉴（2003）》，中国社会出版社 2004 年版。
［法］埃米尔·涂尔干：《社会分工论》，渠敬东译，生活·读书·新知三联书店 2000 年版。
［法］托克维尔：《论美国的民主》，董果良译，商务印书馆 1988 年版。
［美］W. 古德：《家庭》，魏章玲译，社会科学文献出版社 1986 年版。
［美］埃里克·A. 诺德林格：《民主国家的自主性》，孙荣飞等译，江苏人民出版社 2010 年版。
［美］戴维·伊斯顿：《政治生活的系统分析》，王浦劬译，华夏出版社 1999 年版。
［美］马奇、［挪］奥尔森：《重新发现制度：政治的组织基础》，张

伟译，生活·读书·新知三联书店 2011 年版。
［美］詹姆斯·汤普森：《行动中的组织——行政理论的社会科学基础》，敬乂嘉译，世纪出版集团、上海人民出版社 2007 年版。

（二）中文论文

陈德顺、王淑琴：《汉族家族与乡里制度关系探析——兼与西南少数民族地区比较》，《晋阳学刊》2006 年第 3 期。
陈辉：《文革中的居委会》，《社会》1999 年第 10 期。
陈家喜、刘军：《街道办事处：历史变迁与改革趋向》，《城市问题》2002 年第 6 期。
丁康乐、黄丽玲、郑卫：《台湾地区社区营造探析》，《浙江大学学报（理学版）》2013 年第 6 期。
费孝通：《二十年来之中国社区研究》，《社会研究》1948 年第 77 期。
费孝通：《居民自治：中国城市社区建设的新目标》，《江海学刊》2002 年第 3 期。
冯玲：《治理理论视角中的我国城市社区自治》，《海南大学学报》（人文社科版）2003 年第 2 期。
高民政、郭圣莉：《居民自治与城市治理——建国初期城市居民委员会的创建》，《政治学研究》2003 年第 1 期。
韩央迪：《英美社区服务的发展模式及对我国的启示》，《理论与改革》2010 年第 3 期。
华伟：《单位制向社区制的回归——中国城市基层管理体制 50 年变迁》，《战略与管理》2000 年第 1 期。
李宝库：《关于社区建设的几个问题》，《红旗文稿》2000 年第 2 期。
李骏：《社区建设：构建中国的市民社会》，《人文杂志》2003 年第 3 期。
李亚雄：《第三部门的发展与我国城市社区建设》，《华中师范大学学报》2003 年第 3 期。

林尚立：《合理的定位：社区党建中的理论问题》，《探索与争鸣》2000 年第 11 期。

林尚立：《社区：中国政治建设的战略空间》，《毛泽东邓小平理论研究》2002 年第 2 期。

刘建军、王维斌：《社区物权治理的政治逻辑》，《齐鲁学刊》2019 年第 4 期。

刘建军：《社区中国：通过社区巩固国家治理之基》，《上海大学学报》（社会科学版）2016 年第 6 期。

刘志鹏：《城市社区自治立法域外比较与借鉴》，《国家行政学院学报》2012 年第 3 期。

卢爱国、陈伟东：《社区行政化的反思：现实与抉择》，《内蒙古社会科学》2008 年第 2 期。

鲁西奇：《“下县的皇权”：中国古代乡里制度及其实质》，《北京大学学报（哲学社会科学版）》2019 年第 4 期。

庞玉珍：《中国社会结构变迁与新型整合机制的建构》，《社会科学战线》1999 年第 3 期。

沈新坤：《城市社区建设中的全能主义倾向》，《社会》2004 年第 5 期。

唐鸣、赵鲲鹏、刘志鹏：《中国古代乡村治理的基本模式及其历史变迁》，《江汉论坛》2011 年第 3 期。

唐亚林：《“房权政治”开启中国人“心有所安”的新时代》，《经济社会体制比较》2016 年第 6 期。

唐亚林：《基于管理、服务与秩序的超大城市精细化管理：一个分析框架》，《复旦城市治理评论》2018 年第 3 期。

万鹏飞：《中国大陆城市的街道行政管理体制——北京市海淀区的个案调查与分析》，《当代中国研究》1994 年第 3 期。

王维国：《城市基层管理体制改革的路径与模式选择》，《新视野》2009 年第 5 期。

王振耀：《论我国城市基层管理体制改革论纲》，《中国民政》1997 年第 2 期。

温家宝：《关于发展社会事业和改善民生的几个问题》，《求是》2010 年第 7 期。

吴晓林、郝丽娜：《“社区复兴运动”以来国外社区治理研究的理论考察》，《政治学研究》2015 年第 1 期。

吴晓林、李昊徐：《城市商品房社区的冲突与精细化治理》，《内蒙古社会科学》2019 年第 2 期。

吴晓林、罗丹：《分类确权：台湾地区的城市纵向职责体系研究》，《社会科学》2018 年第 7 期。

吴晓林、张慧敏：《社区赋权引论：内涵、过程与结构》，《国外理论动态》2016 年第 8 期。

吴晓林、张慧敏：《治理视野中的城市基层管理改革》，《行政论坛》2016 年第 4 期。

吴晓林：《城市社区的“五层次需求”与治理结构转换》，《国家治理》2018 年第 31 期。

吴晓林：《城中之城：超大社区的空间生产与治理风险》，《中国行政管理》2018 年第 9 期。

吴晓林：《结构依然有效：迈向政治社会研究的“结构—过程”分析范式》，《政治学研究》2017 年第 2 期。

吴晓林：《治理转型遵循线性逻辑吗?》，《南京社会科学》2015 年第 9 期。

吴晓林：《治权统合、服务下沉与选择性参与：改革开放四十年来城市社区治理的“复合结构”》，《中国行政管理》2019 年第 7 期。

吴晓林：《走向共同体：马克思主义政治发展观的“条件论”》，《政治学研究》2019 年第 4 期。

吴晓林等：《空间、制度与治理：两岸三地城市商品房社区治理的比较》，《甘肃行政学院学报》2019 年第 2 期。

夏建中:《中国公民社会的先声——以业主委员会为例》,《文史哲》2003 年第 3 期。

徐富海:《从汤恩比馆到赫尔大厦——社区睦邻运动发展过程及启示》,《中国民政》2016 年第 14 期。

徐彤武:《联邦政府与美国志愿服务的兴盛》,《美国研究》2009 年第 3 期。

徐秀丽:《民国时期的乡村建设运动》,《安徽史学》2006 年第 4 期。

徐勇:《绿色崛起与都市突破——中国城市社区自治与农村村民自治比较》,《学习与探索》2002 年第 4 期。

徐中振:《社区发展是现代城市文明的载体和依托——加强上海城市社区建设调研报》,《学术月刊》1996 年第 12 期。

严志兰、邓伟志:《中国城市社区治理面临的挑战与路径创新探析》,《上海行政学院学报》2014 年第 4 期。

杨淑琴、王柳丽:《国家权力的介入与社区概念嬗变——对中国城市社区建设实践的理论反思》,《学术界》2010 年第 6 期。

俞可平:《治理和善治：一种新的政治分析框架》,《南京社会科学》2001 年第 9 期。

郁建兴、周俊:《马克思的国家自主性概念及其当代发展》,《社会科学战线》2002 年第 4 期。

詹成付:《关于社区建设的几个问题》,《中国非营利评论》2009 年第 1 期。

张静:《公共性与家庭主义——社会建设的基础性原则辨析》,《北京工业大学学报》(社会科学版) 2011 年第 3 期。

郑杭生:《破解在陌生人世界中建设和谐社区的难题》,《学习与实践》2008 年第 7 期。

钟亭华:《社会转型时期城市社区整合机制问题研究》,《江汉论坛》2004 年第 3 期。

周庆智:《基于公民权利的城市社区治理建构——对深圳市南山区

“单位制式”治理的制度分析》，《学习与探索》2015 年第 3 期。

周庆智：《论中国社区治理——从威权式治理到参与式治理的转型》，《学习与探索》2016 年第 6 期。

朱健刚：《城市街区的权力变迁：强国家与强社会模式》，《战略与管理》1997 年第 4 期。

朱勇、程晓：《白下区淮海路社区———撤销街道办事处建立社区新体制》，《中国民政》2003 年第 3 期。

宗树：《全面推进中小城市街道社区党的建设工作》，《党建研究》2002 年第 3 期。

二 外文文献

（一）外文图书

Altshuler, Alan, et al. , eds. , *Governance and Opportunity in Metropolitan America*, National Academy Press, 1999.

A. Etzioni, *The Spirit of Community*, New York: Crown Publishing, 1993.

Christopher Dawson, *The Judgment of Nations*, New York, 1942.

Craig Gary, Popple Keith, Shaw Mae, *Community development in theory and Practice: An International Reader*, *Dante Gabriel Rossetti and the late Victorian Sonnet Sequence*, Ashgate, 2008.

C. S. Fischer, *The Urban Experience*, New York: Harcourt Brace Jovanovich, 1976.

D. Osbome, T. Gaebler, *Reinventing Government*, New York: Plume Books, 1993.

E. Nancy Snow, *Liberalism*, *Community*, *and Culture*, *Analytic Philosophy*, Oxford: Clarendon Press, 1990.

E. Park Robert, Ernest W. Burgess, *The City*, University of Chicago Press, 1925.

F. Seebohm, *The English Village Community Examined in its Relations to the Manorial and Tribal Systems and to the Common or Open Field System of Husbandry*: *An Essay in Economic History*, Longmans, Green, and Company, 1890.

F. Tönnies, *Community and Society*, Dover Publications, 1887.

Galpin, Charles Josiah, *Rural life*, Century Company, 1918.

Hebdige Dick, *Subculture*: *The Meaning of Style*, London, England, and New York: Elective Communities, Menthuen & Co. London, 1979.

J. K. Rudkin, *Community Psychology*: *Guiding Principles and Orienting Concepts*, New Jersey: Prentice Hall, 2003.

J. Pierre, G. B. Peters, *Governance*, *Politics and the State*, London: Macmillian, 2000.

K. Benjamin Read, *Roots of the State*: *Neighborhood Organization and Social Networks in Beijing and Taipei*, Stanford: Stanford University Press.

K. Deen, Chatterjee, *Encyclopedia of Global Justice*, New York: Springer-Verlag, 2011.

N. Rose, *Powers of Freedom*: *Reframing Political Thought*, Cambridge: Cambridge University Press, 1999.

Pitirim Sorokin, *Society*, *Culture*, *and Personality*: *Their Structure and Dynamics. A System of General Sociology*, New York: Harper and Brothers, 1947.

P. D. Hall, *Inventing the Nonprofit Sector and Other Essays on Philanthropy*, *Voluntarism*, *and Nonprofit Organizations*, Baltimore, MD: The Johns Hopkins University Press, 1992.

P. Somerville, *Understanding Community*, Bristol: Policy Press, 2011.

Rheingold Howard, *The Virtual Community*: *Finding Connection in a Computerized World*, Addison-Wesley Longman Publishing, 1993.

R. E. Park, E. W. Burgess, *Introduction to the Science of Sociology*, University of Chicago Press, 1921.

R. Fisher, *Let the People Decide, Neighborhood Organizing in America* (2ed), New York: Twayne Publishers, 1994.

R. Maurice Stein, *The Eclipse of Community: An Interpretation of American Studies Princeton*, N. J.: Princeton University Press, 1960.

R. M. MacIver, *Community: A Sociological Study*, London: Macmillan, 1917.

R. Putnam, *Bowling Alone: The Collapse and Revival of American Community*, New York: Simon & Schuster, 2000.

R. Stein, *The Eclipse of Community: An Interpretation of American Studies*, New Jersey: Princeton University Press, 1960.

R. S. Lynd, H. M. Lynd, *Middletown: A Study in Modern American Culture*, New York: Harcourt, Brace and Company, 1929.

S. H. Maine, *Village-communities in East and West*, London: Gale, Making of Modern Law, 1871.

S. Keller, *The Urban Neighborhood*, New York: Random House, 1968.

Vivienne Shue, *The Reach of the State: Sketches of the Chinese Body Politic*, America: Standford University Press, 1998.

（二）外文论文

Abbott Grace, "The County Versus the Community as an Administrative Unit", *Social Service Review*, Vol. 4, 1930.

Adams, David, M. Hess, "Community in Public Policy: Fad or Foundation?", *Australian Journal of Public Administration*, Vol. 60, 2001.

A. Bergh, M. Henekson, "Government Size and Growth", *Journal of Economic Surveys*, Vol. 2, 2015.

A. Etzioni, "The Responsive Community: A Communitarian Perspective 1995 Presidential Address", *American Sociological Review*, Vol. 61, 1996.

A. M. Hamburger, "The Cripple and His Place in the Community", *The An-*

nals of the American Academy of Political and Social Science, Vol. 77, 1918.

A. Stephan Steven, "The Development of Community Centers in Chicago", *Social Forces*, Vol. 11, 1932.

Barclay Lorne, "The Boy Scout Program and Building the Community", *Journal of Education*, Vol. 93, 1921.

Baxter Leslie A., Eric P. Simon, "Relationship Maintenance Strategies and Dialectical Contradictions in Personal Relationships", *Journal of Social and Personal Relationships*, Vol. 10, 1993.

Bellefeuille Gerard, "The New Politics of Community-based Governance Requires a Fundamental Shift in the Nature and Character of the Administrative Bureaucracy", *Children & Youth Services Review*, Vol. 27, 2005.

Bergevin Paul, C. Howard, Gillespie, "Community Organization in a Democratic Society", *The Journal of Educational Sociology*, Vol. 23, 1949.

Bradley Bill, "America's challenge. Revitalizing Our National Community", *National Civic Review*, Vol. 84, 1995.

B. Hollingshead August, "Community research: Development and present condition", *American Sociological Review*, Vol. 13, 1948.

B. Earle Genevieve, "Meaning of the Community Center Movement", *Journal of Social Forces*, Vol. 3, 1925.

B. Gray Kirkman, "The Ethical Problem in an Industrial Community", *Ethics*, Vol. 17, 19071.

B. Wellman, B. Leighton, "Networks, Neighborhoods and Communities: Approaches to the Study of the Community Question", *Urban Affairs Review*, Vol. 14, 1979.

Christopher Gates, "Community Governance", *Futures*, Vol. 5, 1999.

Clemmer Donald, "The Prison Community", *American Sociological Review*, Vol. 4, 1940.

C. Brown Alexander, "What the Chamber of Commerce Can Do in Promoting Better Industrial Relations in a Community", *Proceedings of the Academy of Political Science in the City of New York*, Vol. 9, 1922.

C. Reitzes Donald, C. Dietrich, Reitzes, "Alinsky Reconsidered: A Reluctant Community Theorist", *Social Science Quarterly*, Vol. 63, 1982.

Dwight Sanderson, "Community Organization for Rural Social Work", *The Journal of Social Forces*, Vol. 1, 1923.

D. F. Ragin, E. Ricci, R. Rhodes, et al., "Defining the 'Community' in Community Consultation for Emergency Research: Findings from the Community VOICES Study", *Social Science & Medicine*, Vol. 66, 2008.

D. Tepe-Belfrage, "A Feminist Critique of the 'Politics of Community'", *The British Growth Crisis*, 2015.

E. Brynjolfsson, T. Malone, V. Gurbaxani, & A. Kambil, "Does Information Technology Lead to Smaller Firms?", *Management Science*, 1994.

E. Cahn, J. Cohen, "Private Interviews and Community Views", *Journal of Legal Education*, Vol. 4, 1959.

Frohnen Bruce, "Let's Multilogue!", *National Review*, Vol. 45, 1993.

F. K. Hoehler, "Efforts at Community Organization", *The Journal of Educational Sociology*, Vol. 15, 1942.

F. Onaka, F. Onaka, "Community Transformation in Asian Societies: An Introduction", *Historical Social Research*, Vol. 42, 2017.

GarcÍa Isabel, Fernando GIuliani, and Esther Wiesenfeld, "Community and sense of community: The case of an urban barrio in Caracas", *Journal of Community Psychology*, Vol. 27. 1999.

Greenberg Martin, "A Concept of Community", *Social Work*, Vol. 19, 1974.

G. A. Hillery, "A Critique of Selected Community Concepts", *Social Forces*, Vol. 37, 1959.

G. A. Hillery, "Definitions of Community: Areas of Agreement", *Rural Soci-*

ology, Vol. 20, 1955.

G. Drouhot, Lucas, "Reconsidering 'Community Liberated': How Class and the National Context Shape Personal Support Networks", *Social Networks*, Vol. 48, 2017.

G. P. Murdock, "Feasibility and Implementation of Comparative Community Research: With Special Reference to the Human Relations Area Files", *American Sociological Review*, Vol. 15, 1950.

G. Ross Murray, "Conceptual Problems in Community Organization", *Social Service Review*, Vol. 30, 1956.

G. Stoker, K. Mossberger, "Urban Regime Theory in Comparative Perspective", *Environment and Planning C: Government and Policy*, Vol. 12, 1994.

G. Thorne-Thomsen, "Community Life as a Basis for a Course of Study", *The Course of Study*, Vol. 1, 1901.

G. T. Nesmith, "The Problem of the Rural Community, With Special Reference to the Rural Church", *American Journal of Sociology*, Vol. 8, 1903.

Hancock Lynn, Gerry Mooney, Sarah Neal, "Crisis Social Policy and the Resilience of the Concept of Community", *Critical Social Policy*, Vol. 32, 2012.

H. Morton Fried, "Community studies in China", *The Journal of Asian Studies*, Vol. 14, 1954.

Jesse Frederick Steiner, "Community Organization: Myth or Reality?", *Social Forces*, Vol. 8, 1930.

Jesse Frederick Steiner, "Community Organization", *American Journal of Sociology*, Vol. 40, 1935.

J. Clarke, J. Newman, "The Alchemy of Austerity", *Critical Social Policy*, Vol. 32, 2012.

J. E. Puddifoot, "Dimensions of Community Identity", *Journal of Community & Applied Social Psychology*, Vol. 5, 1995.

J. F. Steiner, "An Appraisal of the Community Movement", *Social Forces*, Vol. 7, 1929.

J. F. Steiner, "Field Work Training in Community Organization", *The Journal of Social Forces*, Vol. 2, 1923.

J. H. Montgomery, "Principles of Organization in Community Councils", *Social Forces*, Vol. 5, 1926.

J. Lotz, "Introduction: Is Community Development Necessary?", *Anthropologica*, Vol. 9, 1967.

J. Murdoch, S. Abram, "Defining the Limits of Community Governance", *Journal of Rural Studies*, Vol. 14, 1998.

J. M. Gillette, "Community Concepts", *Social Forces*, Vol. 4, 1925.

J. Steiner, "Fmmunity Organization: A Study of its Rise and Recent Tendencies", *The Journal of Social Forces*, Vol. 1, 1922.

J. Wills, "Community Alliances and the New Governance", *Australian Journal of Public Administration*, Vol. 54, 1995.

Kathy Evans, "'Big Society' in the UK: A Policy Review", *Children and Society*, Vol. 25, 2011.

K. Kraemer, J. L. King, "Information Technology and Administrative Reform: Will Egovernment be Different?", *International Journal of Electronic Government Research*, Vol. 2, 2006.

K. O'Toole, N. Burdess, "New Community Governance in Small Rural Towns: The Australian Experience", *Journal of Rural Studies*, Vol. 20, 2004.

K. P. Wilkinson, "Social Well-being and Community", *Journal of the Community Development Society*, Vol. 10, 1979.

Levy Isadore Montefiore, "Various Community Activities", *Journal of Education*, Vol. 87, 1918.

Lundberg, A. George, Margaret Lawsing, "The Sociography of Some

Community Relations", *American Sociological Review*, Vol. 2, 1937.

Luther Halsey Gulick, "Constructive Community and Personal Hygiene", *Science*, Vol. 31, 1910.

L. Brilliant Eleanor, "Community Planning and Community Problem Solving: Past, Present, and Future", *Social Service Review*, Vol. 60, 1986.

L. Roux, M. Pratt, T. Tengs, O., et al., "Cost Effectiveness of Community-based Physical Activity Interventions", *American Journal of Preventive Medicine*, Vol. 35, 2008.

Mack, W. Merriam Raymond, "The Jazz Community", *Social Forces*, Vol. 38, 1960.

Magnarella, Paul, "Review of the Dying Community", *Human Organization*, Vol. 40, 1981.

Malik, Kenan, "The Failure of Multiculturalism: Community Versus Society in Europe", *Foreign Affairs*, Vol. 94, 2015.

McAdams, Tony, "Speaking Out in the Corporate Community", *Academy of Management Review*, Vol. 2, 1977.

Meredith Edwards, "Participatory Governance into the Future: Roles of the Government and Community Sectors", *Australian Journal of Public Administration*, Vol. 60, 2001.

Moore, M. Carl, "Community is Where Community Happens", *National Civic Review*, Vol. 80, 1991.

N. Pretty, "Participatory Learning for Sustainable Agriculture", *World Development*, Vol. 23, 1995.

Pangburn W., "The War and the Community Movement", *American Journal of Sociology*, Vol. 26, 1920.

Perlis Leo, "A Community is People", *The Journal of Educational Sociology*, Vol. 27, 1953.

Phillips Ruopp, "Approaches to Community Development—A Symposium

Introductory to Problems and Methods of Village Welfare in Underdeveloped Areas", *American Sociological Review*, Vol. 19, 1954.

Putnam R., "Bowling Alone: America's Declining Social Capital", *Journal of Democracy*, Vol. 6, 1995.

P. Becker Howard, "Distribution of Space in the American Journal of Sociology, 1895 - 1927", *American Journal of Sociology*, Vol. 36, 1930.

Rolfe, Steve, "Divergence in Community Participation Policy: Analysing Localism and Community Empowerment Using a Theory of Change Approach", *Local Government Studies*, Vol. 42, 2016.

R. D. McKenzie, "The Ecological Approach to the Study of the Human Community", *American Journal of Sociology*, Vol. 30, 1924.

R. E. Park, "The City: Suggestions for the Investigation of Human Behavior in the City Environment", *American Journal of Sociology*, Vol. 20, 1915.

Seymour Martin Lipset, "Some Social Requisites of Democracy: Economic Development and Political Legitimacy", *American Political Science Review*, Vol. 53, 1959.

Smith, Christopher, "Social Selection in Community Leadership", *Social Forces*, Vol. 15, 1937.

Speer, W. Paul, D. Brian Christens, "Local Community Organizing and Change: Altering Policy in the Housing and Community Development System in Kansas City", *Journal of Community & Applied Social Psychology*, Vol. 22, 2012.

S. Claude Fischer, "The Study of Urban Community and Personality", *Annual Review of Sociology*, Vol. 1, 1975.

S. Connelly, "Constructing Legitimacy in the New Community Governance", *Urban Studies*, Vol. 48, 2014.

S. Foos Charles, "New Community View", *The Journal of Education*, Vol. 17, 1918.

S. Keller, "A community in the Making", *Ekistics*, Vol. 54, 1987.

S. Lowe Jeffrey, "Community foundations: What do they offer community development?", *Journal of Urban Affairs*, Vol. 26, 2004.

T. R. Batten, "Community Development in the Colonies", *African Affairs*, Vol. 50, 1951.

Vieg John Albert, "The Manager Plan and the Metropolitan Community", *American Political Science Review*, Vol. 33, 1939.

V. Lowndes, L. Pratchett, "Local Governance under the Coalition Government: Austerity, Localism and the 'Big Society'", *Local Government Studies*, Vol. 38, 2012.

V. Ndou, "E-Government for Developing Countries: Opportunities and Challenges", *The Electronic Journal of Information Systems in Developing Countries*, Vol. 29, 2004.

Wai, Fung Lam, "Institutional Design of Public Agencies and Coproduction: A Study of Irrigation Associations in Taiwan", *World Development*, Vol. 24, 1996.

Warren H. Wilson, "The Church and the Rural Community", *American Journal of Sociology*, Vol. 16, 1911.

Wessel Bessie Bloom, "Ethnic Factors in the Population of New London, Connecticut: The Community Area as a Unit for the Study of Ethnic Adjustment", *American Journal of Sociology*, Vol. 35, 1929.

Whyte William Foote, Giorgio Alberti, "The Industrial Community in Peru", *The Annals of the American Academy of Political and Social Science*, Vol. 431, 1977.

Wirth L., "Urbanism as a Way of Life", *American Journal of Sociology*, Vol. 44, 1938.

W. Astley Graham, "The Two Ecologies: Population and Community Perspectives on Organizational Evolution", *Administrative Science Quarterly*,

Vol. 30, 1985.

W. Blackwell Gordon, "A Theoretical Framework for Sociological Research in Community Organization", *Social Forces*, Vol. 33, 1954.

W. Blackwell Gordon, "Community Structure and Community Organization", *The Journal of Educational Sociology*, Vol. 23, 1949.

W. G. Beach, "Levels of Immigrant Assimilation and the Community", *Social Forces*, Vol. 4, 1925.

W. J. Goode, "Community within a Community: The Professions", *American Sociological Review*, Vol. 22, 1957.

Xiaolin Wu, Haoxu Li, "Gated Communities and Market-Dominated Governance in Urban China", *Journal of Urban Planning and Development*, Vol. 146, 2020.

Xiaolin Wu, Huiqi Yan, Yongxi Jiang, "How Urban Community Governance Structures Are Newly Formed", *Asian Survey*, Vol. 58, 2018.

后　记

本书原是我的博士后出站报告，名为《社区里的中国——两岸城市社区治理比较》。几经修改，内容已经与出站报告联系不大了，相当于重新写了一本。其中历程，个人自知。再命名时，标题聚焦在“家庭、社会与国家的关联”。之所以如此，是因为我对恩格斯《家、私有制与国家的起源》深深敬服。文虽远不能及，题名深表敬意。2019 年底爆发的新冠肺炎疫情，让我可以躲在家里有大段的时间重新思考这部书稿。大半年时间内，我尽可能推掉一切其他事务，把大部分时间和精力用于本书的修订。

不打算重新写后记了，原来的后记几乎是我参加工作后开展研究的一个回顾，就在原有的基础上稍作修改，权且如此吧。

一

我记得最初是不太喜欢做社区研究的，大约 10 年前，我身边就有几位研究生同学以此为题做毕业论文，我有点不解，小小的社区，研究文献汗牛充栋又大同小异，何必蹚这浑水？

后来读博的时候，我也尽可能回避诸如此类的微观问题。有人说博士论文题目要做小，能够达到毕业门槛就行了。我不太同意，当时想，如果连全职读书的几年都不能碰一个稍大点的题目，工作以后再找这么长且连续的时间就较难了。况且又没有资源做调研，所以，就选了一个理论性课题——政治整合来做博士学位论文。这个题目正好与我的导师朱光磊先生常年研究的阶层分化相对应，也便于他高屋建瓴地指导我。

读博结束后，我到中央编译局跟随俞可平先生做博士后研究。俞老师对博士后的定位是“就跟过去学徒一样，跟着老师傅干一段”，不一定是原话，但意思如此。出了“纯书斋”后，我又来到了“新学坊”。俞老师说，既可以做纯理论，也可以做实际问题。我想，到了中央编译局这样的党政机关，当然要研究实际问题。我的本意是，博士期间虽然避免“空对空的理论演绎”，尽力做了经验研究，但是所掌握的经验大多是既有的历史材料、统计数据，仍不能把握真实的世界，所以，博士毕业后一定要多做调查研究。就如当年在英国访学时，我约了几位学者到市议员家访谈，有学者问我，你要问的内容书里都有，还要干什么？我回答：“纸上的东西是死的，现实的东西是活的”。

最初选择博士后研究选题时，我天真地想选择特定的领域或对象，把博士期间的理论研究具体化，例如：“能不能做‘两新组织’的政治整合研究？”俞老师回答：不行，不能与博士论文一样，我得看到你们新的成长。打着“继往开来”旗号的讨巧式选题被俞老师否定了。后来，我又陆续提了几个想法，例如，读博期间已经开篇的“小组政治研究”，还有感兴趣的地方政府创新的制度化等，也因难以获取资料等原因被否定了。彼时，俞老师正好列出了“当前亟须研究的三十个问题”，我们可以从中选取其一。基于选题难度和能力的考量，我最终选择了普通的再不能普通、研究素材随处可得的社区治理研究。

此后，我尽量打消此前对社区研究的排斥心理，更多从正面思考研究的好处。告诉自己，社区里也有政治整合问题啊，最基层的微观研究恰恰能检验此前的理论啊，要有理论产出、必扎根乡野啊，诸如此类。恰巧，在政治学、行政学研究领域，实证研究潮流正猛，定量研究更是昂立潮头。我想，我也许做不了高质量的量化研究，学界再怎么样，总还有“手工作坊”生存的空间，我就做一个最能扎根田野、最能做调查研究的“手工师傅”吧。

二

还好，我还算个有点定力和执行力的人。选题既定，就毅然前行。摸清既有研究的底细是研究的基础，我自认为这一点做得还算好，每开始一个新的研究，总会综述先行，这样不至于张口就来、不知天高地厚。当年暑假，我把自己关在办公室里，昼夜工作，没有踏出单位一天。我甚至留须明志，一定要读完这些浩瀚如海的论文，把社区建设、社区治理方面的研究论文一网打尽，逐篇阅读、做笔记、写综述。

博士毕业以后，除了把读博期间没有完成的“烂尾工程”继续修补完善以外，我避免“从理论到理论”式的研究，更加执着地进行调查研究，只要一得空就外出调研，论文大多是经验研究。

时至今日，十年过去了。要是有人说我的这部书是“十年磨一剑”，我不太接受，写文章、做研究与储藏酒不同，不是年份越长品质就越好。就比如，一项十年前未完成的烂尾工程论文，现在捡起来完成了，就不能说是十年磨一剑，只见头尾不行。况且，我在进行这项研究的过程中，毕竟也做了一些其他事情。但是，可以负责任地讲，这十年以来我的所有研究工作都是以城市基层治理为中心的，其间我所主持的所有课题几乎都在这个领域。

若是有人再提出我十年前类似的疑惑：做社区治理研究有什么意思？今天的我会讲出一大堆道理，这些道理绝非无根之飘萍，而是建立在广泛阅读和社会调查基础之上的。如果说个人愚笨，迄今留下的80万字读书笔记、190万字调研录音、5万份调查问卷至少说明我还算勤奋。我记得，连续几个春节，我都在整理调研录音、写作书稿。

为学，从来不敢懈怠。

在俞可平老师、武汉市编办王龙国同志、台湾政治大学陈德昇老师以及各地党政机关负责人的帮助下，我得以便利地到天津市、北京市、青岛市、武汉市、宁波市、广州市、深圳市、贵阳市、上海市、成都市、长沙市、岳阳市、台北市、高雄市等地，尽可能多地了解社区治理的方方面面。博士后在站工作期间以及以后，原中央编译局何增科教授、杨雪冬教授、陈家刚教授、周红云教授等，对我的研究多有指点和帮助，感谢他们。

我的博士后出站报告原是对两岸城市社区治理的比较。当年，俞老师曾经提过，研究东亚地区而非西方的社区治理，对于我们的社区治理研究和实践十分有意义，特别是中国台湾地区以及韩国。我想我又不会"思密达"，去宝岛台湾走一走、看一看倒是很好的选择。所以，2013 年、2015 年、2019 年我受陈德昇教授的邀请，三度赴台调研。我不但要感谢陈老师对我个人的帮助，还要感谢他连续 16 年举办"两岸菁英研究暨参访夏令营"，帮助了为数甚多的两岸青年开展交流。

三

尽管本书最终不再以两岸比较为重点，过去的相关研究对我的学术生涯仍有诸多裨益。我肯定不是中国大陆研究台湾社区治理的第一人，但是可以肯定的是，我是较为深度接触台湾社区治理的大陆人。到达台湾地区以后，我陆续到台北市和高雄市的诸多社区深入调研，让我看到社区治理的一些不同做法和共同规律。我也在陈老师的帮助下与主管社区营造事务的官员直接对话，让我不但走入台湾地区社区治理转型的历史，还明了现有实践的种种问题。

在南开大学台湾校友会会长刘恩廷先生的帮助下，我能够深入台北市文山区区公所，直接访谈区长、副区长，恩廷先生甚至全程陪同了我第二次在台北的调研，让我见识到南开校友会强大的动员能力和凝聚力，也体会到他待人接物的细心与周到；我也感谢我的同门洪士程先生能够带我到高雄市区公所与区长对谈，到几个社区访谈，在台湾的调研资料尽管较少地用在本书当中，但是也让我对台湾的社区治理有了较为全面的掌握。

在做这项研究的过程中，我遇到了我的太太张婷女士，并与之成婚、孕育子女。我带着愧疚的心理答应她去台湾“度蜜月”，给她的时间是 10 天，但是在台湾全程陪她的时间不到一周，即使在她来台期间，我也按照既定计划推进调研，感谢她对台湾风物高于对我的兴趣，感谢她对我的谅解。这些谅解和体贴也贯穿于生活的日常，我是多么有幸，在人生路上可以遇到这样一个让我暖心的女子，她不计较我简单而枯燥的生活，尽量给我创造一个舒心、自由的从学环境，并且打心底里支持我的研究工作。我能看到，当我完成一项研究、获得一项学术奖励时，她发自内心的欢愉，我也能体会到，她看我疲惫时，满眼的心疼。一个好的女子一定与家庭教养有关，我的岳父母是她的培育者，也是全力支持我们工作和生活的好长辈。感谢他们。

四

纸上得来终觉浅，绝知此事要躬行。调研所得的资料新鲜得让人兴奋，我好像进入了一个充满惊喜的富矿，徜徉在各种杂乱却线索渐清的资料海洋中，时而模糊时而清晰。做研究的人就像福尔摩斯一样，要在繁杂的资料中找逻辑、找线索，检阅它的形式总是落定的文本。

我的博士后出站报告就是这样一个文本。俞老师组织的博士后出站答辩会独具特色，最高的一招是把读博期间的导师也给请来，意思是让博导们检阅下我们是否有成长。我记得朱老师驱车从南开大学来到中央编译局，依然是亲切有加、睿智沉稳。朱老师有一个特点，跟自己的每个学生都很亲昵，有时还“自降身份”地喊我们一声“老弟”，搞得我们身份错乱、不好意思。他对自己的研究所长自是充满自信的，也毫无保留地向我们传授。我们自己的研究领域，他则表现出十足的谦逊，一个大学者甚至可以跟自己的学生讲：我请教你一下这个问题，眼里充满了对后辈的期许和新知识的兴趣。

我不知道答辩是否令他满意，但是隐约听到他与其他答辩老师的耳语，至少对我的努力和勤奋是肯定的。对于学生的培养，朱老师与俞老师有近乎一致的理解：三五年做本领域懂得最多的人，十年做本领域的权威，这个要求看似轻松、用够时间即可，实则很难。这个时代做学问的都是聪明人，大家基础训练扎实、方法运用得当，要想冲出来并不是件容易的事。好在，我还是听得进老师的话。这些年，我并未偏轨，自认为也实现了朱老师当初“博士毕业三年内开辟新的研究领域，两个领域循环推进”的嘱咐。也许除了我当初做、现在还在思考的政治整合研究以外，以社区治理研究为支点的城市治理研究正是我摸准的第二个领域。城市时代的到来，为我的这个研究布下了场景，我的城市治理研究已经在路上。

做微观研究有一个好处，接地气、有温度、容易进场。但是也容易走向另一个误区，偏执于狭小的研究领域，可以无休止地复制研究，做来做去，技术娴熟了、理论志趣也容易被稀释掉。任何一项研究，绝不能止于炫技。我曾经不止一次反思，是否甘于长时间沉迷底层，出几篇文章？说到底，即使做最微观的研究也要产出一般化的理论，这一点，我时刻保持清醒，所以做微观研究时也更多从方法论的层面切入，以小的切口去回应大的问题。我的微观研究一般是在政治发展的理论脉络里展开的，绝非就事论事。本书充分体现了这一点，社区治理研究本身关联了家国关系和政治社会发展的大命题。

做学问既要沉得下去，也要拔得起来！当然，这个拔的过程一定不能草率、愣头青，还没摸得着门窗，就急于破墙而出，肯定不行。所以，做好实证调查、用心观察思考，投入时间和精神，必是不可省略之环节。

回到研究主题本身，简简单单弄几个所谓模式、推出几个概念，截取被包装得完好的静态模本示人，既草率武断又容易误导实践。我想，我要做的研究，如不能超越现有，也必不能落入俗套，最起码把裹在真相表层的各种眼花缭乱的干扰剥去，尽量呈现各自的原貌吧。再进一步，支撑原貌背后的因素总要找出来，因素之间的关系和相应的机制要找出来。

五

应该说，城市社区治理研究是我过去十年来投入时间精力最多、最夙夜念兹在兹的课题。时至今日，完稿待发，应有体会。我在一篇文章中讲道，“就社区而言社区治理已经不易，就社区而言基层治理更加困难”，意思是社区治理不能靠社区本身达成，必须回到嵌于其中的经济社会系统寻求资源。正如我在本书开篇所言，小社区、大国家——小的社区牵涉了家、社会与国家关系，是一个社会体系最微观的语境。

我要呈现的绝非单纯的社区横截面，而是联系着过去制度演化、根植于经济社会结构的基层治理综合体，以此展现中国的治理转型与深层结构。如此，用所谓的“去国家”“去制度”的纯粹事件追踪的范式来分析之，断然过于简化。

如果问起，我的这部书有什么贡献。我想首次在一部书里应用“结构—过程”分析范式应是其一，这是我从多年来的微观经验中提炼出的框架化的新东西，由此呈现了不同时期、不同地域社区治理实践的全貌，并且廓清了一些研究“从 A 到 B”的粗线条论述的理论模糊，在中间地带找出“治理转型并非遵循线性逻辑”的规律，把治理转型的机制给找出来了；其二，在大比较的视野中初步澄清了中西方社区治理的差异，特别是抓取出中国社区治理的特质，提出了“社区复合体”的论说，力图超越过去“国家中心论”和“社会中心论”的二元分歧；其三，在社区治理领域第一次追溯了社区治理背后的经济结构基础，从生产关系的角度解释了社区治理的基础，提出了治理转型的深层思路。

基于对研究工作本身的信心，我曾将书稿发给北京大学王浦劬教授，请其把脉指导。王老师在十年前就做过我博士论文答辩的主席，我们这一辈很多人是读着他的《政治学基础》开启政治学入门课程的。王老师在审阅我书稿期间有时在国外，有时加班加点地忙于学科评估，这样的大学者还会非常谦虚地回复我，在百忙之中给我提出修改建议，让我的研究工作更臻完善。感谢王老师的指点和帮助。

本书在审稿和出版的过程中经历了多次较大修改，感谢中国社会科学出版社王琪老师不厌其烦的帮助。因出版所需，我还在2018年根据要求求教了“全国基层政权和社区建设专家委员会”的委员们，这些专家们平常工作繁忙，还能第一时间阅读我的书稿，并且给以慷慨的帮助，令人感觉心暖。他们是清华大学景跃进教授、北京大学燕继荣教授、中国人民大学魏娜教授、南京大学张凤阳教授、吉林大学田毅鹏教授、复旦大学刘建军教授、山东大学王佃利教授、华中师范大学的陈伟东教授、邓大才教授、吴理财教授、胡宗山教授以及青年专家委员中央编译局丁开杰研究员、华中师范大学袁方成教授、刘义强教授和中国社会科学院肖林研究员等，十分感谢他们的及时帮助。在中宣部、中央台办、民政部基层政权和社区建设司等部门的指导下，我得以修正了书中的一些错漏，及时吸收了中国社区治理的最新成果，使得这本著作更加丰满，感谢他们。

在本书完成过程中，部分内容曾刊发于《人民日报》《政治学研究》《中国行政管理》《公共管理学报》《学术月刊》《学术界》《复旦学报（社会科学版）》《华中科技大学学报（社会科学版）》《上海行政学院学报》《甘肃行政学院学报》和 *Asian Survey*、*Journal of Urban Planning and Development* 等，向这些给予指导和帮助的报刊表示感谢。

出版在即，我有幸邀得复旦大学刘建军教授为本书作序。刘老师深得中国政治制度之学养，并且已有大成，近年来又勇于自我挑战，走出书斋走向田野，成了中国社区治理研究的领航式学者，这种贯通古今的成功转型着实难得。我在考虑中国社区的“家国关系”时，有一些体会与他不谋而合，有一些所得亦受他启发。例如，他提出的“关联物权”一词，就使我联想到“家、社会与国家”的关联。我甚至一度想将本书定名为“家国关联”或“家国政治”，尽管由于一些因素只能作罢。十分感谢刘老师对我的帮助，他能欣然应约为本书作序，着实为本书增色良多。

我还要感谢与我一起调研、一起成长的学生们。感谢父母多年来对我毫无索取的、无条件的全力支持。

2016 年 6 月，我提交这部书稿的时候，曾经最后写道：“我，如同呼唤未出生的孩儿一般，等待这部书的出版。”2018 年 5 月，我再次提交本书的修改稿时曾写到，我的女儿已经一岁半多，聪明可爱的她已经能够数 20 个数了。2018 年 10 月，我三度提交修改稿时，我又写道：“女儿已经两岁了，女儿从出生到成长伴随了本书的不断完善，给我和家庭带来了无尽的快乐。”2020 年 7 月，我五度提交修改稿时，女儿已经三岁半了、犬子也过“百岁”了，每每疲倦，看看姐弟俩萌萌的脸蛋、听听他们稚嫩的童语，总能令人解乏且充满动力。

让田野记住曾经播撒汗水的人，让灯光记住曾经伏案疾书的人！

吴晓林

2020 年 12 月 1 日